# 실용종합풍수지리

유도상 · 양성모

박영사

　생(生)과 사(死)는 운명이고, 부귀와 명예는 하늘이 내려준다고 여기는 것이 동양의 전통사상이기도 하다. 여기에 만물을 소생시키는 땅의 신비력을 인정하고, 그 속을 흐르는 지기(地氣)의 힘이 식물뿐 아니라 인간의 길흉화복(吉凶禍福)에도 절대적인 영향을 미친다고 보았다. 그래서 풍수의 본질은 천지(天地) 간에 분포된 생기를 얻어 인생의 행복을 추구하고, 자손들에게 영속(永續)되기를 바라고 있다. 그러나 그러한 생기를 얻는 방법과 생기가 가득한 장소를 찾는 것이 쉽지 않기에 이러한 생기처(生氣處)를 찾아내는 방법이 곧 풍수의 최종목적이기도 하다.

　인간은 자연을 품고 생활하며, 건강하고 안락한 삶을 살기 위해 노력해 왔다. 때로는 자연에 순응하면서 자연을 이용하였고, 다른 한편으로는 자연의 무한한 가치와 효용을 알기 위해 부단한 노력을 경주해왔다. 이러한 노력과 오랜 경험이 축적되어 우리들은 자연 속에서 인간생활에 가장 중요한 요소가 바로 산(땅)과 물, 그리고 바람과 방위란 것을 인지하게 된 것이다. 풍수의 요체를 한마디로 단정하기란 어렵지만, 기본 구성요소를 산(山), 수(水), 풍(風), 방위(方位)에 두고, 이것을 잘 이용하여 인간생활에 도움이 되도록 연구하는 것이 풍수학의 목적이다. 원래 풍수란 용어는 장풍득수(藏風得水)의 줄임말이다. 그것은 바람을 감추고, 물을 얻어야 한다는 뜻으로, 풍수의 목적인 생기를 얻으려면 불어오는 바람을 붙들어놓을 수 있는 여건과 물이 필요하다.

　『葬書』에서는 이러한 생기의 성격을 "기승풍즉산 계수즉지(氣乘風則散 界水則止)"라 하여 공간에서 생성된 생기는 바람을 만나면 흩어지고, 땅속을 흐르는 지기(地氣)는 물을 만나면 멈춘다 하였다. 그래서 명당 주위에는 바람을 감추고 붙들 수 있는 사신사(四神砂) 등이 필요하고, 물이 경계를 지어야 기를 응취(凝聚)할 수가 있다. 풍수에 서는 기(氣)가 모여 흩어지지 않는 곳, 그리고 기가 행하다 멈추는 곳을 생기 가득한 명당으로 보고 있다.

海泉 유도상 제자는 나의 문하(門下)에 입문하여 어언 10년이란 세월을 풍수지리학 학문에 전념한 결실로 『실용종합풍수지리』라는 서책을 저술하게 되었다. 본 도서가 한국의 고유문화 인식과 풍수지리학 연구에 많은 도움이 되어 우리의 삶 속에 풍수가 살아 숨 쉬는 계기가 되었으면 한다.

2019년 3월
한국자연풍수지리연구회 회장
대한민국풍수지리연합회 고문
碩礎 채영석

　풍수지리학(風水地理學)을 한마디로 말하면, 바람(風)과 물(水)과 땅(地)의 이치를 깨달아서 자연의 손상을 최소화하면서 인간에게 유익(有益)하게 활용하는 방안을 찾는 것이다.

　풍수에서 바람은 건강을 주도하고, 물은 생명(生命)과 함께 재물(財物)을 주관하는 것으로 본다. 풍수의 중요한 핵심을 간략하게 요약하면, 바람을 잘 갈무리하고, 물이 모이는 곳을 찾아서 자연과 조화롭게 살아가는 것이라고 말할 수 있다.

　풍수지리(風水地理)는 인간이 세상에 살기 시작하면서부터 시작되었다. 태풍, 홍수, 가뭄 등, 천재지변으로부터 보호받고 안락한 거주지를 선택하고자 하는 양택에서부터 시작되었으며, 수천 년을 이어온 자연과학이며, 경험과학이다. 동서양을 막론하고 좋은 터를 찾고자 하는 방법을 자연에서 탐구하여 왔다.

　바람, 물, 땅의 이치를 연구하고 인간이 안락하게 생활하기 위하여 보다 나은 자연적인 환경과 더불어 살기 좋은 주거지를 찾고, 조상을 길지(吉地)에 모시어 후손들이 복을 받고자 하는 기복(祈福)적 요소까지 가미된 경험과학이다. 풍수에서 바람은 공기와 같은 개념인 기체의 일종으로 사람들이 숨 쉬며 생명을 유지하는 원동력이고, "물은 만물의 근원이며, 모든 것은 물에서 시작하여 물로 돌아간다"는 아리스토텔레스 말처럼, 물은 기체, 액체, 고체의 모든 형태로 존재하며, 역시 사람에게는 아주 중요한 요소 중 하나이다.

한국의 풍수지리학은 삼국시대 초기부터 자생풍수가 생겨서 생활문화의 한 축으로 자리 잡고, 경험 철학적 학문으로 한민족 역사와 맥을 같이하여 왔다. 최근 들어 풍수지리학에 대한 일반인들의 관심이 급증하고 있는데 9운이 시작되는 2024년부터 더욱더 번창하여 앞으로 다가올 2044~2063년 1운에는 한국에 풍수지리와 명리학의 르네상스 시대가 올 것을 믿어 의심치 않는다. 오늘이 가고 새 날이 밝으면 내일이 온다는 것은 만고의 진리이다. 우리가 살고 있는 환경을 자연과 친화적으로 조화할 수 있는 안락하고 쾌적한 공간으로 가꾸어가는 데 보다 적극적으로 풍수를 활용하는 시대가 분명히 올 것이다.

그동안 풍수지리학을 처음 접하는 사람들이 쉬우면서도 체계적으로 전문적인 분야까지 습득할 수 있는 책이 없어서 늘 아쉬웠다. 그래서 늘 쉽고 다양하고 전문성 있고 종합적인 안내서가 필요하다고 생각하고 있었는데, 이번 기회에 저자의 다양한 경험을 바탕으로 본 책을 펴내는 결실을 보게 되어 본인에게는 영광이며, 풍수를 체계적으로 공부하면서, 또 한편으로는 다양한 분야까지를 알고자 하는 독자들에게는 조금이나마 갈증을 해소할 수 있는 좋은 동기부여를 하게 되어 무척이나 다행한 일이라 생각한다.

본 『실용종합풍수지리』에서는 풍수의 기초이론은 물론 생활풍수, 실풍수, 인테리어풍수, 비보풍수, 제왕의 풍수 및 현공풍수에 대한 이론까지 전반적이고 종합적인 내용을 다루어서 국내에서 활용되는 제반 풍수이론을 종합하여 집필하였다. 그리고 그간 현장상담과 교단에서 강의하는 과정에서 얻은 노하우(know-how)등 많은 부분을 보완하여 보다 충실하려고 노력했다. 그러나 시간적 제약 및 여러 가지 여건 등으로 보다 더 깊고 전문적인 분야까지 다루지 못한데 대한 아쉬움을 느끼며 전문가들이 보기에는 부족하고 미흡한 부분이 많을 것으로 사료된다.

이 책의 부족한 부분은 앞으로 정리 보완하고 향상시켜서 좀 더 완벽한 풍수지리종합서적으로 만들 것을 약속드린다. 독자 제현들께서 본서를 많이 사랑해주시길 바라며 오탈자 및 미흡하거나 수정 보완할 부분이 있다면 언제든지 고언해 주시면 고마운 마음으로 받아들여 더 좋은 책을 만들어 가도록 꾸준히 노력할 것이다. 끝으로 이 책이 나오기까지 아낌없는 지도 편달과 많은 자료제공을 해 주신 저의 풍수지리학 스승 사)한국자연풍수지리연구회 채영석 회장님과 같이 고생하며 집필을 한 양성모 교수님께 감사드린다. 독자 제현들과의 이 책을 통한 좋은 인연에 감사드리며, 또한 여러

분의 가정에 행복과 건강이 함께하고 하는 일마다 만사형통하시길 바라며, 여러분들의 풍수지리학습에 많은 발전이 있기를 기원한다.


2019년 3월
漢川이 내려다보이는 서재에서
海泉 유도상

# 01장 풍수지리학 개요      1

1. 풍수지리학 의의(意義)      1
2. 풍수지리학의 역사(歷史)      2
3. 풍수지리의 분류      5
4. 풍수지리학 이해를 위한 명리 이론      7
5. 동기감응 이론      8
6. 풍수지리학의 이론적 배경      13

# 02장 풍수지리학 이론      19

1. 용법론(龍法論)      19
2. 혈법론(穴法論)      33
3. 사법론(砂法論)      41
4. 수법론(水法論)      46

# 03장 나경(羅經)의 이해 및 활용      59

1. 나경의 역사      59
2. 나경의 구조      60
3. 나경 각층별 기능(9층 나경 기준)      62

# 04장 향법론(向法論)     67

1. 향법개요(向法槪要)     67
2. 정음정양법(淨陰淨陽法)     67
3. 88향법(八十八向法)     70
4. 기타 향법(向法)     74

# 05장 양택론(陽宅論)     75

1. 양택의 우선순위 삼요소(三要所)     75
2. 좋은 집터 고르는 법     80
3. 구성법(九星法)에 의한 가택길흉판단     82
4. 동사택(東四宅)과 서사택(西四宅)     90

# 06장 비보풍수(裨補風水)     93

1. 비보풍수란?     93
2. 비보(裨補)의 역사(歷史)     93
3. 비보양식의 분류     94
4. 현대(現代)의 비보풍수(裨補風水)     95
5. 각종 비보풍수 사례     100

# 07장 제왕(帝王)의 풍수(風水)     107

1. 능원묘(陵園墓)와 현충원(顯忠院)     107

2. 왕릉(王陵)의 각종 부속물(附屬物)    109

3. 왕릉(王陵) 둘러보기    112

**08**장    **재물, 행운의 인테리어풍수**    **125**

1. 풍수지리와 친해지기    125

2. 팔 방위와 집의 중심점 구하기    128

3. 집의 구조 및 방위별 배치    131

4. 좋은 상가 얻는 법    132

5. 주택의 각 부분별 풍수적 길흉    134

6. 아파트 인테리어풍수    138

7. 정원수와 주택의 길흉    144

8. 우물, 연못, 수영장의 방위    144

9. 거실 인테리어풍수    145

10. 침실 인테리어풍수    146

11. 건강을 지키는 인테리어풍수    147

12. 성공하는 사무실 배치법    148

13. 출세를 불러오는 행운의 책상 방위    155

14. 시험합격, 승진, 돈, 사랑을 부르는 풍수 비법    156

15. 행운을 불러오는 풍수 비법    158

**09**장    **생활 및 실용풍수**    **161**

1. 福을 부르는 웰빙 생활풍수    161

2. 유익한 실용풍수(實用風水)    172

# 10장 공간에 시간을 도입한 현공풍수     189

1. 현공풍수법(玄空風水法)이란?     189
2. 현공풍수(玄空風水)의 역사(歷史)     189
3. 현공풍수 이해를 위한 구성학 기초     190
4. 삼원구운(三元九運) 180년     198
5. 24좌의 음양과 순역(順逆)     199
6. 하괘(下卦)와 체계(替卦)     200
7. 四局의 이해     202
8. 기국(奇局 : 합십국, 연주삼반괘, 부모삼반괘)     206
9. 성문결(城門訣)     210
10. 득령(得令)과 실령(失令)     212
11. 지운법(地運法)     214
12. 수부주(囚不住), 복음(伏吟), 북두칠성타겁(北斗七星打劫)     216
13. 구성배속 및 1~9運別 興하는 직업(職業)     218

# 11장 부록     223

1. 나경(패철) 구조도(9층 패철)     223
2. 중심점 잡기     224
3. 출생년도별 본명성     226
4. 주택의 풍수적 길흉 평가 요령     228
5. 이장택일(移葬擇日)     229
6. 회두극(回頭剋) 좌향(坐向)     232
7. 현장상담 길흉 판단법     232
8. 풍수고서(靑烏經, 錦囊經)해설     233
9. 현공풍수 7운 24좌향별 길흉 감평(통변)     270
10. 현공풍수 8운 좌향별 길흉 감평(통변)     302

# 제1장. 풍수지리학 개요

## ✦ 1. 풍수지리학 의의(意義)

풍수지리는 바람(風)과 물(水)과 땅(地)의 이치(理)를 연구하고, 인간이 안락하고 풍요롭게 생활하기 위해서 보다 나은 자연적, 인공적 환경과 더불어 길지(吉地)를 구하는 것으로, 인간이 세상에 살면서 자연재해로부터 보호받고 안락한 주거지를 선택하고자 하는 양택(陽宅)에서 시작하였으며, 수천 년을 이어오면서 자연과의 조화를 경험으로 축적되어온 자연과학이며 경험과학이다.

바람, 물, 땅은 지구에 사는 인간에게 미치는 매우 중요한 요소이며, 이는 인간이 생활하는 데 꼭 필요한 자연 환경적 기본요소이다. 그리고 풍수는 산세(山勢), 수세(水勢), 지세(地勢) 등을 판단하여 인간생활에 편리하게 이용함으로써 이용자의 건강과 행복을 추구하기 위한 학문이다.

땅의 변화 현상을 이해하고, 인간이 거주하기에 유익한 터와 공간(방위)을 활용하여 거주자의 행복추구와 함께, 길지(吉地)에 조상을 모시어 동기감응(同氣感應)에 의해 조상으로부터 음덕(陰德)을 기대하기도 한다.

풍수지리학은 자연계의 현상(現象)과 형상(形象)을 이해하고 주역(周易)과 음양오행(陰陽五行)의 바탕위에서 발전된 학문이다.

오랜 세월을 걸쳐 오는 동안, 경험 등에 의한 산과 물, 방위 등의 자연계의 현상은 일정한 법칙 하에 인간생활과 밀접한 관련이 있다는 것을 터득하여 그 이치를 깨달아

발전시켜온 것이 풍수지리학이다.

　지상에는 바람, 물, 햇볕 같은 양기(陽氣)가 어우러지고, 땅속에는 물, 양분 등 음기(陰氣)로 가득 차있다. 그러한 기(氣)를 적절하게 운용하여 생기를 얻고자 하는 것이 풍수지리의 목적이다.

　앞으로 풍수지리를 더 대승적 차원에서 운용하여, 풍수지리를 이용한 국토종합개발계획수립, 신도시계획, 산업단지조성 등 국가번영의 기틀과 국민안위를 위해 사용할 때, 풍수지리학은 더욱 발전할 것이다.

## ✦ 2. 풍수지리학의 역사(歷史)

　풍수지리학의 기원은 인류가 지구상에 존재하기 시작하면서부터 자연재해(수재, 풍재, 화재)를 피하고 동물들의 공격을 피하며, 먹을 것을 얻고 편히 쉬고 잠자고 거처하기 유리한 장소를 찾는 것부터 시작되었다. 이것이 바로 풍수지리의 시작이다.

　풍수지리의 역사는 수천 년 전으로 거슬러 올라간다. 이기(理氣)의 근본이 되는 음양오행(陰陽五行)은 약 5,600년 전 복희씨(伏羲氏)의 용마하도(龍馬河圖)로 거슬러 올라가고, 방위를 분별할 수 있는 도구인 나경의 근원이 되는 침법(針法)의 등장은 약 5,000년 전으로 거슬러 올라간다. 침법은 그 당시 전쟁터에서 방향을 분간하기 위해 쓰였으며, 약 3,000년 전에는 자침(磁針)을 수레에 장착하여 생활에 활용하였고, 약 2,200여 년 전에는 오늘날과 같은 24방위의 나경이 만들어졌다.

　초기에는 이론적 체계를 갖추지 못했다. 구전으로 전해 내려오던 풍수지리학이 이론적 체계를 갖추기 시작한 것은 2,000여 년 전에 중국 후한(後漢) 때 청오자(靑鳥子)라는 사람이 풍수의 원전(元典)인 청오경(靑鳥經)을 저술·반포한 것을 풍수지리의 이론적 시발점으로 보는 것이 일반적 견해이다.

　한나라 시대에는 청오경(靑鳥經)이라는 책이 쓰여졌다. 청오경은 작자미상으로 청오경이라는 책이름에 따라서 편의상 청오자(靑鳥子)라고 부른다. 조선시대 지리과(地理科)시험에는 청오경(靑鳥經), 금낭경(錦囊經), 호순신(胡舜申), 명산론(明山論)이 4대 필수과목이었으며, 그 중에서 청오경(靑鳥經)과 금낭경(錦囊經)이 가장 중요시 되었다.

　진나라 시대에는 금낭경(錦囊經)이 저술되었다. 1,700년 전 진나라 곽박(郭璞, 276~324)이 청오경(靑鳥經)을 인용하여 금낭경(錦囊經)을 저술하였다. 이로 인해 청오경을 장경(葬經)이라 하고 금낭경(錦囊經)을 장서(葬書)라고 부르게 되었다.

당나라 시대는 우리나라 통일신라시대에 해당되며, 풍수지리가 크게 발전되었으며, 패철을 이용한 좌향을 측정하였다. 양균송(楊均松), 장설(張設), 홍사(弘師), 장일행(張日行), 증문적(曾文迪), 요금정(寥金精), 복응천(卜應天) 등 많은 풍수지리 인재가 배출되었다.

송나라 시대에는 소강절(邵康節, 1011~1077)은 하도와 낙서를 응용하여 방원육십사괘도진(方圓六十四卦圖陳)를 만들었다.

명나라 시대의 풍수지리는 우리나라에 많은 영향을 끼쳤다. 구성법의 이론으로 이기론 분야에서 새로운 학설이 대두되었다. 택일(擇日)에 의해 운명을 바꿀 수 있다는 조명택일(造命擇日)을 중시하면서 장택론(葬擇論)을 발전시켰다.

우리나라는 언제부터 풍수사상이 생겼는지 명확하지는 않다. 우리 고유의 자생풍수에 관해서는, 삼국유사에 신라 4대왕인 석탈해왕이 토함산에 올라가 어느 마을을 내려다보니 초승달처럼 생긴 집터가 길하여 그 집을 빼앗아서 왕이 되었다는 기록이 있다.

기록에 의하면 도선국사(道詵國師)가 통일신라 말 중국의 풍수지리 일부를 도입했다는 주장이 있다. 기록만을 의지하고 추종한다면 당연히 우리나라의 풍수지리 중 일부가 통일신라 말 유입되었다고 믿어야 하지만, 역사적 유물로 보아서는 설득력이 떨어진다. 이미 『삼국사기』에 고구려·신라·백제의 풍수에 대한 내용이 나오기 때문이다.

이 땅의 풍수지리는 전통적인 풍수에 중국에서 유입된 일부 풍수 이론이 보태어졌다고 보는 것이 타당하다. 풍수지리는 일종의 자연과학(自然科學)으로, 이 땅의 환경에 부합된 이론이다. 만약 지형과 풍습 및 역사성이 조화를 이루지 못한다면 배척당하고 소멸되었을 것이다. 또한 중국 이론의 유입은 중국 북부지역의 환경요인과 용맥(龍脈)이 유사하기 때문에 무리 없이 적용되었을 것이다.

통일신라 말기에 들어 중국의 풍수가 문자로 들어와 우리의 풍수와 접목되어 우리나라 풍수의 한 부분으로 자리 잡았고, 중국 북부의 지형은 한반도의 지형과 문화의 유사성이 많아 더욱 밀착하게 되었을 것이다. 아울러 중국에서 유입된 일부의 풍수마저도 애초에 이 땅의 조상인 동이족(東夷族)이, 풍수가 만들어지고 발전한 중국 장강과 황하 이북지역에서 살았기 때문에 거슬러 올라가면 중국의 풍수지리가 동이족의 산물이라는 이론도 어느 정도는 합리적인 논리성을 가지고 있다.

고려의 건국에 도움을 준 도선국사(道詵國師)의 풍수는 계속 이어져 무학대사(無學大師)가 조선 초기에 한양에 수도를 잡는 등의 영향을 준 이래로 지속적으로 계승 발전되어 오늘날에 이르렀다.

고려시대와 조선시대를 이어 풍수사(風水師)들은 국가시책(國家施策)과 왕권강화(王權強化)를 이루는 데 일조했으며, 풍수지리는 출세와 가문의 영달을 바라며 출사(出仕)를 하는 학자의 기본학문 중 하나였다.

학문을 익힌 지식인들은 풍수를 통해 가문의 영달을 추구하였고, 이후 풍수지리는 일반인들 속으로 전파되었다. 학문이 깊은 승려들은 물론이고, 유교계(儒敎界)에서는 학자(學者)와 명신(名臣)이 풍수사로 이름을 얻는 경우가 많았고, 국가에서는 과거를 통해 관리로서 풍수사를 뽑기도 하여 도읍건설과 왕릉축조 등에 활용하였다.

고려시대에는 불교(佛敎)가 국교(國敎)였으므로 종교적 영향으로 다비문화가 저변에 깔려 있었기에 매장문화가 그다지 중요하지 않았으나, 조선시대에는 유학의 이념과 가문의 건승(健勝)에 따른 출세의식의 변화에 따라, 조상숭배(祖上崇拜)를 통한 발복풍수(發福風水)가 지배적인 이론을 형성하여 매장문화가 더욱 강조되었다.

이 땅에 인간이 주거생활을 시작한 이래로 양택풍수(陽宅風水)가 먼저 발달하였을 것으로 보이지만, 조선시대에 조상숭배와 발복이라는 대전제 아래 음택풍수가 비약적으로 발달되었다.

불교계(佛敎界)에서도 고승들이 사찰을 짓거나 궁궐을 중수할 때 대대적으로 활동하였고, 인연이 닿은 사람들에게 명당을 구해 주었다는 일화를 남기도 했다. 고승들은 풍수를 익혀 절을 세우거나 비보풍수(裨補風水)를 전수하기도 하고, 고승의 사리를 모시는 역할을 수행하기도 했다.

조선시대의 이름난 풍수사로 유교계에서는 정도전(鄭道傳), 남사고(南師古), 이지함(李芝菡), 맹사성(孟思誠), 채성우(菜成雨), 성거사(成居士), 이의신(李懿信), 안정복(安鼎福), 안효례(安孝禮), 하륜(河崙)과 같은 명사들이 있었고, 불교계에서는 도선국사(道詵國師), 무학대사(無學大師), 사명대사(泗溟大師), 서산대사(西山大師), 일지대사(一指大師), 일이대사(一耳大師), 성지대사(性智大師), 성원대사(性圓大師), 진묵대사(眞黙大師)가 풍수지리의 대가로 이름이 전한다.

일제강점기시대에는 그들의 식민지 통치를 원활하게 할 목적으로 풍수탄압 정책이 시행되었으며, 한반도의 지하자원이나 쌀 등 곡물을 수탈해갈 목적으로 전국에 토지조사와 지리조사를 실시하였다. 이때 풍수지리에 밝은 조선인 13명을 선정하여 "13인 위원회"를 만들어 이 땅의 명당들을 모두 물색하여 혈맥을 끊고, 도로나 철도를 내는 방식으로 고의로 산맥을 끊었다. 또한 이것에 그치지 않고 명산에는 쇠말뚝을 박아서 산의 정기(精氣)를 끊어서 조선의 훌륭한 인물의 탄생을 풍수적인 방법으로 막았다. 명리학이나 풍수지리가 미신(迷信)이라고 한국인들에게 교육시키면서 자신들은 철저하고 은밀하게 명리학과 풍수지리를 이용하여 우리 민족의 말살정책에 이용했던 것이다. 한반도는 호랑이가 발을 들고 동아시아 대륙을 향하여 나르듯 생기 있게 달려든 형상인데, 일본은 이것을 나약한 토끼의 형상으로 우리 민족에게 교육시켰으며, 조선왕조 500년 동안 왕의 집무실인 근정전(勤政殿) 앞에 조선총독부 청사를 日(날 일)자로, 경성시청(현, 서울시청)에는 本(근본 본)자의 건물을 지어, 하늘에서 보면 북한산-조선총독부-경성시청이 大日本 글자가 되도록 만들었다. 일본은 매장과 화장에 관한 규칙을 만들어서 개인묘지를 불허하고 화장과 공동묘지를 적극 권장했다. 이러한 일제의 탄압으로 우리나라의 풍수사상은 왜곡되고 침체되어 오늘에 이르렀다. 그러나 한국의 풍수사상은 유구한 역사와 전통을 가지고 있으며, 풍수지리에 대한 관심이 일반인에게도 확대되고 있는 추세이다. 최근 뜻있는 젊은 풍수 학자들을 중심으로 한국고유의 풍수사상을 세계화 하는데 노력하고 있다. 가장 한국적인 것이, 가장 세계적인 문화상품이 될 수 있다는 자부심을 가지고 한국의 풍수지리를 문화상품으로 만들면, 한국의 풍수는 세계적인 문화상품으로 우뚝 설 수 있다고 필자는 자부한다.

## ✦ 3. 풍수지리의 분류

### 가. 형기풍수와 이기풍수

형기풍수(形氣風水)는 산이나 물 등 자연의 외적인 모양을 보고 또는 사격 등 자연의 현상이나 산세의 형상을 눈으로 구별하여 길지를 찾는 것이다. 반면에 이기풍수(理氣風水)는 방위와 시간 등 음양오행(陰陽五行)과 천문(天文) 등의 작용을 살펴 길흉화복을 논하는 것이다. 형기(形氣)는 외형상 체(體)이고 이기(理氣)는 작용인 용(用)으로 볼 수 있다.

즉 형기는 산이나 물 주위의 사격 등 외적(外的)인 형체(體)를 보고 판단하는 것이고, 이기는 이와 같은 형기를 내적(內的)으로 종합적인 기운을 판단하여(用) 길흉화복(吉凶禍福)을 판단하는 것이다.

예를 들어 사람의 외모를 보고 그 사람의 됨됨이를 판단하는 것을 형기(形氣)라 한다면, 그 사람의 성격을 보고 됨됨이를 판단하는 것을 이기(理氣)라 한다. 즉 형기(形氣)는 용(龍), 혈(穴), 사(砂), 수(水) 등 풍수지리의 외적 변화의 현상을 보고 판단하는 것이고, 이기(理氣)는 용, 혈, 사, 수의 방위를 종합적으로 분별하여 눈에 보이지 않는 기(氣)의 흐름을 음양오행(陰陽五行) 등에 대비하여 그 적법 여부를 판단하는 것이다.

## 나. 양택풍수와 음택풍수

풍수지리는 크게 집과 건물의 터를 잡는 양택풍수(陽宅風水)와 죽은 자의 묘를 잡는 음택풍수(陰宅風水)로 나누어진다. 양택은 산 사람의 거주지이며, 음택은 죽은 자의 안장지(安葬地)이다. 양택지와 음택지의 선정방법은 크게 다를 것이 없으나, 양택지가 음택지에 비해 대체로 보국(保國)이 크다.

일반적으로 풍수지리라 하면 단순히 개인의 묘 자리나 잡는 것으로 인식되었으나 요즈음 들어서는 인식이 많이 바뀌어 서구(西歐)에서도 풍수지리가 관심을 받기 시작하였는데, 음택풍수보다 양택풍수 쪽에 관심이 집중되면서 빠르게 발전하고 있다. 특히 도시화된 지역에서는 터 잡기보다는 집의 형태와 구조에 치중하는 경향이 많다.

우리나라는 삼국시대와 고려시대 및 조선 초기만 하더라도 도읍지나 취락지, 집을 짓는 양택풍수가 더 발전하였지만, 조선중기 이후 중국으로부터 유입된 유교의 조상숭배사상이 급물살을 타면서 음택풍수가 성행하였다.

양택과 음택은 모두 지기(地氣)의 영향으로 발복(發福)이 나타난다. 음택은 발복 속도가 느리지만, 여러 자손에게 오랫동안 영향을 주는 반면 양택은 그 집에서 태어나거나 성장한 사람, 그리고 현재 거주하는 사람에 한해서 매우 빠르게 영향(影向)을 준다는 것이 특성이다.

# ✦ 4. 풍수지리학 이해를 위한 명리 이론

## 가. 음양오행(陰陽五行)

동양철학에서는 인간을 포함한 우주의 모든 삼라만상(森羅萬象)을 음양으로 구분한다. 음(陰)은 어둡고, 차갑고, 습하고, 소극적으로 대표되며, 양(陽)은 밝고, 빛나고, 겉으로 드러나며, 건조하고, 햇볕, 적극적 등으로 대표되며, 또한 생성과 소멸은 목(木), 화(火), 토(土), 금(金), 수(水)의 오행에 의해서 결정된다. 풍수지리는 음양오행(陰陽五行)과 주역(周易)을 바탕에 두고 정리된 학문이다.

## 나. 10천간(天干)과 12지지(地支)

10천간은 갑(甲), 을(乙), 병(丙), 정(丁), 무(戊), 기(己), 경(庚), 신(辛), 임(壬), 계(癸)의 10가지이며, 하늘의 변화하는 이치가 담겨있고 양(陽)의 기운을 가지고 있다. 반면 12지지는 자(子), 축(丑), 인(寅), 묘(卯), 진(辰), 사(巳), 오(午), 미(未), 신(申), 유(酉), 술(戌), 해(亥) 12가지이며 땅의 변화와 이치를 나타낸 것으로 음(陰)의 기운이다. 천간(天干)과 지지(地支) 각각에는 오행이 있고, 그 오행 중에는 또 음양을 가지고 있다.

## 다. 삼합과 방합

삼합(三合)에는 다음의 4가지가 있으며 세 개의 오행에 다른 글자가 모여 새로운 오행을 만들어서 강한 힘을 발휘한다.
* 申子辰 → 水局
* 寅午戌 → 火局
* 亥卯未 → 木局
* 巳酉丑 → 金局

방합(方合)에는 다음의 4가지가 있으며 동서남북 방향의 합으로서 일종의 일가친척의 합과 같아서 결속하는 힘이 세다.
* 寅卯辰 → 동방(木局)
* 巳午未 → 남방(火局)

* 申酉戌 → 서방(金局)

* 亥子丑 → 북방(水局)

## 라. 하도와 낙서

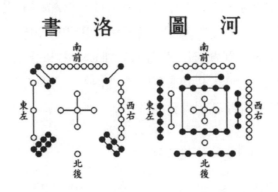

## 마. 오행의 상생상극

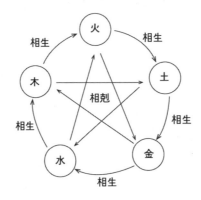

## ✦ 5. 동기감응 이론

### 가. 동기감응이란?

사람을 비롯한 모든 우주 만물은 고유의 물질원소를 형성하면서 각각의 원소들은 원소 자체의 에너지를 함유한다. 이 원소 에너지들은 시야(視野)나 촉감 등에 의한 방법으로는 감지가 어렵고, 각각의 원소들마다 원소 자체의 에너지를 함유하면서 독특한 진동파장을 일으킨다고 보고 있다. 그것이 바로 각각의 유전인자가 지닌 고유의 에너지 파장이다. 우리가 사는 지구공간을 부유(浮遊)하는 에너지 파장들은 동종(同種)의 에너지 파장을 접하면 어떤 상호작용을 일으키는데, 그것이 바로 풍수학에서 언급하는 동기감응, 즉 같은 기(氣)는 서로 감응하고 어울린다는 논리이다.

1천 7백년 전의 곽박(郭璞)이 지은 『장경(葬經)』에 "장자승생기야(葬者乘生氣也)"라 하였다. 그것은 "사람이 죽으면 흙으로 돌아가는데, 만약 흙 속에 묻힌 시신이 생기(生氣)로 뭉쳐진 진혈지(眞穴地)에 묻히게 되면 땅 속으로 흐르는 좋은 기운이 체백(體魄)으로 유입되어, 이 기(氣)가 자손에게 좋은 감응(感應)을 일으키도록 유도한다"는 것으로 이는 동기감응 이론이다.

그러면 죽은 조상과 자손 간에 어떻게 기의 교류를 이루게 되는 것인가? 음택의 좋은 기가 후손에게 미치는 영향력을 발음(發蔭), 또는 발복(發福)이란 용어로 사용된다. 죽은 자와 같은 혈통관계의 사람들은 똑같은 유전인자를 지녔기 때문에 서로 감응을 일으키는 것인데, 이것이 동기감응(同氣感應)이다.

조상의 유골에서 보내지는 기는 후손에게 감응하고 상통하는데, 그에 따라 후손은 조상의 기에 발복되거나 또는 화를 당한다고 한다. 물론 죽은 사람의 유골(遺骨)에서 어떻게 기가 흐를 수 있겠는가 하고 동기감응 자체를 부정하는 사람들도 있을 것이다. 그렇지만 사람의 죽음이란 호흡이 끊어지고 삶을 영위하지 못한 것일 뿐, 육체가 지닌 물질원소가 최소물질단위로 남을 때까지는 그대로 지구상에 남게 된다. 따라서 무덤이나 납골당으로 모셔진 유골에서 원소로 환원된 조상과 후손의 에너지는 같은 종류의 파장을 교류하면서 상호작용을 한다고 보는데, 그것이 바로 동기감응의 이론적 핵심인 것이다.

사람의 죽음에 대하여 흔히 귀신(鬼神), 혼백(魂魄), 정령(精靈), 영혼(靈魂) 등의 용어가 쓰인다. 즉 생명체를 지닌 우리는 하늘로부터 양기(陽氣)를 취하여 혼(魂)이 길러져 정신을 관장하는 것이고, 땅으로부터는 음(陰)이 되는 지기를 흡수하여 백(魄)을 길러 육신을 관장하면서 정신과 육체를 동시에 발육시켜 나가는 것이다. 그러나 사람이 죽으면 혼은 하늘로 올라가 소멸되고, 육신을 관장하던 백은 음기의 근원지인 땅 속으로 육신과 함께 되돌아간다. 따라서 체백(體魄)인 백은 혼이 없는 음기(陰氣)만으로 존재하는 것이다. 그래서 생기(生氣)가 강하게 유입되는 진혈지(眞穴地)에 묻힌 체백은 인자(因子)가 왕성한 활동을 함으로써 동종의 인자를 지닌 자손들과 강한 동기감응을 일으킨다. 즉 혼(정신)이 없는 백은 자손들을 돌보아야 한다는 정신력을 상실하였기 때문에, 땅 속의 길흉환경이 그대로 자손들에게 감응으로 나타나게 된다.

처음 동기감응을 밝힌 곽박(郭璞)의 『금낭경(錦囊經)』 첫 장 기감편(氣感篇)에 "시이 동산서붕 영종동응(是以銅山西崩 靈鐘東應)"이라 하였다. 이는 '서쪽에 있는 구리광산이 붕괴되자 동쪽에 멀리 떨어진 궁궐의 종(鐘)이 감응을 일으켜 울렸다' 하여 어미 산이 무너지니 그 자식이 애통해서 우는 것이라고 해석하고 있다. 이것은 무생물인 광물(鑛物)조차도 동질의 에너지끼리는 서로 교감을 한다는 내용으로 동기감응론(同氣感應論)의 기원이 된다.

궁궐에 구리로 만든 커다란 종(鐘)이 누각에 매달려 있었다. 이 종은 서쪽 멀리의 구리 광산에서 캐낸 구리를 원료로 사용하여 만들어진 것이다. 그런데 어느 날 누가 이 종을 건드리지도 않았는데 저절로 울리는 것이 아닌가, 임금이 너무 이상하게 생각되어 옆에 있던 신하에게 종이 울린 원인이 무엇이냐고 물으니, 신하가 대답하기를 서쪽에 있는 구리 광산이 붕괴되었다고 답변한다. 과연 얼마 되지 않아 서쪽에 있는 구리 광산이 붕괴되었다는 보고가 들어 왔는데, 산이 무너질 때가 바로 궁궐의 영종(靈鐘)이 울린 시각과 일치한 것이다. 임금이 다시 신하에게 그런 사실을 어떻게 알았느냐고 묻자, "신하가 대답하기를 이 종은 서쪽의 구리광산에서 캐어낸 동으로 만들었기 때문에 동질의 기(氣)끼리 서로 감응(感應)을 일으켜 발생한 일입니다."라고 말을 한다. 그러자 임금이 크게 감탄하여 말하기를 이처럼 "미천한 물질도 서로 감응을 일으키는데, 만물의 영장이 되는 사람은 조상과 후손 사이에 얼마나 많은 감응을 일으킬고" 하였다는 내용이다.

## 나. 동기감응 이론의 고전적 의미

진나라 곽박(郭璞, 276~324)이 쓴 『금낭경(錦囊經)』 제1장 기감편(氣感篇)에서 기와 동기감응에 대해 다음과 같이 설명하고 있다.

장자승생기야(葬者乘生氣也)
- 장사라는 것은 생기를 받는 것이다.

오기행오지중 발이생호만물(五氣行乎地中 發而生乎萬物)

- 오행의 氣는 땅속을 흐르면서 만물을 낳는다.

인수체어부모(人受體於父母)

- 사람은 부모에게서 몸을 받는다.

본해득기 유체수음(本骸得氣 遺體受蔭)

- 부모의 유골이 기를 얻으면 자식(유체, 遺體)이 음덕(蔭德)을 받는다.

경왈 기감이응 귀복급인(經曰 氣感而應 鬼服及人)

- 경에 이르기를 기가 감응하면 귀복(화복, 禍福)이 사람에게 미친다.

시이 동산서붕 영종동응(是而 銅山西崩 靈鐘東應)

- 그래서 구리 광산이 서쪽에서 붕괴하자 영험한 종이 동쪽에서 응하여 울렸다.

## 다. 동기감응 이론의 현대적 의미

세계적 심리학자 스위스의 "칼융"은 집단 무의식 이론에서 "인류는 자기가 속해있는 집단(국가, 지역 등)에서 자신들의 선조들이 역사 속에서 겪은 일들을 무의식 속에 기억하고 태어난다."고 기술하였다. 이 또한 동기감응 이론과 밀접한 관련이 있다고 볼 수 있다.

氣는 에너지이며, 우주의 本源이다. 동양철학하면 신비적이고 주술적이며, 심지어 미신(迷信)이라고 생각하는 사람들도 이제는 氣에 대해서 이해하기 시작했다. 氣를 현대 물리학의 정의와 대비해 보면 그 정의가 일치하기 때문이다.

존재하는 모든 사물은 존재를 위한 에너지, 즉 氣를 가지고 있으며, 각자 고유한 파장(波長)을 가지고 서로 서로 반응하려는 작용을 한다. 작용 전이나 작용 후 에너지의 양은 변함이 없다. 이를 'THE LAW OF CONSERVATION OF MASS' 즉 '에너지 불변의 법칙' 또는 '질량불변의 법칙'이라고 한다. 결국 氣의 정의와 일치한다.

1800년대 영국의 물리학자 존 달톤(John Dalton)은 근대 원자설의 기원에 두드러진 업적을 남겼다. 존 달톤은 원자의 물리적인 증명과 함께 화학적인 증거를 제시했다. 그의 원자설은 관찰이나 측정에서 비롯된 것이 아니고 정량적인 데이터에 기초를 두었다. 존 달톤의 원자설과 동양의 氣를 비교해보면 의미가 모두 같다는 것을 알 수 있다.

## 라. 동기감응 이론에 대한 국내외 연구결과

많은 사람들이 조상을 좋은 땅에 모시면 그 후손들이 복을 받을 수 있을까라는 궁금증을 갖게 된다. 또한 그것이 과학적으로 근거가 있는 것인지에 대한 많은 의구심을 갖게 된다. 너무나도 당연한 궁금증이고 의심이다. 다음의 몇 가지 실험을 통한 연구결과는 그러한 의문들을 과학적으로 명쾌하게 답해준다.

1960년도에 노벨화학상을 받은 미국인 월라드 리비(Willard Libby) 박사가 인체에서 발견한 14종의 방사성 탄소(放射性 炭素)에 의하여 그 원리를 규명하고 있다. 즉 죽은 사람의 경우 사람의 뼈에 있는 14종의 방사성 탄소가 죽은 뒤에도 오랜 세월 소멸되지 않는다는 연구결과를 발표하였다.

그리고 조상과 후손은 같은 혈통관계에 있어 서로 동종의 유전인자를 내포하고 있으면서 인체의 여러 가지 원소에서 발산되는 방사선파장도 같은 파장들로, 동일한 파장으로써 서로 감응을 일으키는 현상이 많다고 하였다. 그리고 혈통이 가까울수록 같은 유전인자가 더욱 많이 교류되어 감응하는 정도가 강하게 나타나며, 혈통이 먼 조상이거나 오래된 묘일수록 감응 정도가 약하다는 것이 현대과학으로도 증명되었다.

다음은 세계적으로 권위 있는 저널지(Advance,1993)에 실린 내용 중, 동기감응 이론과 관련내용을 간추리면 다음과 같다.

1993년 미 육군의 후원 아래 클리버 박사와 과학자들이 동일건물 아래서 세포, 즉 DNA가 몸에서 분리된 후에도 계속 감정의 영향을 받는지의 여부를 실험하였다.

연구자들은 실험참가자의 입안에서 조직과 DNA 샘플을 채취하여 같은 건물의 다른 방으로 옮기고, 특별히 고안된 장치에 담긴 DNA가 20m 떨어진 다른 방에 있는 샘플제공자의 감정에 반응하는지 여부를 전기적으로 측정하였다. 실험결과 샘플제공자가 극단적 감정에 이르렀을 때 수십 미터나 떨어져 있던 세포와 DNA는 동시에 강력한 전기적 반응을 보여 감응한다는 것을 밝혀냈다.

그리고 2차 실험에서 미 육군의 실험을 기획하고 참여한 클리버 백스터 박사는 약 20m의 거리가 짧다고 판단하여 500km의 먼 거리에 두고 정확한 시차를 보기 위하여 샘플제공자의 경험과 샘플반응 사이의 시간간격을 콜로라도에 소재한 원자시계로 측정하였는데, 실험결과 세포반응의 시간차이는 "0"이었으며, 감정이 생기는 세포가 영향을 받고 있음을 확인했다. 결국 세포가 같은 방 안에 있든 또는 수백Km 떨어져 있든 결과는 마찬가지였으며, 샘플제공자가 감정적 경험을 하면 DNA는 여전히 몸 안에 있는 듯 즉시 반응했다(그렉브레이드 저, 1993년, 김시현 옮김, 2008).

한국에서도 이와 비슷한 실험이 있었다. 부산 동의대 이상명 교수가 무작위로 3명의 성인남자 3명을 뽑아 각자의 정액을 채취한 후 3개의 시험관에 개개인의 정액을 넣고 각각 미세한 전압계를 설치하였다.

그리고 3명의 남자를 다른 장소로 데리고 가서 세 사람에게 차례로 미세한 전류를 가하자 그때마다 다른 장소에 설치되어 있는 실험 참가자의 정액이 경련을 일으키는 현상이 나타났다. 이 실험은 1996년 SBS-TV에 방영된 바 있다. 이러한 현상을 학자들은 이를 동기(同氣)에 의한 방사파 현상이라고 설명하였다. 이와 같이 동기감응 이론에 대한 많은 과학적 실험을 통해서 인체와 인체에서 분리된 세포 간 또는 조상과 후손 간, 같은 혈통관계에 있는 동종의 유전자 간 발생되는 방사선은 파장도 같아 서로 감응을 일으키는 현상이 나타나며, 혈통이 가까울수록 감응의 강도가 강하게 나타난다는 것을 현대의 과학이 증명해주었다.

## ✦ 6. 풍수지리학의 이론적 배경

### 가. 득수(得水)

풍수지리에서 득수(得水)란, 인간이 살아가는 데 필수적인 물을 얻는 것을 말한다. 인간은 물론 모든 생명체는 물 없이는 생존할 수 없다. 인간은 산이 없는 평야에서는 살 수 있지만, 물이 없는 사막에서는 살 수 없는 자연환경의 냉엄한 메시지이다. 또한 세계문명의 발상지(發祥地)는 모두 물이 풍부한 지역에 분포되어 있는 점만 보더라도 인간생활에 물이 얼마나 큰 영향력을 미치고 있는지 알 수 있다.

풍수지리에서의 물은 장풍득수(藏風得水) 중에 득수, 즉 물을 얻는 것을 말하는데, 득수란 장풍보다 더욱 중요하다. 이는 『금낭경(錦囊經)』에 "풍수지법, 득수위상, 장풍차지(風水之法, 得水爲上, 藏風次之) : 풍수의 법은 물을 얻는 득수(得水)가 먼저이고, 바람을 감추어 기가 흩어지지 않게 하는 장풍(藏風)은 그 다음이다."라는 내용에서 쉽게 이해되는 대목이다.

산은 반드시 물(水)을 함유하고 있기 때문에, 산의 크기에 따라 물의 양이 비례된다. 우리나라는 국토면적의 70%가 산으로 형성되어 물의 필요성을 크게 느끼지 못하였다. 그러나 시대가 흐를수록 인구의 팽창과 산업화에 따른 물의 필요성이 대두되고 있다. 현재는 많은 댐이 건설되어 치수(治水)사업은 비교적 성공을 하였으나, 최근 들어 지구온난화 등의 환경변화로 여름철이면 게릴라성 집중폭우가 쏟아지는 등 산사태와 인명피해가 매년 늘어나는 추세로, 자연을 효과적으로 이용하는 근본대책이 완전히 마련되지는 못하고 있다. 물의 활용도는 국가경제발전의 지표로 활용되고, 수량(水量)의 폭은 지역인구의 수용한계를 결정짓기도 하며, 또한 물의 사용량은 그 나라의 문화 및 문명수준의 척도이다. 서울의 경우에도 한강을 변화시킨 치수사업(治水事業)을 성공적으로 마무리함으로써 국제도시의 대열에 낀 것에 주목해야 한다. 사람들은 본성적으로 물을 좋아한다.

때문에 물이 풍부한 호수나 강변 등으로 사람들이 몰려들면서 관광단지나 위락시설들이 들어서고, 재화(財貨) 등이 모인다. 이것은 사람의 생명을 연장시켜 주는 것이 물이지만, 풍수에서의 물은 곧 재물(財物)이 되기 때문이다.

풍수에서의 물은 생기를 보호하면서 용(龍, 산)을 인도하고, 때로는 산을 멈추도록 유도하여 지기(地氣)를 융취(融聚)시키고 있다. 물이 작용하지 못하면 용(산)은 혈을 맺지 못한다. 바람은 공기를 유통시키기도 하지만, 아울러 지중(地中)에서 생성된 생기(生氣)를 흩어 놓기도 한다. 그러한 기를 흩어지지 않도록 하는 것이 바로 물의 역할이다. 물은 생기가 흩어지지 않도록 용맥(龍脈)을 따라 양쪽에서 보호하고 인도하며, 진행하는 산을 멈추도록 하여 생기를 응취(凝聚)시킨다.

그래서 혈(穴)을 찾을 때는 곧장 산을 보지 말고 물을 먼저 보라 하는데, 산은 있되 물이 없으면 혈지가 아니라 하였다. 즉 산이 비주(飛走)하듯 내달리기만 하면 생기는 흩어지고, 물이 모이는 곳으로 생기가 응결(凝結)되는 것이 자연의 이치다.

풍수지리에서는 산관인정 수관재물(山管人丁 水管財物)이라 하여 산은 인정(人丁)을 관리하고, 물은 재물(財物)을 관장한다 하였다.

그래서 물이 풍부한 곳은 부자들이 많고, 물이 얕거나 적으면 가난하다 하였다. 물은 사람을 끌어당기는 기운이 있어, 그러한 곳은 재화(財貨)가 넘쳐나지만, 물이 고갈(枯渴)되거나 흩어지면 사람의 발자취도 끊어져 재화가 적고 가난하며 궁핍하다 하였다.

## 나. 장풍(藏風)

장풍(藏風)이란 흩어지고 사라지는 바람을 가두어 잘 갈무리한다는 뜻이다. 장풍 이론은 명당 주변의 지세에 관한 풍수 이론을 통칭하는 말인데, 결국 장풍을 통하여 생기를 모을 수 있는 만큼, 도읍이나 주택 혹은 묘지를 선정하는 데 장풍은 매우 중요한 위치를 점하는 것이다. 경(經)에 "기승풍산 맥우수지(氣乘風散 脈遇水止)"라 하여 "생기는 바람을 타면 흩어지고, 맥은 물을 만나면 멈춘다."고 하였다.

풍수지리란 사람에게 어떠한 힘을 미치게 하는 생기(生氣)를 자연에서 얻기 위한 것으로, 생기란 일종의 에너지(운동능력, 열)로써 하늘의 태양과 땅에서 얻어진다. 특히 우리나라는 지형적으로 북반구(北半球)에 위치하고, 추운 겨울을 극복하기 위해서는 장풍(藏風)이 매우 중요하게 취급되고 있다. 그것은 지형적으로는 북서풍의 찬바람을 막아 줄 수 있는 주변의 산과 물건들이 있어야 하고, 직접 태양열을 흡수하는 방위에 따라 많은 영향을 받는 것이다. 오늘날 과학이 아무리 발달하였어도 인간이 자연을 완전히 극복할 수는 없으며, 오히려 인간이 자연으로부터 많은 제약을 받으면서 살아간다.

풍수의 기본은 물을 얻고 바람을 갈무리하는 방법에 중점을 두게 된다. 보다 엄밀히 말하면 바람의 갈무리란 불어오는 바람을 막는 방풍(防風)이 아니고, 불어서 흩어지고 사라지는 바람을 가두어 갈무리하는 것이 장풍(藏風)이다.

예를 들어 겨울철의 바람은 매우 차갑다. 그래서 바람을 막는 것인데, 그것이 바로 방풍이다. 그러나 바람을 막는다고 방문을 꼭꼭 잠그면 추운 바람은 막을 수가 있겠지만 방 안의 공기는 정체되게 된다.

즉 방풍을 철저히 하다 보면 환기가 되지 않아 공기가 혼탁하여 호흡기 질환이 생기거나 건강을 잃게 된다. 그러므로 바람이란 무조건 막는다고 능사는 아니다. 따라서 찬바람을 직접 피하면서, 동시에 공기의 순환을 필요로 하는 것이 풍수에서 말하는 장풍인 것이다. 들어오는 바람을 무조건 막아도 안 되지만, 가두기만 해서도 안 된다. 그래서 겨울의 차가운 바람을 직접 막기도 하고, 가두어서 갈무리하는 적절한 위치의, 적당한 규모의 사격(砂格)을 필요로 한다.

즉 균형과 조화를 이루며 장풍을 요하는 사격이 필요한 것이다. 예컨대, 혈장은 아주 작은데, 높다란 산들에 둘러싸여 있다면 방풍은 가능하겠지만, 오히려 혈장을 그

늘지게 하고, 물의 피해를 초래하거나, 바람의 유통을 차단하여 도리어 역기능(逆機
能)이 되고 만다.

양기(陽基)입지의 경우, 고을이 크다면 큰 산을 의지해야 하고, 작은 촌락이라면 작
은 산의 입지가 균형과 조화를 이루게 된다. 혈장을 장풍하는 것은 좌청룡·우백호뿐
만 아니라, 후현무(後玄武), 전주작(前朱雀) 등 전후, 좌우의 산들이 균형을 이루면서
조화를 이루어야 풍수에서 추구하는 지세에 부합되는 것이다. 이것은 멀리 떨어져 있
는 여러 개의 수려한 산(山)보다는 혈장에 근접한 작은 산 하나가 더 소중한 것이다.

또한 산수(山水)를 판단하는 방법으로 산이 크고 높으면 수량(水量)이 많고, 산이 작
으면 수량이 작다. 그리고 주변의 지형이 한 치만 높아도 환경에 미치는 변수는 크다.
그러기에 국가나 지방자치단체 등에서 도시계획(都市計劃)사업을 결정하면서 땅의 높
낮이를 심도 있게 따져보고 설계 등을 하여야 한다. 지금도 자연 상태를 밀어 붙이기
식의 도시계획사업을 종종 보게 되는데, 결국 그러한 계획이 아무리 훌륭한 공법과
자재 등을 사용한다 하더라도 결국 생활의 불편을 초래하는 결과를 낳게 될 것이다.

## 다. 방위(方位)

풍수에서 방위는 나경(패철)이라는 도구를 이용하여 24방위를 기본으로, 묘지나 집
이 들어설 자리에 이기적(理氣的)으로 장풍이 잘되고 기가 잘 모이는 길지(吉地)를 찾
는 데 활용한다. 음택(陰宅)의 경우 망자(亡者)의 머리 부분이 좌(坐)이고, 다리 쪽이 향
(向)이다. 단독주택에서는 일반적으로 마당을 향으로 보고 집의 뒤쪽을 좌로 본다. 현
대식 건물인 아파트의 경우는 창문이 넓은 발코니 방향이 향(向)이고 반대편을 좌(坐)
로 보면 된다.

즉 음택(陰宅)의 경우 망자(亡者)의 머리 부분이 좌(坐)이고, 다리 쪽이 향(向)이다.
예전의 양택(일반주택)에서는 일반적으로 마당을 향으로 보고 집을 지었으나 현대주
택은 그렇지 않은 경우가 많다. 인간은 자기의 성질을 가지고 있는 지구 표면에서 살
고 있다. 다시 말해 나침반의 바늘이 남북을 가리키는 커다란 자석 위에서 태어나, 자
력선의 영향을 받아가며 체내에서 일어나는 여러 가지 생화학반응(生化學反應)을 일으
키는 과정 속에서 생존하고 있는 것이다.

經曰 : 向定陰陽 切莫乖戾 差以毫釐 繆以千里(향정음양 절막괴려 차이호리 무이천리)

　- 음양으로 향을 정함에 있어서 절대로 이치에 어긋나도록 정하지 말라. 그 차이가 털끝만큼만 생겨도 그 잘못된 영향이 천리에 이른다.


　방위(方位)란 좌향(坐向)과 관련된 개념으로 풍수에서 가장 어려운 기술 중 하나이다. 좌향이란 국면(局面)이 일정한 형세를 앞에 두고 좌정(坐定)하였을 때, 전개후폐(前開後閉)로 앞을 바라보고 혈의 뒤쪽에 기대어 180° 대칭을 이룬다.

　음양학과 풍수지리학의 방위에 대하여, 자연과학적인 접근방식에는 다음 몇 가지의 자연원리에 근거를 두고 있다.

　첫째, 인간은 소우주(小宇宙)로 하나의 대전체(帶電體 : 전기를 띄우는 물체)가 된다.

　둘째, 지자기(地磁氣)는 남극과 북극을 기준으로 흐르고 있다.

　셋째, 지구가 소멸되기 전까지는 지자기(地磁氣)는 항상 존재한다.

　넷째, 지자기의 영향을 받는 사람은 어떠한 자장(磁場)의 변화를 일으키는데, 그 변화는 인간 개개인에게 영향을 미치게 된다.

　이상 네 가지는 자연과학과 밀접한 관련이 있다. 그리고 풍수지리학에서 사용하는 좌향(坐向)은 주역(周易)의 후천팔괘(後天八卦)와 음양오행(陰陽五行)을 방위의 기반으로 사용하고 있다.

## 라. 취길피흉(取吉避凶)

　취길피흉(取吉避凶)이란 말 그대로 좋은 것은 취하고, 좋지 않은 것은 피하자는 방법론이다. 자연의 길흉이란 절대적인 양극관계(兩極關係)보다는 상호보완적인 의미가 강하다. 그래서 선택적 입장에서는 배타적이고 경쟁적이며 공격적인 것이 된다. 인간은 본성적으로 길(吉)을 취하고 흉(凶)을 멀리 하고, 선(善)을 선호(選好)하고 악(惡)을 멀리하며, 아름다운 것을 추구하고 추(醜)한 것을 버리려는 습성이 강하다. 그러나 이를 분별할 수 있는 것은 지식과 경험이 바탕이 되어 시대나 관념(觀念)의 차이에 다소간 길흉의 차이로 나타날 수 있으며, 무지(無知)에서의 차이도 크다고 볼 수 있다. 풍수지리는 풍성하고, 둥글둥글하며, 아름답고, 윤택하며, 또한 변화가 있고, 자기를 보호하는 듯한 국세(局勢)와 나에게 유정(有情)한 사(砂) 등으로 형성되면 길(吉)하게 된다.

　풍수지리는 자연의 다양성과 변화에 따른 경험론적 이해관계이며, 형상(形象)에서의 길흉(吉凶)과 감상(感想)에서의 유(有)·무정(無情)에 관한 이론이다. 이것은 인간과 자연의 조화를 추구하는 방법에서 이론적 전개를 비교하고 설명하게 된다. 기본사상은 음양오행을 배경으로 한다.

　인간생활의 활동은 자연환경을 근본으로 삼아 형성되는데, 자연에서 문화가 형성되고 문명을 발전시켰다. 그래서 자연조건에 민감한 반응을 보이게 되었고, 이에 대한 많은 경험론적 기록이 축적되어 자연에 대한 길흉논리(吉凶論理)가 풍수지리로 정착된 것이다.

　방위(方位)는 음양오행으로 상생관계(相生關係)면 길하고, 상극관계면 흉하다. 길(吉)이 정해지면 그의 반대개념은 흉(凶)이다. 즉 메마르고 빈약하며 직선적이거나, 첨(尖)하고 습(濕)하고 음침(陰沈)하면 흉이다. 또한 주변의 사격(砂格) 등이 나를 배역(背逆)하거나 충사(衝射)하고 고압적(高壓的)이면 역시 흉이다. 또한 이기법(理氣法)으로 음양오행에 상생(相生)관계면 길(吉)하고 상극(相剋)관계면 흉(凶)하다.

　곽박의 〈葬經〉 산세편(山勢編)에 "화복불선일(禍福不旋日, 시이군자(是以君子), 탈신공개천명(奪神工改天命)"이라 쓰여있다.

　"화복(禍福)이란 지나간 날을 되돌릴 수가 없으며, 군자(君子)는 신(神)이 하는 일을 빼앗고, 하늘이 정한 운명을 바꿀 수 있어야 한다."는 뜻이다. 즉, 흉한 터를 피하고, 좋은 터를 찾아서 활용한다면, 하늘이 정한 운명도 바꿀 수 있다고 하여 인간(人間)이 풍수를 이용하여 우리의 삶에 보다 유익하게 활용하라는 의미로 받아들이면 될 것 같다.

# 제2장. 풍수지리학 이론

## ✦ 1. 용법론(龍法論)

### 가. 용(龍)의 정의

풍수지리에서는 산의 능선을 용(龍)이라고 한다. 용은 실제 존재하지 않는 상상의 동물이며, 설화나 전설에서 지극히 귀한 존재로 나온다. 풍수지리에서 산의 능선을 용이라고 부르는 것은 산맥(山脈)의 흐름이 마치 용과 같이 변화무쌍하기 때문이며, 상하로 기복(起伏)하고, 좌우로 굴곡(屈曲)하며, 갑자기 동에 있다가 갑자기 서에 있고, 갑자기 깊은 연못 속에 숨어 있다가, 변화를 측정하기가 막연하고, 숨었다가 갑자기 나타나고, 갑자기 하늘의 구름 위를 날아다닌다. 갑자기 머리는 나타나고 꼬리는 나타나지 않다가, 갑자기 구름을 일으켜 비를 뿌린다. 이와 같이 산맥역시 그러하기 때문이다.

### 나. 용의 분류

나무에 줄기와 가지가 있듯이 주룡에도 간룡(幹龍)과 지룡(支龍)이 있다. 간룡은 본신룡(本身龍)이고 지룡은 간룡에서 분맥(分脈)된 용이다.

## 1) 간룡(幹龍) : 최고 봉우리로만 연결된 용으로 중심이 되는 맥

태조산의 용루(龍樓)와 보전(寶殿)에서는 사방팔방으로 용맥들이 뻗어 나간다. 증조산(曾祖山)과 소조산(小祖山)에서도 마찬가지다. 이 중 최고 봉우리에서만 출맥하여 연결된 용을 간룡(幹龍)이라 한다. 즉, 여러 용맥들 중에서 가장 중심이 되는 용이란 뜻이다.

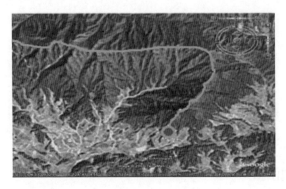

## 2) 지룡(支龍) : 간룡(幹龍)에서 갈라져 나온 맥

태조산으로부터 출맥한 간룡이 수 백리 혹은 수 십리를 행룡하면서 중조산과 소조산을 비롯하여 중간 중간에 수많은 크고 작은 산들을 만든다. 산이 이루어지면서 여러 갈래로 산줄기가 나누어지는데, 대간룡을 제외한 나머지 용맥들은 지룡(支龍)이라고 한다.

풍수지리에서 간룡과 지룡의 구분은 절대적이 아니고 상대적이다. 대간룡에서 갈라질 때는 지룡이었다 할지라도 여기서 다시 새로운 지룡을 분맥하면 상대적으로 간룡이 된다. 갈라진 맥은 지룡이다. 이렇게 분맥은 끊임없이 일어난다.

## 다. 용의 종류 12격

용의 종류에는 12격이 있으며, 길격5룡에는 생룡(生龍), 순룡(順龍), 복룡(福龍), 진룡(進龍), 강룡(强龍)의 5가지가 있으며, 흉격7룡에는 사룡(死龍), 병룡(病龍), 살용(殺龍), 약룡(弱龍), 겁룡(劫龍), 역룡(逆龍), 퇴룡(退龍)의 7가지로 구분한다.

### 1) 길격룡(吉格龍) 5가지

### (1) 생룡(生龍) : 용의 모습이 생기발랄하고 수려 단정함

생룡이란 봉우리가 암석으로 쌓여있고 지각(枝脚)이 활발하며 생기발랄한 용을 말한다. 마치 힘찬 봉황이 날아오르는 듯하며, 물고기가 뛰고, 솔개가 나는듯하여 모두가 생기있는 형상이다. 이 용이 제일 길하여 반드시 부귀의 대지(大地)를 맺으니 자손이 왕성하다.

### (2) 순룡(順龍) : 지각이 앞으로 뻗고 용맥이 유순함

지각(枝脚)이 앞으로 순하게 뻗고, 산봉우리와 용맥이 유순하며 흙으로 된 산모습이고, 산봉우리는 점차 낮아지고 혈이 맺히면 부귀가 오래가고 많은 자손(子孫)이 효도(孝道)하며 화목(和睦)하고 복(福)과 장수(長壽)를 누리는 길용(吉龍)이다.

### (3) 복룡(福龍) : 용맥이 후덕함

용맥이 특출하지는 않지만 후덕한 모습으로 생겼다. 복룡은 조종(祖宗)이 귀하고 따르는 호위함이 많은 것이다. 이 용(龍)은 조산을 떠나온 후로 호위하여 따르는 것이 주밀하고 앞뒤가 서로 응하여 가지가 비록 크지는 않아도 창고가 있으며 봉우리는 비록 높지는 않아도 악(惡)하거나 거칠지 않고 다만 펼쳐 나간 것이 없다. 마치 복 있는 사람이 조상의 음덕(蔭德)과 노복(奴僕)의 힘으로 안락을 누리는 것과 같으니 발복이 길고 부귀하여 건강하고 편안하여 화목하다. 금궤같은 작은 바위가 용 위에 붙어 있거나 수구(水口)에 있으면 부귀하며, 나라의 큰부자가 나온다.

### (4) 진용(進龍) : 용의 진행이 질서정연하면서 박환(剝換)이 이루어지는 형태

산봉우리가 모두 높고 요도지각이 고르게 발달되어 있다. 봉우리가 질서있고 가지가 고르며 행도(行度)가 순서가 있다. 거친 것이 박환(剝換)되고 늙은 것이 어리어져 마치 봉황이 내려오고, 기러기가 물을 회룡하고 나는 듯이 점차 나아가는듯한 것이다. 이격은 아주 길하여 혈이 맺히면 문장이 빛나고 부귀쌍전(富貴雙全)하며 자손이 번창하여 높은 벼슬하는 후손이 많이 나오고 발복이 오래간다.

### (5) 강룡(強龍) : 용이 양명수려(陽明秀麗)하며 기세가 웅대함

강룡은 산봉우리와 산봉우리 사이가 멀고, 봉우리가 멀리 빛나고, 좌우균형이 알맞고 체격이 웅장하다. 형세가 크고 역량이 넓게 펼쳐 나가며 활동이 자유스러워 마치 호랑이가 숲에서 나오고 목마른 용이 바다로 달리는듯하여 강성한 것이다. 이러한 용(龍)이 가장 길하며, 혈이 맺히면 부귀(富貴)하고 이름을 날리며 세상에 공(功)이 크다.

## 2) 흉격룡(凶格龍) 7가지

### (1) 사룡(死龍) : 용이 일자로 축 늘어져 있는 모습

산봉우리가 있는 듯 없는 듯 모호하고 지각이 분명하지 못하고 내려오는 산의 형태가 죽은 뱀처럼 쭉 뻗어 곧고 굳어 있는 것을 말한다. 기복(起伏)과 굴곡(屈曲)이 없고, 순하게 흐르는 물줄기 같으며, 죽은 미꾸라지나 죽은 장어처럼 생기가 없는 것이다. 이러한 용은 가장 흉하며 혈(穴)을 맺지 못하므로 가난하고 대가 끊긴다.

### (2) 병룡(病龍) : 언뜻 보면 아름다운 것 같지만 흠이 많음

병룡은 언뜻 보면 아름다워 보이나 자세히 보면 상처와 흠이 많다.

한쪽은 유정(有情)하고 힘이 있는데, 다른 한쪽은 짧거나 상처가 있어서 나약하다. 생동한 용처럼 보이나 과협(過峽)에서 암석의 절리(節理)에 의해서 맥(脈)이 단절되어 있다.

병룡은 본체는 비록 아름다우나 결함이 있는 것이다. 가지가 한쪽은 있으나 한쪽은 없고, 한쪽은 살아 있고 한쪽은 죽어 있으며, 한쪽은 아름답고 한쪽은 추하다. 비록 혈이 있어도 화복(禍福)이 서로 반반이니 좋고 아름다움이 고르지 못한 것이다.

만약 인위적으로 길을 내거나 집을 짓기 위해 공사로 맥이 파손된 경우는, 작은 손상은 세월이 지나면 복원되지만, 산 밑까지 절단된 경우는 절대로 사용할 수 없다. 이런 산은 혈을 맺을 수도 없다.

### (3) 살용(殺龍) : 뾰족하고 험악하고 살기등등한 산

살용은 뾰족하고 험악하고 살기를 띤 채로 아직 살기를 벗어남이 없는 것이다. 조산(祖山)을 떠난 이래로 바위 절벽이나 낭떠러지로, 추악하고 거칠고 뼈가 들어나듯 바윗돌이 있으며 가지가 뾰족하고 날카롭고, 부서지며 부스럼이 생기나, 곧고 단단하다. 혹 달리고 멈춘, 과협(過峽)이 없으며 비록 살기를 벗어나도 악(惡)한 형태는 바뀌지 않아 보는 이를 놀라게 한다. 이러한 용은 살기가 흉하게 드러나 살용(殺龍)이라 하며, 가장 흉악하여 묘를 쓴다면 사납고 강폭하니 살생을 좋아하여 멸망한다. 거칠고 경직되고 과협도 없으며, 도저히 혈을 맺을 수가 없다.

### (4) 약룡(弱龍) : 산봉우리와 산 능선이 가늘고 힘이 없음

약룡은 산봉우리와 산 능선이 가늘고 힘이 없다. 봉우리가 야위고 가지가 짧으며 몸체가 약하게 늘어진 것이다. 형체는 마치 가위머리, 시들은 꽃, 마구간 바닥에 엎드린 굶주린 말, 무리를 잃은 외로운 기러기와 같고, 약하고 기울어진 것이다. 이 용(龍)은 대부분 바람을 타고 물이 침범하여 혈을 맺을 수 없으며, 지각은 짧아 바람과 물을 막아주지 못하며, 매우 허약하여 혈을 맺을 수 없다. 만약 이런 곳에 용사(用事)하면, 외롭고 가난하며 질병으로 고생한다.

### (5) 겁룡(劫龍) : 분맥이 너무 심해서 기세가 흩어지는 용

주룡(主龍)이 행룡하다가 간룡(幹龍)과 지룡(支龍)으로 나누어지는데, 어느 것이 주룡이고 어느 것이 지룡인지 구분이 안가는 경우를 겁룡이라고 한다.

겁룡은 용의 몸체가 쪼개진 것이다. 기가 분산되고 용맥이 모이지 않아 기가 모이지 않는 용이다. 용이 쪼개져 나눔이 많으면 겁(劫)이 되고, 적으면 귀(鬼)가 된다. 앞에 있으면 관재(官災)요. 뒤에 있으면 질환(疾患)을 유발한다. 이 격은 가장 흉하여 비록 혈의 형태가 있어도 쓸 수 없으며 도적이 들고 질병과 관재(官災)가 있다.

### (6) 역룡(逆龍) : 용과 혈을 배반하는 모습

일반적으로 혈을 향해 진행하는 용은 지각이 진행하는 방향으로 뻗어서 용과 혈을 감싸준다. 역룡은 지각이 뒤를 향해 역으로 뻗었다.

또한 봉우리가 기울어지고 가지가 거슬러 뻗으며 행도(行度)가 어긋난 것이다. 이

혈(穴)이 가장 흉하여 비록 혈의 형태가 있을 지라도 불길하다. 만약 이곳에 용사(用事)하면 성질이 흉악하고 도적(盜賊)이나 반역질(叛逆疾)하는 자손이 나온다.

### (7) 퇴룡(退龍) : 작은 산에서 큰 산으로 거꾸로 가는 모습

일반적으로 행룡은 큰 산에서 작은 산으로 가는 것이 원칙이나, 퇴룡은 그와 반대로 진행한다.

퇴룡이란 봉우리가 질서가 없고 가지가 차례가 없으며 행도가 뒤로 물러가는 듯하다. 처음은 작고 나중은 커서 용(用)은 낮고 혈(穴)은 높으니 마치 사람이 디딜방아를 밟는 듯하고 배가 여울을 거슬러 오르듯 높고 낮음이 구분을 잃은 것이다. 아주 흉(凶)하여 비록 혈의 형태가 있어도 불길하니 한번 발복해도 즉시 쇠퇴한다. 위아래 상하가 질서 없는 형국이며, 오역(忤逆)한 용으로 혈을 맺을 수 없다.

## 라. 출맥삼격(出脈三格)

용맥(龍脈)이 진행하며 봉우리를 일으키고 장막을 펼친 다음 용맥이 나오는 것을 출맥(出脈)이라 한다. 이러한 형태는 3가지가 있는데, 가운데로 나오는 맥을 중출(中出), 왼쪽으로 나오는 맥을 좌출(左出), 오른쪽으로 나오는 맥을 우출(右出)이라 하며, 맥의 융결된 힘의 크기는 모두 여기서 결정된다.

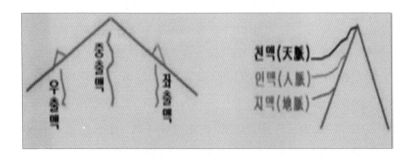

혈의 뒤에 내려오는 맥은 가운데로 내려오는 중출맥(中出脈)이 가장 좋고, 좌출맥(左出脈)이 다음이고, 우출맥(右出脈)이 그 다음이다.

## 마. 용의 각종 변화

### 1) 용의 개장천심(開帳穿心)

행룡에서 용의 개장(開帳)과 천심(穿心)은 용의 균형을 유지하고 기를 보호하는 역할 및 험한 지기를 정제시켜 순화된 기를 만든다. 또한 기를 보충하여 용이 앞으로 더욱 힘차게 행룡(行龍)할 수 있도록 해준다. 즉, 용의 균형을 유지하고 기를 보호하는 역할을 하는 것이다.

천심(穿心)은 개장한 곳의 가운데서 정룡(正龍)의 중심이 힘차게 앞으로 나가는 것을 말한다.

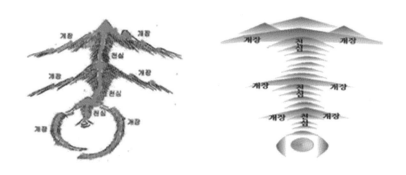

### 2) 용의 기복(起伏)

높고 큰 산에서 행룡(行龍)은 하늘높이 솟구쳐 올랐다가 다시 밑으로 내려가 엎드리기를 반복한다. 이때 솟구쳐 솟은 산봉우리를 기(起)라 한다. 내려가 과협(過峽) 또는 결인(結咽)하여 엎드린 고개는 복(伏)이라고 한다.

### 3) 용의 박환(剝煥)

행룡(行龍)하는 용이 깨끗하게 변화는 것을 박환(剝煥)이라고 한다. 즉, 행룡하는 용이 험한 기운을 벗어내고 깨끗하게 변화하는 과정을 말한다. 박환이 클수록 귀한 혈을 맺는다.

### 4) 용의 과협(過峽)

용의 기복(起伏)에서 복(伏)에 해당되는 부분이 과협이다. 굴곡(屈曲)이나 위이(逶迤)

하는 용에서는 잘록하게 묶여진 부분이 과협이다. 또한 과협이 경직, 파손, 금이 가있으면 용맥이 절단되거나 부실하다는 증거이다.

### 5) 용의 요도지각(橈棹地角)

용맥의 전진을 도와주며, 주룡의 균형을 유지해준다. 즉, 배의 노처럼 용맥의 균형을 유지하며 전진을 도와준다.

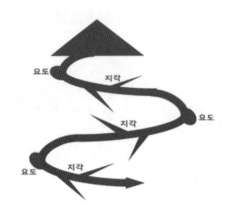

### 6) 용의 위이(逶迤)

위이는 좌우로 굴곡하며 진행하는 모습으로, 마치 뱀이 구불구불하게 기어가는 모습처럼 용맥이 변하는 것을 말한다. 작은 언덕이나 야산을 행할 때 주로 나타난다. 용의 마지막 행룡과정으로 좌우로 굴곡하는 것이 특징이다.

### 7) 용의 호종보호사(護從保護砂)

마치 귀인이 행차할 때 그를 경호하고 보필하기 위해서 수행하는 사람처럼, 태조산에서 출발한 주룡이 혈까지 수 백리 혹은 수 십리를 행룡한다. 이때 주위에서 보호해주는 호종보호사가 없다면 결코 귀한 용이 될 수 없다. 귀한 용일수록 호종보호사(護從保護砂)가 많으며, 천한 용(龍)은 호종(護從)하는 산이 없다.

# 바. 입수6격(入首六格)

용의 입수에는 직룡입수(直龍入首), 횡룡입수(橫龍入首), 회룡입수(回龍入首), 잠룡입수(潛龍入首), 비룡입수(飛龍入首), 그리고 섬룡입수(閃龍入首)의 6가지가 있다.

## 1) 직룡입수(直龍入首)

현무봉을 따라 내려오던 용이 입수할 때 도두 한가운데로 직선으로 들어오는 형태로 입수하는 경우다. 직룡은 등을 치듯이 곧바로 입수(入首)해 이마가 오는 맥과 대응하여 혈을 맺는 것이다. 이같이 곧게 치고 들어온 용의 결혈(結穴)은 발복이 빠르고, 때로는 원진수(元辰水)가 따르나 해(害)가 되지 않는다. 곧게 치고 들어와 기세가 웅대하니 남은 기운이 있어서 혈장 아래에 전순(氈脣)을 만든다. 용의 기세가 장성하고 웅대하여 발복이 크고 빠르다.

## 2) 횡룡입수(橫龍入首)

진행하는 주룡의 측면에서 입수룡이 나와 혈을 맺는 형태로 현무봉을 출발한 주룡의 옆에서 입수맥이 나온다.

횡룡은 가로지른 맥으로 입수되어 혈을 맺는 것이다. 혹은 왼쪽을 따라오고, 혹은 오른쪽을 따라오니 혈 뒤에 반드시 귀성(鬼星)과 낙산(樂山)이 있어야 한다. 횡룡입수는 맥의 뒤가 허하므로, 혈장(穴場) 반대편 주룡 측면에서 귀성(鬼星)이 받쳐 주어야 하며, 그 뒤로는 낙산(樂山)이 있어서 허함을 막아 주어야 한다.

## 3) 회룡입수(回龍入首)

조종산을 바라보고 입수하는 모습으로, 자기가 출발한 태조산이나 중조산, 소조산 등을 바라보고 입수하는 모습이며 조종산이 안산이 된다. 용이 한 바퀴 회전한다는 것은 그만큼 기세가 강하다는 의미이다.

회룡입수는 조산을 떠난 용이 거리를 두고 몸을 뒤집어 되돌아 조산(祖山)을 바라보고 혈을 맺는 것을 말한다. 혈장 양 옆으로 청룡, 백호가 감싸고 앞에 명당이 열려야 한다. 높고 큰 조산이 안산으로 변하며 물길이 앞에서 혈쪽으로 내려오므로 혈장이 높고, 낮은 사(砂)가 가로막고 있어야 한다. 이와 같이 회룡하여 혈을 결지하는 것을 회룡고조혈(回龍顧祖穴)이라고 하며, 발복이 크고 오래 지속된다.

### 4) 잠룡입수(潛龍入首)

용맥이 땅속으로 숨어서 입수하는 모습으로, 출맥한 용이 급하게 평지로 내려와, 땅속에 숨어 은맥(隱脈)으로 행룡한 다음에 혈을 맺는 형태를 말한다. 주로 구성(九星)의 마지막 별인 우필성(右弼星)의 기운을 받은 용맥에서 일어난다. 용맥이 논밭을 뚫고 지난다 하여 천전과협(穿田過峽)이라고도 한다. 땅 밑으로 맥이 지나기 때문에 육안으로 쉽게 찾기는 힘들다. 하지만 용맥이 지나는 흔적을 곳곳에서 발견할 수 있다. 용맥이 지나는 곳은 거북이 등처럼 완만한 가운데 평지보다 약간 높게 보인다.

이처럼 잠용은 용의 기운이 평지로 흩어지며 떨어져 혈을 맺는 것이다. 즉, 평수(平受)의 맥이라야 한다. 한 치(寸)가 높으면 산이 되고, 한 치가 낮으면 물이 된다. 반드시 평지에 오목함이 있거나 겸구(鉗口) 모양으로 열고, 수세(水勢)가 둥글게 돌아가야 혈을 맺을 수 있다.

### 5) 비룡입수(飛龍入首)

아래에서 위로 올라가 정상에서 맺는 형태로 볼록하게 솟은 봉우리의 정상부분에 혈을 맺으며, 입수룡의 형태가 마치 용맥이 날아오르는 모습과 같다.

비룡은 위로 모여 높이 치솟아 혈을 맺는 것이다. 그 형세가 높이 날아오르듯 하므로 비룡(飛龍)이라 한다. 사방에 응(應)하는 산이 모두 높이 솟아 위로 모여 드러난 형세로 혈을 받아야 혈을 맺는다. 이 혈은 역량이 가장 크고 귀(貴)는 크나 물이 많이 모이지 않으니 부(富)는 약하다. 반드시 주밀하게 관쇄(關鎖)되어야 길하다.

비룡입수한 혈의 발복(發福)은 크다. 그러나 부(富)를 관장하는 명당(明堂)이 멀고 좁은 것이 특징이다.

### 6) 섬룡입수(閃龍入首)

행룡하는 용이 주저앉듯이 중간에 혈을 맺는 모습이다. 섬룡입수는 행룡하던 용맥이 중간에 잠시 머물다가 언뜻 주저앉듯이 혈을 맺는 모습이다. 그리고 용맥은 다시 진행방향으로 나아간다.

이처럼 섬룡은 용맥의 곁에 깃들어 숨어 혈을 맺는 것이다. 산세는 곧게 나가나 맥은 곁에 몰래 숨어서 혈을 맺는다. 만약 곧게 나간 용신(龍神)에 구애되어 반듯한 가운데 맥에서 혈을 취하면 그릇된 것이다.

섬룡입수에서 매우 조심할 것은, 과룡처(過龍處)를 섬룡입수로 착각할 수 있다는 것이다. 과룡지장(過龍之葬)은 삼대내절향화(三代內絶香火)라는 매우 흉한 곳이니 각별히 살펴서 우(憂)를 범하지 말아야 할 것이다.

## 사. 결혈5국(結穴五局)

용이 혈을 맺는 방법에는 물(水)을 기준하여 다섯 가지의 형식이 있는데, 이 형식을 국(局)이라 하며, 순수국(順水局), 조수국(朝水局), 횡수국(橫水局), 거수국(據水局), 무수국(無水局)의 다섯 가지가 있다. 이 다섯 가지 국의 결혈은 용진혈적(龍眞穴的)이 같지 않으나 모두 부귀하는데, 오직 순수국((順水局＝거수국(去水局))은 초년에 불리하다.

### 1) 순수국((順水局 : 거수국(去水局))

순수국(順水局)은 물이 혈 앞에서 흘러 나가는 것이다. 순수국은 반드시 용이 길고 멀며 역량이 크고 사신사(四神砂)가 주밀하며 수구가 굳게 관쇄(關鎖)하여야 한다. 대게 거수국의 땅은 비록 융결됨이 있어도 재물 발복이 약하고 초년에는 퇴패한다. 용혈이 길하면 귀함이 있으나, 모름지기 집과 전답을 팔아 없애고 비로소 벼슬에 나가거나 혹은 고향을 떠나고 나서 귀하게 된다. 가령 용혈이 조금이라도 불길함이 있으면 퇴패(退敗)하고 멸절(滅絶)하여 구원이 없으니 이 국은 흉함이 많아 함부로 취할 수 없다. 물이 혈 앞으로 흘러나간다 하여 거수국(去水局)이라고도 부른다.

### 2) 조수국(朝水局)

조수국(朝水局)은 물이 앞에서 들어오는 것이다. 조수국은 앞에서 흘러오는 물을 받는 것으로, 혈이 있는 곳이 높고 크며 남은 기운이 있어야 하고, 혹은 얕은 사(砂)가 물길을 막아 물길이 지르고 베지 않게 하면 길하다.

### 3) 횡수국(橫水局)

횡수국(橫水局)은 물길이 빗겨 둘러싼 것으로 좌우 어느 쪽으로 오가든 구애받지 않는다. 횡수국은 용이 혈을 맺음에 물이 왼쪽에서 와 오른쪽으로 흘러 나가거나 오른쪽으로 와서 왼쪽으로 흘러 나가는 것으로, 둥글게 혈을 감싸 마치 띠를 두른듯하며 아름답다. 이 국은 아주 평온하다.

### 4) 거수국(擄水局)

거수국(擄水局)은 혈 앞에 모든 물이 모여 호수가 되는 것이다. 거수국은 용의 결혈 앞에 큰 호수가 있거나 깊은 물이나 큰 연못이 임하여 있는 것으로 아주 길하다. 이 국은 대귀(大貴), 대부(大富)가 오래 간다.

### 5) 무수국(無水局)

무수국(無水局)은 건룡(乾龍)이라고도 하는데, 혈 앞에서 물을 전혀 볼 수가 없는 것이다. 대개 건룡혈(乾龍穴)은 좌우의 산이 명당을 가로막아 혈에서 물이 안보이고, 혹은 혈이 높이 있어 물을 볼 수 없다.

산은 있으나 물이 없어 좋지 않아 보이나 산골에는 장풍이 귀한 것이므로 혈장(穴場)이 감추어져 생기를 타면 발달이 빠르다. 이러한 곳은 먼저 귀(貴)한 후에 부자(富者)가 되거나 귀(貴)하게는 되나 재물(財物)이 부족한 경우가 많다.

### 아. 오성산(五星山)

목형　화형　토형　금형　수형

## 1) 목형산(木形山)
예) 서울 북악산(백악산)

성정(性情)

淸 : 문관(文官)

濁 : 예능(藝能)

凶 : 수형(受刑), 감옥(監獄), 관재구설, 잔병(殘病), 굴욕(屈辱)

## 2) 화형산(火形山)
예) 서울경기 관악산

성정(性情)

淸 : 문영(文榮, 문화발전)

濁 : 간험(奸險)

凶 : 간악(奸惡), 속성속패(速成速敗), 참혹(慘酷), 주살(誅殺), 절멸(絶滅)

* 가문이 처음은 좋았으나 나중에 나쁜 경우는, 조상은 길지(吉地)에 모셨는데, 같은 선산에 순차적으로 모시면서 후손들을 흉지에 장사지낸 경우가 많다.

### 3) 토형산(土形山)
예) 구미 천생산

성정(性情)

淸 : 지존(至尊), 제왕(帝王), 왕후(王侯) → 權力(貴) + 財物(富)

濁 : 관성(高官)

凶 : 옥사(獄死), 혼우(昏愚)

### 4) 금형산(金形山)
예) 경주 양동마을, 국회의사당 본관(지붕)

성정(性情)

淸 : 관성(官星) + 재물(財物) → 공명(公明), 충절(忠節), 정절(貞節)

濁 : 무관(武官) + 재물(財物)

凶 : 도적(盜賊)


## 5) 수형산(水形山)

예) 담양 추월산

성정(性情)

淸 : 총명(聰明), 명결(明潔), 도량(度量), 왕양(汪洋)

濁 : 아첨(阿諂)

凶 : 방탕(放蕩), 유랑(流浪), 주색(酒色), 이향(離鄕)


## ✦ 2. 혈법론(穴法論)

### 가. 혈(穴)의 정의(定意)

혈(血)은 음택의 경우 시신을 매장하는 장소이며, 양택의 경우는 건물이 들어서는 곳이다. 혈을 인체에 비유하면 경혈(經穴)과 같다. 혈(穴)은 풍수지리에서 용(龍)과 함께 가장 중요한 곳이다. 이를 혈지(穴地), 혈판(穴坂), 당판(堂坂)이라고도 한다. 고서(古書)에서는 혈의 중요성을 강조하여 "천리내룡 근유일석지지(千里來龍 僅有一席之

地)"라 하였다. 즉, "천리를 행한 용(龍)도 겨우 한자리 혈(穴)을 맺을 따름이다."라는 뜻이다. 혈은 주룡(主龍)으로부터 공급받은 생기가 모여 있는 곳이다. 용이 물을 만나 더 이상 나가지 못하면 지기(地氣)가 서로 모여 엉킨다. 이곳에 땅의 생기가 융취(融聚) 되는데 바로 혈이다. 혈속의 토질을 혈토(穴土)라고 한다. 돌도 아니고 흙도 아닌 비석 비토(非石非土)다. 돌처럼 단단하나 손으로 비비면 고운 분가루처럼 미세하게 분해되 는 흙이다. 혈토의 색깔은 홍(紅), 황(黃), 자(紫), 백(白), 흑(黑) 등 오색이며 밝고 윤기 가 있다.

풍수 고전인 금낭경(錦囊經)에는 장자승생기야(葬者乘生氣也)라 하였다. 즉 장사(葬 事)는 반드시 생기가 있는 땅에 지내야 한다고 하였으니, 생기가 모여 있는 혈에 장사 를 지내야 한다. 그러나 용진혈적(龍盡穴的)한 진혈지(眞穴地)를 찾는 것은 쉬운 일이 아니다. 옛날에 "삼년심용(三年尋龍) 십년점혈(十年點穴)"이라 하였다. 용을 찾는데 3 년 걸리고 혈을 찾는데 10년 걸린다는 뜻이다. 즉, 용을 찾는 것도 어렵지만, 그 용이 결지하는 혈을 찾는 것은 더욱 어렵다는 것을 나타내는 글이다. 음택은 자손의 부귀 를, 양택은 거주자의 건강과 생체리듬을 향상시킨다. 음택의 경우 유골(遺骨)을 편안 하게 하고, 거기서 파장된 에너지는 유전인자가 똑같은 자손에게 전파되어 자손의 부 귀빈천을 관장한다. 양택의 경우는 혈에서 발생한 훈풍화기가 거주자의 건강과 생체 리듬을 향상시켜 생활의 활력을 증대시킨다.

## 나. 혈(穴)의 결지조건(結地條件)

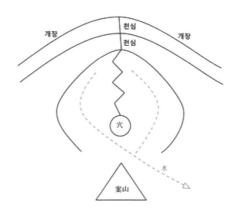

혈은 용이 행룡을 멈춘 곳에 맺는다. 혈지는 생기가 뭉쳐 있어 밝고 부드러우며 단단하다. 용이 변화해야 지기가 생동하고, 용이 멈추어야 지기가 융결(融結)될 수 있기 때문이다. 혈지는 항상 양지바르고 수려하다. 또한 견고(堅固)하면서 유연(柔軟)하다. 왜냐하면 혈지는 깨끗한 생기가 뭉쳐 있기 때문에 흙이 밝고 부드러우면서 단단하다. 물이 혈을 감싸고돌아 환포(環抱)해야 한다. 물이 생기를 가두어 보호해주기 때문이다.

혈주변의 사격은 아름답고 귀한 형상으로 혈을 감싸고 보호해야 바람으로부터 혈의 생기가 흩어지는 것을 막는다. 또한 용혈사수(龍穴砂水)의 음양이법(陰陽理法)이 모두 합법이어야 하며, 맞지 않으면 재앙이 따른다.

## 다. 혈(穴)의 결지과정(結地過程)

혈은 제일성봉(第一星峰)이 구성(九星) 중 어떤 것이냐에 따라 혈의 형태가 결정되며, 대개 다음과 같이 혈을 맺는다.

탐랑성(貪狼星)은 유두혈(乳頭穴)을 맺는다.
거문성(巨文星)은 겸차혈(鉗叉穴)을 맺는다.
녹존성(祿存星)은 소치혈(梳齒穴)이나 겸차혈(鉗叉穴)을 맺는다.
문곡성(文曲星)은 장심혈(掌心穴)을 맺는다.
염정성(廉貞星)은 여벽혈(黎鐴穴)을 맺는다.
무곡성(武曲星)은 원와혈(圓窩穴)을 맺는다.

파군성(破軍星)은 첨창혈(尖槍穴)을 맺는다.

좌보성(左輔星)은 연소혈(燕巢穴)과 괘등혈(卦燈穴)을 맺는다.

우필성(右弼星)은 평지 은맥(銀脈)으로 행룡하다가 평지 돌혈(突穴)을 결지한다.

## 라. 와(窩), 겸(鉗), 유(乳), 돌(突)과 사상(四象)

혈의 형태는 그 수를 헤아릴 수 없을 만큼 다양하다. 마치 사람의 몸과 얼굴이 제각기 다른 모습이듯이 혈의 형태도 제각각이다. 사람의 형태를 사상체질로 나누듯이 혈도 그 모습을 보고 사상으로 분류하는 것이 와겸유돌(窩鉗乳突)의 혈이다.

태양은 와혈(窩穴),

소양은 겸혈(鉗穴),

소음은 유혈(乳穴),

태음은 돌혈(突穴).

일상생활에서는 보통 음양을 나눌 때, 볼록하게 돌출된 것을 양이라고 하고, 오목하게 들어간 것을 음이라고 한다. 그런데 풍수지리에서는 반대로 해석한다. 즉 볼록하게 돌출하면 음이고, 오목하게 들어가면 양이다.

또한 양룡에서는 음혈을, 음룡에서는 양혈을 맺는 것이 원칙이다. 오목하게 생긴 혈장은 양혈(陽穴)로 와혈과 겸혈이 이에 해당된다. 볼록하게 생긴 것은 음혈(陰穴)로 유혈과 돌혈이 있다. 크게 오목하여 양이 큰 것은 와혈이고 약간 오목한 것은 겸혈이다. 크게 볼록하여 음이 큰 것은 돌혈이고 약간 오목한 것은 유혈이다. 즉 와는 태양이고, 겸은 소양이며, 유(乳)는 소음이고, 돌(突)은 태음이다.

용을 분류할 때도 마찬가지다. 볼록하여 혈장보다 높은 능선을 음룡이라 하고, 평평하여 혈장보다 낮은 능선을 양룡이라 한다. 양룡에는 음혈을, 음룡에는 양혈을 맺는 것이 원칙이다. 이를 음래양수(陰來陽受), 양래음수(陽來陰受)라고 한다.

### 1) 와혈(窩穴)

입수룡보다 낮은 위치에 새둥지 소쿠리 속처럼 오목하게 생긴 혈을 말한다. 이 모양이 마치 하늘을 향해 입을 벌린 듯 하다하여 개구혈(開口穴)이라고도 하며, 또는 손바닥을 젖혀 놓으면 가운데 동그랗게 움푹한 곳과 같다하여 장심혈(掌心穴)이라고도 부른다.

## 2) 겸혈(鉗穴)

입수룡보다 낮고, 선익이 길게 뻗어 큰 칼 같은 혈을 말한다. 겸혈(鉗穴)은 소양(小陽)에 속하고, 죄인의 목에 씌우는 큰 칼 같다하여 붙여진 이름이다. 와혈과 같이 입수룡보다 낮은 곳에 있는 혈장이다. 겸혈의 혈장은 오목한데 혈의 중심부는 약간 볼록한 부분에 있다. 즉 겸중미돌(鉗中微突)한 곳이 혈이다. 혈이 입수도두나 선익(蟬翼)보다 낮으므로 사방으로부터 불어오는 바람을 피하기에 유리하다.

또한 겸혈은 양 선익(蟬翼)의 길이에 따라서 정격과 변격으로 분류한다. 입수도두한 양변에서 뻗은 선익의 길이가 같으면 정격이고, 다르면 변격이다. 변격은 모양에 따라서 직겸, 곡겸, 단겸, 장겸 등으로 분류한다. 변격도 모양에 따라서 선궁, 단제, 첩지 등으로 분류한다.

## 3) 유혈(乳穴)

주로 탐랑 목성체인 용맥에서 많이 결지하여, 여인의 유방처럼 생겼다 하여 붙여진 이름이다. 유혈은 풍만한 여인의 유방처럼 혈장이 약간 볼록한 형태다. 소음에 속하며, 유두혈(乳頭穴), 현유혈(懸乳穴), 수유혈(垂乳穴)이라고도 한다. 주룡은 평평하고 낮은 양룡으로 입수하여 볼록한 혈장을 만든다. 혈은 약간 오목한 곳, 즉 유중미와(乳中微窩)한 곳에 있다. 유혈은 평지나 높은 산 모두에 있어 가장 많은 혈이다.

혈장이 길면 장유(長乳), 짧으면 단유(單乳)
혈장이 크면 대유(大乳), 작으면 소유(小乳)
혈장이 두 개가 나란히 있으면 쌍유(雙乳), 세 개가 있으면 삼유(三乳) 등으로 분류한다.

## 4) 돌혈(突穴)

돌혈은 동종이나 가마솥은 엎어놓은 것처럼 볼록하게 생긴 혈을 말한다. 유혈에 비해 혈장이 짧고 높아 태음에 속한다. 동종을 엎어 놓은 것처럼 생긴 돌혈은 복종형(伏鐘形), 가마솥을 엎어 놓은 것처럼 생긴 돌혈을 복부형(伏釜形)이라고 한다. 혈은 볼록한 부분에서 약간 오목한 곳에 있다. 이를 돌중미와(突中微窩)라고 한다.

돌혈은 높은 산에도 있지만 낮은 평지에도 많이 있다. 평지보다 약간만 높아도 돌로 보기 때문이다. 실제로 높은 산에 있는 것보다 평지에 있는 돌혈이 길한 것이 많다. 돌혈이 높은 산에 있는 것은 바람을 받기 쉽다. 그러므로 청룡과 백호를 비롯한 안산과 조산 등 주변산도 똑같이 높아야 한다. 높은 산에서도 혈장에 들어서면 전혀 바람을 느끼지 못한다. 그곳이 제대로 된 혈장이다.

### 마. 혈장의 4요소(四要素)

혈장은 혈이 있는 장소로 용(龍)의 정제 순화된 생기가 최종적으로 모여 응결된 곳이다. 혈장은 입수도두(入首倒頭), 선익(蟬翼), 순전(脣氈), 혈토(穴土) 등 4가지 요소로 구성되어 있다.

#### 1) 입수도두(入首倒頭)

용에서 공급된 생기를 저장해 놓았다가 혈에서 필요한 만큼의 기를 공급해 주는 역할을 한다.

#### 2) 선익(蟬翼)

혈장을 좌우로 지탱해주고, 생기가 옆으로 빠져나가지 않도록 해주는 역할을 한다.

#### 3) 순전(脣氈)

혈장을 앞에서 지탱해주고, 생기가 앞으로 설기되지 않도록 해준다.

#### 4) 혈토(穴土)

생기가 최종적으로 응결(凝結)된 흙이다. 비석비토(非石非土)로 木, 火, 土, 金, 水의 五色土이다.

### 바. 정혈법(定穴法)

#### 1) 삼세정혈(三勢定穴)

삼세정혈(三勢定穴)이란 산의 높낮이에 따라서 혈의 위치를 가늠하는 법으로, 천지인(天地人)으로 나누어서 분류한다. 주변 산이 높아서 높은 곳에 혈이 맺는 것은 천혈(天穴), 낮은 곳에 혈을 맺는 것은 지혈(地穴), 중간에 맺는 것은 인혈(人穴)이라고 한다.

봉우리의 높낮이에 따라 입세(立勢 : 천혈), 면세(眠勢 : 지혈) 좌세(坐勢 : 인혈)로 천지인(天地人)의 세 부분으로 나눈 혈법이다. 한개 성진에 입, 면, 좌의 삼세가 있다. 입(立)은 몸이 솟아 기운이 위로 뜨니 천혈(天穴)은 이중에 구한다. 면(眠)은 기운이 아래로 떨어지니 지혈(地穴)이 그것이다. 좌(坐)는 몸이 굽어 기운이 중간에 갈무리되니 인혈(人穴)은 이중에 구한다. 이것은 삼세의 정격이다.

주산을 비롯하여 혈주변의 산들이 모두 높으면, 혈도 높은 곳에 결지한다. 산이 낮으면 혈도 낮은 곳에 결지하고, 중간 지역에서는 중간부분에 결지하며, 평지에서는 낮은 곳에 결지하나, 물의 침범이 우려되니 혈 바로 주변보다는 약간 높은 곳에 결지한다.

### (1) 천혈(天穴 : 입세(入勢))

천혈(입세)은 산이 높은 곳에서 혈도 결지한다. 천혈(天穴)은 주변 산들이 모두 높으며, 산의 생기도 높은 곳에 모인다. 따라서 혈도 높은 곳에 결지한다. 청룡, 백호, 안산, 조산 등 주변 산들이 비슷하게 높아서 바람을 막아주고 보국(保局)의 기운이 안정된다.

좌청룡, 우백호와 전면의 조안산(朝案山)이 높이 솟구치고 주변이 높은 국세(局勢)를 이루면 천혈을 취한다. 기가 위로 맺어 모이고, 아래로 옮기면 흩기면 흩어진다. 모두 개법(蓋法)을 쓴다. 혈이 비록 높아도 혈에 올라 국(局)에 임하면 마치 평지에 있는 것 같고, 그것이 높은 것을 못 느껴야 한다. 천혈(千穴)이 바람을 타면 아래로 맥이 와서 늘어져야 마땅하고, 만약 맥이 급하면 안 된다. 이와 같이 주산을 비롯한 주위 산들이 모두 높으면, 혈도 높은 곳에 결지한다.

### (2) 지혈(地穴 : 면세(眠勢))

지혈(면세)은 산이 낮으니 혈도 낮은 곳에 맺는다. 면세(眠勢)라고도 한다.

지혈은 산세가 마치 누운 성두(星頭) 같고 앙면한 것 같이 출맥하여 결혈하고 운(暈)을 생한다. 모두 낮게 조응용호(朝應龍虎)하며, 사세(砂勢)가 상등하고 명단 수성이 응(應)하여 돕는다. 이것이 산수가 아래에 결취(結聚)한 것이다. 그 체가 셋이 있는데, 산기슭에 있는 것은 현유혈(縣乳穴)이다. 성체(星體)의 아래에 있는 것은 탈살혈(脫殺穴)로 점법(粘法)을 쓴다.

지혈에서는 용이 평지에 다다라서 맥이 끝나는 지점에 매달리듯 맺히는, 현유혈(懸乳穴)과 용맥이 은맥으로 행룡하다가 거북이 등처럼 약간 밋밋하게 돌출(微突)해서 결지하는 장구혈(長邱穴)이 있다. 따라서 면세인 지혈은 낮은 산이 끝나는 지점이나 평지에서 혈을 찾아야 한다.

### (3) 인혈(人穴 : 좌세 (坐勢))

주산과 주변 산이 중간 높이이면 산 중턱에 혈을 맺는다. 주산과 주변 산이 높지도 낮지도 않는 중간이면, 마치 산이 앉아있는 모습 같아서 좌세(坐勢)라고 한다. 또한 산 중턱에 생기가 모이므로 인혈(人穴)이라고 한다. 인혈은 산세가 앉은 것 같으며 성두(星頭)가 아래로 구부리지도 않고 하늘을 우러러 보지도 않으며 출맥하여 결혈하고 운(暈)을 생한다. 모두 높지도 않고 나지도 않게 조응용호(朝應龍虎)하며, 사세(四勢)가 상등(相等)하고 명당수성이 건건이 응하여 돕는다. 이것은 산수가 위아래의 중간에 결취(結聚)한다. 장살혈(藏殺穴)로 당법(撞法)을 쓰는데 맥이 급하게 오면 의법(依法)을 쓴다. 혈이 맺는 것은 산 중턱이므로, 산 중턱에서 혈을 찾아야 한다.

### 2) 사살정혈(四殺定穴)

사살이라는 것은 장살(藏殺), 압살(壓殺), 섬살(閃殺), 탈살(脫殺)을 말한다. 살은 뾰족하고 날카로우며 곧고 단단한 것 등 일체를 말한다.

보통 내맥(來脈)이 곧지도 않고 급하지도 않으며 단단하지도 않고 가파르지도 않으면, 장살혈(藏殺穴)로 하장(下葬)하니 당법(撞法)이다.

내맥(來脈)이 아래로 뾰족하게 나오고 급하며 단단한 형(形)이면 피할 수 없고, 또 제거하기도 어려우면 살을 누르는 압살혈(壓殺穴)로 하장(下葬)하니 개법(蓋法)이다.

내맥(來脈)이 곧게 나와 머리가 뾰족하면 점탈(粘脫)할 수가 없고, 사세(四勢)가 가운데로 모이면 섬살혈(閃殺穴)로 하장하니 의법(依法)이다.

내맥(來脈)이 급하고 산세가 높으며 사방의 응(應)함이 아래로 모이면 탈살혈(脫殺穴)로 하니 점법(粘法)이다.

# ✦ 3. 사법론(砂法論)

풍수지리의 기본은 용과 혈이 먼저이고 사격과 물은 그 다음이다(龍穴爲主 砂水次之). 따라서 길지를 얻고자 한다면, 먼저 용진혈적을 찾아야 한다. 그리고 나서 사격이 좋은지 여부를 판단해야 한다.

사격(砂格)이란 혈의 전후좌우에 있는 모든 산과 바위를 말한다. 혈 뒤에는 주산과 현무가 있다. 앞에는 안산과 조산이 있으며, 좌우에는 청룡백호가 있다. 또 외곽을 둘러쌓고 있는 나성(羅星)이 있다. 물이 나가는 수구(水口)에는 한문(捍門), 화표(華表), 나성(羅星) 북신(北辰)이 있고, 혈장에는 선익(蟬翼), 연익(燕翼), 하수사(下水砂), 요성(曜星) 등이 있다. 그 밖에도 낙산(樂山), 귀성(鬼星) 등이 있다. 이처럼 혈을 둘러싸고 있는 모든 산과 바위를 사(砂)또는 사격이라고 한다.

사(砂)라는 용어는 옛날 풍수지리를 가르칠 때 종이와 붓이 귀해서 모래로 산을 만들어 설명한데서 유래되었다고 한다. 사격은 용과 혈의 생기를 바람으로부터 보호해주는 역할을 한다. 그러기 위해서는 이들 모두가 혈을 중심으로 둘러싸여 있어야 길하다. 감싸주지 못하는 사격은 혈의 생기를 보호할 수 없다. 그러므로 주변 산들이 감싸주지 못하는 곳은 혈이 아니라는 뜻이다. 길지란, 먼저 용과 혈이 좋아야 하고, 그다음 사격이 좋아야 한다. 사격이 반듯하면 귀격(貴格)이고 깨지고 무정하면 흉격(凶格)이다.

길한 방위에 좋은 사격이 있으면 혈의 발복을 더욱 극대화시킨다. 반면에 흉한방위에 나쁘게 생긴 사격이 있으면 온갖 재앙과 화를 초래한다. 이와 같이 용혈과 관계되는 모든 산의 모양과 방위에 대해 설명한 것이 사법론(砂法論)이다.

## 가. 사격(砂格)의 종류(種類)

### 1) 청룡과 백호

혈을 중심으로 좌측에 있는 산줄기를 청룡(青龍)이라 하며, 우측에 있는 산줄기를 백호(白虎)라 한다. 북방은 현무(玄武), 남방은 주작(朱雀)이라 한다. 옛날부터 우주는 사영신(四靈神)이 사방을 옹호하여 보호한다고 하였다. 그러나 풍수지리에서는 동서남북에 관계없이 혈 뒤에 있는 산을 현무(玄武)라 하고, 혈 앞에 있는 안산(案山)을 주작(朱雀)이라 한다. 혈 좌측은 청룡(青龍), 우측은 백호(白虎)다. 이러한 이름은 사방을 분별하기 위한 것으로, 산의 형태가 이러한 동물 모양과 같다는 것은 아니다. 이것을 사람에 비유하면 청룡은 좌측 팔이고, 백호는 우측 팔이다. 두 팔이 가슴을 감싸주듯이, 청룡백호가 혈장을 안아주어야 길하다.

청룡백호는 두 가지의 역할이 있다.

첫째는 외부의 바람이 혈을 침범하는 것을 막아준다. 생기는 바람을 타면 흩어지므로 이를 막아주는 것이 있어야 한다.

둘째는 자신이 품고 있는 기운을 혈에 공급해 준다. 청룡백호가 수려하면 좋은 기운이, 험하고 탁하면 나쁜 기운이 혈로 보내진다. 따라서 청룡백호는 다정한 모습이어야 한다.

청룡백호는 주산에서 나온 것도 있고, 객산(客山)에서 나온 것도 있다. 또 혈 바로 옆에 있는 내청룡, 내백호가 있는가 하면, 그 뒤쪽으로 외청룡, 외백호가 있다. 어느 것이든 혈을 잘 감싸주는 것이 좋은 것이다. 그러나 혈을 맺는데 반드시 청룡백호가 필요한 것은 아니다. 평지에 맺는 혈은 무룡호무안산(無龍虎無案山)의 혈도 있다. 그러므로 생기보호를 대신하는 것만 있다면 청룡백호에 크게 구애받지 않아도 된다. 혈을 결지하는데는 무엇보다 중요한 것은 용과 혈이다. 용진혈적하지 않고서는 어떠한 혈도 있을 수 없다. 청룡백호가 아무리 좋아도 용과 혈이 없으면 무용지물이다. 항상 용혈이 우선이고 사수(砂水)는 다음이다.


## 2) 안산(案山)과 조산(朝山)

혈과 정면으로 있는 가장 가까이 있는 산을 안산이라 한다. 안산 뒤로 있는 산은 모두 조산이다. 안산은 귀인 앞에 놓인 책상과 같다. 조산은 귀인을 찾아온 손님으로 책상 건너편에서 주인에게 예를 드리는 것과 같다. 즉, 혈과 정면으로 가장 가까이 있는 산이 안산이고, 안산 뒤로 있는 산은 모두 조산이다. 안산과 조산이 단정하고 아름답게 혈을 향해 있으면 좋은 보국(保局)이다.

안산과 조산의 역할은 혈 앞에 불어오는 바람을 막아 혈의 생기를 보존하는데 있다. 또한 자신이 품고 있는 기운을 혈에 뿜어 보낸다. 그러나 용진혈적 하지 않는 곳에 안산과 조산을 비롯해 주변산세만 좋다면 알맹이 없는 허화(虛花)에 불과하다. 혈의 결지에 아무런 도움이 되지 못한다.

또한 대혈(大穴)과 소혈(小穴)의 구분은 용과 혈의 역량으로 판단하는 것이지, 혈 주변에 있는 사격(砂格)이나 수세(水勢)로 판단하는 것이 아니다. 옛말에 백리내룡(百理來龍)

에서는 백리의 국세가 나의 것이고, 천리내룡(千里來龍)에서는 천리의 국세(局勢)가 나의 것이란 말이 있다. 이는 용혈의 중요성을 강조한 것이다.

### 3) 귀성(鬼星)과 낙산(樂山)

귀성(鬼星)과 낙산(樂山)은 혈을 뒤에서 받쳐주고 있는 산이다. 직룡입수하는 혈은 주산과 현무봉이 뒤에서 받쳐주므로 귀성과 낙산이 필요치 않다. 그렇지만 횡룡입수하는 혈은 혈 뒤가 허약하고 비어 있다. 반드시 뒤를 지탱해주고 바람을 막아주는 산이 필요하다.

### (1) 귀성(鬼星)

입수룡의 반대 측면에 붙어 있는 작은 지각으로 혈을 지탱하고 기운을 밀어준다. 주로 바위나 단단한 흙으로 되어 있다. 용과 혈을 지탱해주고 주룡의 기운을 혈로 밀어주는 역할을 한다. 횡룡입수하여 결지하는 혈에는 귀성이 있어야 한다.

귀성이 붙어 있는 위치에 따라 횡룡입수하는 혈의 위치를 알 수 있다. 귀성이 높게 붙어 있으면 혈도 높은 곳에 있으며, 귀성이 낮은 곳에 있으면 혈도 낮게 결장한다. 귀성이 오른쪽에 있으면 혈도 오른쪽에 있으며, 귀성이 왼쪽에 있으면 혈도 왼쪽에 있다. 귀성이 가운데에 있으면 혈도 가운데에 있다.

### (2) 낙산(樂山)

낙산은 횡룡입수하는 용의 뒤를 받쳐주며 서 있는 산이다. 혈 뒤에서 불어오는 바람을 막아주고, 혈의 허함을 보충해준다. 횡룡입수 혈의 베개와 같은 산이다.

귀성은 반드시 주룡의 본산에 붙어 있어야 한다. 그렇지만 낙산은 주룡의 본산에서 나온 산이든 외부에서 온 객산이든 상관없다. 어느 것이든 후면을 가깝고 단정하게 잘 보호해주면 된다.

낙산은 혈에서 보일 때 최고이고, 그 다음은 명당에서 보일 때이며, 명당에서 조차 보이지 않을 때는 무용지물이다.

### 4) 하수사(下水砂)

하수사(下水砂)는 혈 아래에 붙어있는 작은 능선으로 혈장을 지탱해주는 역할을 한다.

또한 용맥을 보호하면서 따라온 원진수(元辰水)가 직류하지 않도록 해주는 역할도 한다.

원진수(元辰水)가 직거하면 원진직거(元辰直去)가 되어 매우 흉하다. 혈의 생기를 뽑아 나가기 때문이다. 원진수의 직거를 막아주고 혈의 생기를 보호하는 것이 하수사이다. 하수사(下手砂)는 작은 능선의 혈장 아래를 감아준 것으로 보통 여러 개로 구성되었다. 하나가 좌측에서 나와 우측으로 감아주었으면, 다음 것은 우측에서 나와 좌측으로 감아준다. 마치 팔을 안쪽으로 감아주는 형상이다. 그러므로 원진수는 곧장 빠져나가지 못한다. 하수사 능선을 따라 좌로 흘렀다가, 다시 우로 흘렀다가를 반복하면서 천천히 흘러 가는 것이다.

하수사는 팔을 뻗는 듯한 모습이라 하여 하수사(下手砂), 하비사(下臂砂)라고도 한다. 또는 원진수(元辰水)를 역류시킨다 하여 역관사(逆關砂)라고도 한다. 하수사가 있는 혈은 대개 부자가 된다하여 재사(財砂)라 부른다. 옛날부터 자리가 좋고 나쁨은 먼저 하수사(下水砂)를 보고 판단하였다.

## 5) 수구사(水口砂)

수구사(水口砂)란 물이 흘러가는 파구(破口)에 있는 작은 산이나 바위다. 명당의 기운을 보전하여 생기를 보호하는 역할을 한다. 수구사가 있으면 물길을 막아 유속(流速)을 느리게 하기 때문에 명당 안에 있는 물이 곧장 흘러나가지 못한다. 물은 움직이는 기운이므로 양이고, 산줄기인 용과 혈은 움직이지 않으므로 음이다. 용과 물이 충분하게 음양을 이루어야 좋은 혈을 맺을 수 있다. 그러기위해서는 유속이 느려야한다. 물이 나가는 수구가 관쇄되면 물의 속도는 자연히 느려지고 가뭄에도 일정한 수량을 항상 유지하게 된다. 그 역할을 하는 것이 바로 수구사이다.

수구사(水口砂)는 청룡과 백호 끝에 붙어 있는 작은 산이나 바위나 또는 물 가운데 있는 암석을 말한다. 내청룡과 내백호가 서로 교차하여 만나는 내수구에 있는 것을 내수구사(內水口砂)라 한다. 외청룡과 외백호가 서로 교차하는 외수구에 있는 것을 외수구사(外水口砂)라 한다. 수구는 보국의 입구다. 수구가 좁으면 자물쇠로 출입문을 잠근 것 같으니 관쇄(關鎖)라고 한다.

　가) 한문(捍門) : 보국의 대문인 수구의 양쪽에 서있는 바위나 산

　나) 화표(華表) : 수구처의 물 가운데 박혀있는 바위를 말한다. 대개 한문(捍門) 사이에 있음

다) 북신(北辰) : 물 가운데 있는 바위가 용, 거북, 물고기 등의 형상을 하고 있는 것

라) 나성(羅星) : 수구처에 돌이나 흙 등이 퇴적하여 생긴 작은 섬

## 6) 관성(官星)

관성(官星)은 안산이나 조산 뒷면에 붙어있는 작은 능선으로, 마치 지렛대처럼 안산이나 조산의 기운을 혈쪽으로 밀어주는 역할을 한다. 안산과 조산의 기운이 모두 혈로 집중되므로 발복을 크게 한다.

형기에서 안산너머 관성(官星)이 보이면 "현세관(現世官)"이라 하여 당대에 고관이 난다고 말한다. 관성은 대부분 혈에서 보이지 않으나 간혹 보이는 것도 있다. 이를 현세관(現世官) 또는 현면관(現面官)이라 하여 매우 귀하게 여기며, 속발하여 당대에 현관(顯官)이 기약된다.

## 7) 요성(曜星)

요성(曜星)이란 주룡의 기운이 왕성하여 혈을 맺고도 남은 것으로 생긴 작은 사격이다. 용이나 혈장 혹은 명당좌우에 붙어있다. 용혈의 정기가 왕성하여 밖으로 뿜어져 생긴 것으로 보면 된다. 따라서 요성이 있는 혈은 그만큼 기세가 크다는 것을 증명한다.

요성은 흙이나 바위로 되어 있으며 위치는 정해져 있지 않다. 용이나 혈장, 명당, 수구, 청룡, 백호 등 어느 곳이나 있을 수 있다. 용성은 혈과 가까이 있으면서 잘 감싸주어야 좋다. 또 혈에 비해 지나치게 크지 않아야 한다. 또한 칼 같은 요성이 혈지에 있으면 보검이 되지만, 비혈지에 있으면 나를 해하는 흉기가 된다.

## 8) 나성(羅城)

나성(羅城)은 멀리서 혈을 둘러싸고 있는 산으로 마치 성곽처럼 보인다. 수구에 돌이나 모래가 퇴적되어 생긴 작은 섬은 나성(羅星)으로, 멀리서 성곽처럼 혈을 둘러싸고 있는 나성(羅城)과는 근본적으로 다른 것이다.

멀리 있는 산들은 그 모습이 마치 성곽을 두른 것처럼 둥글게 이어져 있다하여 붙여진 이름이다. 본래 나성은 하늘의 지존성(至尊星)을 수많은 별들이 둘러싸고 있는 것을 말한다. 이를 나성원국(羅城垣局)또는 원국(垣局)이라고도 한다.

## ✦ 4. 수법론(水法論)

### 가. 수법개요(水法槪要)

지리가에서는 "산관인정(山官人丁) 수관재물(水官財物)"이라고 쓰여 있다. 이는 산은 인물을 관리하고, 물은 재물을 관리한다는 뜻이다. 물이 모이는 곳에는 사람이 모이며, 재물이 모이고, 물이 흩어지는 곳에는 사람이 흩어지고 재물도 흩어진다. 물은 재물(돈)과 관련이 깊다. 물의 수량이 많고 풍부한 곳에 사는 사람들은 부자가 많고, 물이 얕고 수량이 적은 곳에 사는 사람들은 가난한 사람들이 많다. 수도 서울만 봐도 그렇다. 물줄기가 큰 한강 주변에 사는 사람들이 기타 작은 천(중랑천, 홍제천, 정릉천 등) 주변에 사는 사람들 보다 평균적으로 부자가 많다. 또한 전 세계적으로 동서로 흐르는 강 주변에 사는 사람들이 남북으로 흐르는 강 주변에 사는 사람들보다 평균적으로 부자가 많다. 이처럼 물은 재물(돈)과 관련이 깊다는 것을 알 수 있다.

〈예천 회룡포 水勢〉

또한 물이 오는 것은 굴곡이 있어야 하고, 물이 가로지른 것은 둘러 감싸야 하며, 물이 가는 것은 머뭇거리고 돌아가야 하고, 물이 모인 것은 멀리 나타나 주머니에 녹아 고여 응결되어야 한다. 이른바 물이 좋은 것은 모이고 흩어지지 않으며 그 오는 것은 보이나 그 가는 것은 보이지 않는다.

혈에 올라보면 곧게 충동하지 않고, 기울어지지 않으며, 빨리 흐르지 않고, 세차지 않으며, 거슬러 달리지 않고, 활을 뒤집은 것 같지 않으며, 기울어 쏠리지 않고, 가파르게 달리지 않으며, 쏘아 오지 않고, 끌고 가지 않고, 끊어지지 않고, 유정하게 혈을 돌아보며, 둥글게 둘러 감싸고, 사모하여 잊지 못하듯 버리지 않아야 한다.

## 나. 수형세(水形勢)

〈안동 하회마을 水勢 : 원경〉

수(水)의 외적 형상을 보고 혈의 결지 여부와 길흉관계를 가늠하는 것을 수의 형세(形勢)라고 한다. 크게 길격(吉格)과 흉격(凶格)으로 구분하며, 인자수지(人子須智)의 내용을 요약하면 다음과 같다.

### 1) 길격형세(吉格形勢)

〈안동 하회마을 水勢 : 안내도〉

① 혈 앞 명당으로 들어오는 물은 구불구불하게 갈지(之)자 모양으로 유유히 들어와야 길하다.

② 옆으로 가로지르는 물은 용과 혈을 감싸 안아주듯 휘돌아야 한다. 만약 등을 돌리고 배반하면 흉하다.

③ 물이 보국(保局)을 빠져 나갈 때는 머뭇거리듯 천천히 흘러가야 한다. 만약 직류로 바르게 흘러나가면 흉하다.

④ 혈 앞 명당에 모인 물이 돌아나갈 때는 느릿느릿하면서 휘돌아 나가야 한다.

⑤ 연못이나 웅덩이처럼 고여 있는 물은 맑고 깨끗하고 넘쳐흘러야 길하다.

⑥ 혈에서 보이는 물이 일직선으로 곧장 찌르듯 있지 않아야 한다.

⑦ 물은 기울지도 않고, 험악스럽게 급하지 않아야 한다.

⑧ 물은 급한 여울이 되어 소용돌이치며 격랑을 일으키지 않아야 한다.

⑨ 오는 물은 보여도 나가는 물은 보이지 않아야 한다.

⑩ 여러 방향에서 득수(得水)한 구곡육수(九谷六水)가 혈 앞 명당에서 취합해야 한다.

⑪ 명당을 빠져 나가는 물은 한방향의 수구로 나가야 하며, 수구는 좁아야 한다.

⑫ 깊고 맑은 물이 항상 넘쳐나듯 흘러야 한다.

⑬ 물이 풍부하다는 것은 용이 그만큼 크고 멀다는 뜻이다.


## 2) 흉격형세(凶格形勢)

① 물이 찌르듯 들어오면 자손이 상하고 관재(官災)가 우려된다.

② 물이 급하게 흐르면서 서로 부딪치거나 또는 사방으로 흩어지면 도산하여 가난해진다.

③ 무서울 정도로 험악한 물이 급하게 흐르면 사람이 상하고 일거에 도산하여 패망한다.

④ 나쁜 것은 물이 서로 부딪치며 소용돌이 치듯 급하게 흐르는 형세다. 비교적 얕은 여울물이 졸졸졸 소리를 내며 빠르게 흐르는 곳은 사람과 재산이 모두 망한다. 특히 집이나 묘에서 여울물 소리가 울부짖듯 들리면 줄초상이 난다고 고서(古書)에 기록되어 있다.

⑤ 혈 앞 명당을 지나는 물이 혈을 외면하고 반궁(反弓)으로 흐르는 형세는 사람은 배신당하고 재산은 망한다.

⑥ 물이 쏟아지듯 매우 급하게 흐르는 형세는, 산세와 명당이 그만큼 가파르기 때문이다. 사람과 재산이 급속도로 망한다.

⑦ 물이 오염되고 탁하고 냄새가 심하면 흉하다.

⑧ 물이 일직선으로 곧장 들어오거나 나가면 흉하다.

⑨ 물이 다득일파(多得一破)하지 않고, 여러 군데로 나가면 할거수(割去水)라 하여 흉하다.

⑩ 물소리가 너무 커서 시끄럽게 들리면 흉하다.


### 3) 수의 삼세(三勢)

득수(得水), 취수(聚水), 거수(去水)를 수의 삼세라 한다. 득수는 용혈이 물을 얻는 것으로 발원지를 말한다. 취수는 득수한 물이 혈 앞 명당에 모여 혈과 음양교합을 하는 것이다. 거수는 명당의 물이 보국 밖으로 빠져나가는 수구를 말한다. 이 세 가지 물의 작용과 방법이 원만해야 용은 혈을 맺고, 자손은 부귀왕정(富貴旺情)할 수 있다.


### (1) 득수(得水)

득수는 용과 혈이 물을 얻는 것을 말한다. 음정(陰靜)한 용혈이 양동(陽動)한 물을 얻어야 하는 것은 풍수지리의 가장 기본이다. 득수하는 방법은 첫째가 주룡의 생기를 보호하면서 인도해 온 골육수(骨肉水)다. 이 물은 용맥 내에 있는 것으로 육안으로 분별이 어렵다. 즉 용맥 양편 지표면 아래에 형성된 수맥이다. 이 물로 인하여 용맥의 지지가 흩어지지 않고 먼 거리를 행용할 수 있는 것이다.

둘째로 주룡 능선과 내청룡, 내백호 사이의 골짜기를 따라온 물이다. 좌우 양쪽 골짜기에서 득수한 물이 혈 앞 명당에서 합해진다. 이 물은 내득수(內得水)라고 한다. 실제로 용혈과 음양교합을 하는 물이며, 이기론적(理氣論的)인 득수처이기도 하다. 내득수한 물이 모이는 혈 앞마당을 내명당이라고 한다.

셋째로 외청룡과 외백호 사이와 여러 골짜기에서 나오는 물을 외득수라고 한다. 이 물이 모여든 곳은 외명당이다. 용맥의 생기를 외곽에서 보호한다. 이처럼 용의 생기를 보호하는 물은 구불구불하면서 천천히 들어와야 길하다.

## (2) 취수(聚水)

취수(聚水)란 득수한 물이 혈 앞 명당으로 모여드는 것을 말한다. 이를 명당수(明堂水)라고도 한다. 용혈과 음양교합을 하는 물로 양기(陽氣)를 혈에 공급해준다. 산은 음이고 물은 양이기 때문에 취수를 해야만 용이 혈을 맺을 수 있다. 혈 앞에 명당에 맑은 물이 잔잔하게 고여 있어야 길하다. 그러기 위해서는 명당이 평탄해야 한다. 명당이 심하게 기울어져 있으면 물은 급하게 흘러가므로 취수(聚水)를 제대로 할 수 없다. 명당에 연못이나 저수지, 호수 등 항상 깊고 그윽한 물은 매우 좋은 것이다.

## (3) 거수(去水)

명당에 취수한 물이 보국을 빠져나가는 것을 거수(去水)라 한다. 거수처를 수구(水口), 또는 파구(破口)라고 한다.

명당에 모인 물이 용혈에 수기를 충분히 공급해 주었으면 더 이상 머무르지 않고 빠져나가야 한다. 그래야 새로운 물이 또 와서 수기를 공급해 줄 수 있다. 만약 물이 나가지 않으면 썩어 악기(惡氣)를 가져다 준다.

내청룡, 내백호가 감싸준 내보국(內保局) 안의 명당수가 빠져나가는 곳을 내수구(內水口), 내파구(內破口) 또는 내파(內破)라 한다. 외청룡, 외백호가 감싸준 외보국(外保局)의 명당수가 빠져나가는 곳을 외수구(外水口), 외파구(外破口), 또는 외파(外破)라고 한다.

물이 급류하지 않으려면 청룡, 백호가 잘 감싸주어야 하며, 안산이 정면에 있어야 한다. 청룡, 백호가 감싸주지 못하고, 안산이 없으면 물이 빠져 나가는 모습이 훤히 보이고 물이 급하게 빠져나간다. 이는 혈의 정기가 흩어지는 것이니 매우 흉하다. 주변의 산들이 감싸고 있으면 물은 곧장 흘러가지 않고 돌아서 나가며, 나가는 물도 보이지 않는다.

## 4) 명당(明堂)

일반적으로 명당(明堂)이란 좋은 땅을 말한다. 그러나 풍수지리에서의 명당은 혈 앞에 펼쳐진 평평한 땅으로 청룡, 백호, 안산 등이 감싸준 공간에 펼쳐진 평평한 땅을 말한다. 즉 청룡, 백호, 안산이 감싸준 공간에 펼쳐진 들판이다. 본래 명당이란 만조백관(滿朝百官)을 모아 놓고 조회할 때 신하들이 도열하는 마당이다. 왕이 앉아 있는 자리가 혈이라면 신하들이 왕을 배알하기 위에 모여든 자리가 명당이다.

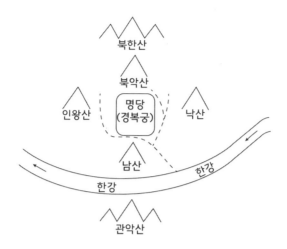

집으로 보면 주된 건물이 들어선 곳이 혈이고, 마당은 명당에 해당된다. 청룡, 백호, 안산, 조산 등이 감싸준 공간 안의 땅은 평탄 원만하여 마치 궁궐이나 집 마당과 같기 때문에 명당이라 불렀다.

명당에는 내명당과 외명당이 있다. 내청룡, 내백호와 안산이 감싸준 공간은 내명당이다. 외청룡, 외백호와 안산이 감싸준 공간은 외명당이다. 내명당에서는 용맥을 호종해온 골육수와 혈 근처의 물이 취합한다. 외명당은 넓은 들판과 여러 산골짜기에서 나온 물들이 모인다. 그래서 내명당을 소명당, 또는 내당이라하고, 외명당은 대명당 또는 외당이라고도 부른다. 또한 명당이 가까이 있으면 발복이 빠르고, 멀리 있으면 발복이 늦고 가난하다.

## 가) 길격 명당과 흉격 명당의 종류
### (1) 길격 명당 9가지

#### ① 교쇄명당(交鎖明堂)

명당주변의 산들이 서로 교차하면서 혈을 감싸는 형태의 명당으로 명당좌우에 있는 산들이 톱니바퀴가 엉키듯이 서로 교차하면서 혈을 이중삼중으로 감싸주는 형세로, 명당의 양변 사(砂)가 교차하면서 서로 잠그는 모습이다. 명당은 옷깃 끈처럼 서로 좌우로 묶듯이 해야 귀함이 있다. 혹 그 산의 지각이 밭두둑과 더불어 이와 같이 막히면 진실로 좋다. 또한 톱니바퀴처럼 서로 교차하면서 빠져나가면 바야흐로 참된 명당이다. 이러한 명당은 매우 길하며 큰 부자와 지위가 높은 귀한 사람이 나온다. 명당 중에서 최상으로 여긴다.

### ② 주밀명당(周密明堂)

담장을 두른 것처럼 빈곳 없이 이중 삼중으로 감싸주는 형태로, 명당주변의 산들이 담장을 두른 것처럼 빈곳이 없는 모습으로, 사방의 둘레가 단단히 묶여져 설기됨이 없는 것을 말하며, 대개 명당의 기운이 주밀하면 생기(生氣)는 자연히 모이게 된다. 공결(空缺)하여 바람을 타지 않고 물이 관쇄(關鎖)되어 직수로 빠져 나가지 않고 굽이굽이 돌아서 명당 내에서 머물다 나가야 한다. 그래서 명당은 주밀한 것을 귀하게 여긴다. 만약 요결(凹缺)이 있으면 주밀이 아니다. 나성(羅城)의 주밀(周密)도 역시 마찬가지다. 생기기가 새나가지 않고, 양명한 혈을 맺을 수 있으며, 장풍도 잘되는 길한 곳이다.

### ③ 요포명당(繞抱明堂)

명당의 주변을 활 모양으로 혈을 전후좌우에서 감싸주는 모습으로, 전후좌우에서 나온 산이 혈을 활 모양으로 감싸주는 모습이며, 명당의 물길이 전신(全身)을 굽어 싸서 기운이 왕성한 것을 말한다. 그래서 내명당이 둘러싸면 발달이 지극히 신속하고, 외명당이 둘러싸면 부귀가 오래 지속된다. 명당이 끈으로 묶인 모양처럼 굽어 돌리고 혈 앞을 향해 안으로 굽어오며 안으로 향한 물이 굽어감싸 대면(對面)하고 활과 띠 모양처럼 감싸게 된다. 내명당이 요포하면 발복이 바르고, 외명당이 요포하면 부귀가 오래간다.

### ④ 융취명당(融聚明堂)

명당 가운데로 사방에서 흘러온 물이 모여서 연못이 된 것이다. 수취천심(水聚天心)이라 부르고 연못물을 융취수(融聚水)라고 하며, 대단히 귀한 곳으로 부귀를 가져다준다. 물이 연못에 모이니 재산도 저절로 모인다. 뜻하지 않는 횡재가 있으며, 한번 모인 재물은 쉽게 흩어지지 않고 오래 유지된다. 이곳에 묘를 쓰는 후손들은 재물로 성공할 수 있다.

⑤ 평탄명당(平坦明堂)

명당전체가 평탄한 모습으로 명당이 높고 낮음의 기복이 없이 밋밋한 형태의 모습을 나타내며, 물이 흘러가는 것을 느끼지 못하고, 명당의 높낮이가 차이 없이 균등한 것을 말한다. 마치 바르게 놓인 그릇 속의 물과 같다하여 개창명당(開暢明堂)이라고도 한다. 용진혈적에 개창명당(開暢明堂)이면 재물이 쌓이고 고귀한 인물이 배출된다. 그 지위가 공후(公侯)와 재상(宰相)에 이른다. 명당이 깨끗하고 밝은 기운이 가득하므로 항상 평안한 삶을 누릴 수 있다.

⑥ 조진명당(朝進明堂)

명당이 바다 또는 큰 호수로 된 모습으로 형성되어 있다. 조진(朝進)이란 앞에서 큰 물이 들어 온다는 뜻이다. 명당을 향해서 오는 물이 깊고 넓어 한없이 혈로 흘러오는 것을 말한다. 이러한 명당은 고을에서 으뜸가는 부자가 나와 전답이 많고, 지위가 신하로서 최고위까지 이르러 가문을 번창시킨다. 또 재물의 발복이 빨라 아침에 가난했던 자가 저녁에 부자된다는 조빈모부(朝貧暮富)가 된다. 또한 전원수(田源水)가 높은 데서부터 아래로 층층으로 혈에 들어오는 것은 더욱 좋다. 이는 매우 귀한 것으로 재물로 성공하는 거부가 난다.

⑦ 광취명당(廣聚明堂)

주변의 모든 산과 물의 기운이 모여드는 모습으로, 광취(廣聚)란 여러 산에서 나오는 물들이 모두 혈 앞 명당에 모이는 것을 말한다. 장서에 이르기를 온갖 보물을 품고 편안히 쉬고 있는 것 같고, 마치 갖은 음식을 갖추고 재계(齋戒)하는듯 하다 하였다. 또한 바라보면 모든 명당 안에 모든 물건을 구비하는 형상이다. 산과 물의 기운이 집결되므로 지극히 귀한 명당이다. 우선 물이 모여드니 재물이 모여 거부가 태어나고, 인물을 관장하는 산이 모이니 훌륭한 인물을 배출한다.

특히 큰 바다나 호수를 청룡과 백호가 안으로 품고 있으면 조해공진(潮海拱辰)이라 하여 극히 길하다. 귀와 부가 오랫동안 유지된다.

이때문에 광취명당(廣聚明堂)을 가리켜 갖가지 귀한 보배를 품고 있는 명당이라 한다.

⑧ 관창명당(寬暢明堂)

명당이 광활하게 넓으며, 평야지대가 많다. 관창(寬暢)이란 명당이 훤하게 트여서 좁거나 옹색하지 않는 것을 말한다. 즉 명당이 광할하게 넓은 것으로 평야지대에 많이 있다. 명당이 넓게 열려 밝고 좁게 막히지 않는 것이다. 그러나 들판이 너무 넓어서 견고하지 못하면 나쁘다. 관창명당은 낮은 사(砂)가 교차하여 맺고, 혹은 낮고 평평하며 가까이에 있는 안산이 막아서 안의 기운을 모으거나 혹은 물이 모여야 참된 것이다.

명당이 넓어서 재물이 풍부하고, 큰 인물을 배출하며, 부귀가 오랫동안 지속된다.


⑨ 대회명당(大會明堂)

큰 산맥, 큰 강이 모여서 생긴 명당으로 도읍지를 형성할 만큼 규모가 크게 형성된다는 특징이 있다. 대회(大會)란 크게 모인다는 뜻이다. 큰 산맥과 큰 물들이 모여 모두 혈 앞으로 모여 명당을 형성하는 것이다. 마치 여러 나라가 조공을 바치는 듯하고, 모든 제후가 와서 조공하는 듯하다. 그러므로 대회명당은 지극히 귀한 것이다. 만약 개인의 집터나 음택지로 혈이 되면 큰 재산은 물론이거니와 많은 사람을 이끄는 대인(大人)이 난다. 국가의 영웅호걸, 뭇사람의 스승이 되는 성현, 대장군, 대학자 등이 나온다. 이름이 후세에까지 전한다.

대회명당(大會明堂)과 광취명당(廣聚明堂)의 다른 점은, 광취명당은 주변의 산과 물이 모여드는 것이고, 대회명당은 대간룡(大幹龍)과 대강수(大江水)가 모여드는 곳이다. 대회명당이 광취명당에 비해 규모가 크다.


**(2) 흉격명당 9가지**

① 겁살명당(劫煞明堂)

겁살(劫煞)이란 명당주변의 산들이 창칼같이 뾰족한 형태로 있는 것을 말한다. 이러한 산들은 무서운 살기를 품고 있다. 산을 따라 흐르는 물들도 날카롭고 첨예하다. 끝이 뾰족한 능선이나 물길이 혈장 안쪽을 쏘듯이 있으면 큰 재앙이 따른다. 이러한 곳은 주로 살인자나 전사가 나온다. 날카로운 산줄기가 혈장 밖으로 향해 있으면 물이 일직선으로 곧장 흘러간다. 이런 곳은 재산을 탕진하고 고향을 떠나 유랑 걸식한다. 두개 이상의 뾰족한 산줄기가 마주하고 있으면 참혹한 흉사를 당하거나 형살을 당한다. 청룡백호가 뾰족하게 마주치면 가족끼리 칼부림하고 싸운다.

## ② 반배명당(反背明堂)

반배(反背)는 서로 배반하고 등진다는 뜻이다. 혈주변의 산이 무정하게 등을 돌리고 있다. 반배명당(反背明堂)은 패역지상(悖逆之象)으로 오역불효(忤逆不孝)한 자손이 나온다. 또한 모든 일들이 제대로 성사되는 일이 없다.

## ③ 질색명당(窒塞明堂)

질색(窒塞)은 앞이 막히고 답답하다는 뜻이다. 명당에 돌무더기 언덕 등이 많아서 앞이 막히고 옹색한 것을 말한다. 이는 둔하고 미련하며 기량이 협소한 자식이 나온다. 특히 앞을 가로막는 둔덕이 있으면 여자들의 난산(難産)과 병질(病疾)이 우려된다. 청룡과 백호가 마주보고 그 중간에 둔덕이 있으면 형제 간에 재산싸움으로 우애가 없다.

## ④ 경도명당(傾倒明堂)

경도명당(傾倒明堂)은 명당이 한쪽으로 기울어져 산과 물이 같은 방향으로 흘러가는 것을 말한다. 청룡백호가 혈을 감싸주지 못하니 물들도 급하게 달아난다. 용진혈적(龍眞穴的)이 어렵다. 비록 청룡백호가 있는 것처럼 보이나 쓸 수는 없다. 옛말에 명당이 기울면 버리라고 하였다. 재산이 모이지 않고 달아난다는 뜻이다. 면당이 경도되면 재산을 팔아먹고 타향으로 달아나거나, 곤궁하며, 또한 단명하여 요절하는 사람이 많다.

## ⑤ 핍착명당(逼搾明堂)

핍착명당(逼搾明堂)은 주변 산이 높아서 혈을 압박하고 명당이 지나치게 좁은 것을 말하며, 주변 산이 혈을 압박하므로 답답하다. 이는 아둔한 자손이 나온다. 만약 용혈이 참되면 작은 혈은 맺을 수 있다. 그러나 작은 부귀가 금세 발복했다가 금세 끝난다. 즉 속발 속패지이다.

## ⑥ 편측명당(偏側明堂)

편측명당(偏側明堂)이란 명당이 균형을 이루지 못한 것을 말한다. 높은 곳에 있는가 하면 낮은 곳에 있다. 한쪽이 길면 한쪽이 짧거나, 한쪽은 넓고 한쪽은 좁다. 한쪽이 아름다우면 한쪽이 추하다. 명당이 고르지 못하니 기도 불안하다. 주로 가정이 화목하지 못하여 불화를 초래하는 명당이다.


⑦ 파쇄명당(破碎明堂)

파쇄명당(破碎明堂)이란 깨진 바위나 자갈무더기가 명당 주변에 널려있는 명당을 말한다. 여기저기 깨진 바위나 자갈 무더기 등이 지저분하게 흩어져 있다. 또는 움푹움푹 파여 너저분하다. 백사불성하며 온갖 재앙이 빈발한다. 또한 도적의 피해가 심하다. 가정이 불편하며 비명횡사한다. 젊어서 요절하며, 고아와 과부가 많이 나온다. 사업실패로 가세가 급격히 기울고 온갖 고초를 겪는다.


⑧ 도사명당(徒瀉明堂)

도사명당(徒瀉明堂)은 명당의 경사가 심해서 물이 쏟아지듯 나가는 것이다. 혈 앞에 경사가 심하니 물이 쏟아지듯 급히 흘러간다. 물 따라 혈의 생기도 휩쓸려간다. 먼저 사람이 상하고 후에 재물이 흩어진다.


⑨ 광야명당(曠野明堂)

광야(曠野)라는 뜻은 혈 앞이 막히거나 걸리는 것 없이 텅 비어 있는 것을 말한다. 앞에는 허허벌판뿐이다. 심하면 지평선과 수평선이 보인다. 이는 명당을 둘러싸는 보국(保國)이 없다는 것을 뜻한다. 보국이 없으면 혈의 생기는 보호받을 수 없다. 바람을 많이 타므로 생기는 곧 흩어진다. 이것은 극히 흉한데 천군만마(千軍萬馬)를 수용할 수 있다는 설에 속하는 경우가 많다. 명당이 공허하면 크고 작은 재앙이 끊임없이 닥쳐온다. 비록 용진혈적 하더라도 물이 길고 안산이 없고, 명당이 비어 있으니 가계가 기울 수밖에 없다.


## 5) 수성(水城)

수성이란 물로써 혈의 성역(城域)을 만들고 용의 기운을 가둬 넓게 흩어져 없어지지 않게 하는 것을 말한다. 수성(水城)은 용혈의 문호가 되는데, 그 형태는 오성(五星)으로 구분하는 것이 타당하다. 오성은 금성(金城), 목성(木城), 수성(水城), 화성(火城), 토성(土城)이 있다. 물이 굽어 감싸고 유정하면 좋고, 기울고 거슬러 무정하게 흘러가면 흉하다.

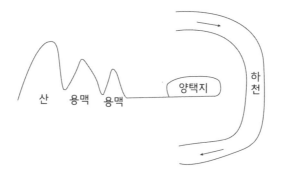

## (1) 오성수성(五星水城)

### ① 금성수성(金星水城)

허리띠를 두른 것처럼 원만하게 감싸주면서 흐르는 모양으로, 금성요대(金城腰帶) 또는 금성환포(金城環抱)라고도 한다. 물이 용혈과 명당을 허리띠를 두른 것처럼 원만하게 감싸주면서 흐르는 것을 말한다.

금성수성(金星水城)의 물길이 혈을 감싸는 듯하는 것이 가장 길다. 모두 3격으로 정금(正金), 좌금(左金), 우금(右金)이라 한다. 물길이 둥글게 굽어 감싸는 것은 금성이고, 둥글게 돌아 흘러 마치 띠를 두른 형태 같으면 입신하여 번영할 뿐만 아니라 부자가 되고 가문이 화목하고 의로우며 대대로 건강하고 편안하다.

### ② 목성수성(木星水城)

물이 일직선으로 흐르는 모양으로, 곧장 직선으로 흐르는 것을 말한다. 물이 혈쪽으로 직선으로 흘러왔다가 다시 직각으로 방향을 바꾸어서 흘러 나가는 형상이다. 목성수성(木星水城)은 곧고 가파르니 무정하고 흉하다. 3격이 있는데, 직목(直木), 횡목(橫木), 사목(斜木)이 있다. 가파르고 급하며 곧게 흐르는 물은 목성(木城)이라 하고, 그 세가 마치 충사(沖射)하는 듯하면 가장 무정하니 병사나 도적으로 유랑하며 어려서 죽고 가난으로 고생하고 외롭게 된다.

### ③ 수성수성(水星水城)

물이 구불구불 흐르는 모양으로, 수성수성(水星水城)은 갈지자(之) 및 검을 현자(玄)

처럼 굴곡하니 가장 좋다. 3격이 있는데, 정수(正水), 좌수(左水), 우수(右水)라 한다. 구곡수(九曲水)가 명당에 들면 당대에 재상이 난다고 하였다. 머뭇거려 멀리 떠나지 않는 모양으로 혈을 돌아 흡사 정이 많은 것 같으면 귀하여 조정(朝廷)에 들어가면 벼슬이 가장 높은 품계에 이르고, 대대로 명성이 있다고 한다. 용혈을 감싸주면 길하고 반배하면 흉하다.

④ 화성수성(火星水城)

날카롭고 뾰족하며 급하게 흐르는 모습으로, 명당이 파쇄(破碎)되었을 때 급류직거(急流直去)하는 흉한 물이다.

화성수성은 뾰족하고 파괴되어 극히 흉하다. 두 가지 격이 있는데, 상화(雙火), 단화(單火)라 한다. 양변에 같이 있는 것은 쌍화가 되고, 한 변은 있으나 한 변은 없는 것이 단화가 되며 모두 흉하다. 깨지고 부서진 명당이다. 뾰족한 물이 혈을 충사(沖射)하면 살상(殺傷) 및 온갖 재앙(災殃)이 끊임없이 발생한다.

⑤ 토성수성(土星水城)

물이 직각으로 곧게 흐르는 모양으로 길과 흉이 반반이다.

토성수성(土星水城)은 가로로 평평하고 모나니 길흉이 반반이며, 단지 하나의 격뿐이다. 모나고 바르며 가로로 평평하면 토성(土城)이라 한다. 흉(凶)한 것도 있고, 길(吉)한 것도 있다. 자세(姿勢)하고 명확(明確)하며 넓고 깊게 고이면 아름답고, 다투어 급하게 흐르면 재앙(災殃)이 있어 좋지 않다.

## 제3장. 나경(羅經)의 이해 및 활용

### ✦ 1. 나경의 역사

나경은 "허리에 차고 다니다"라는 뜻의 패철(佩鐵)이라고도 하고, 나침반을 뜻하는 "쇠"라고도 불린다. 풍수지리에서 용, 혈, 사, 수, 향의 정확한 위치를 측정하여 길한 방위와 흉한 방위를 판단하는데 사용한다.

나경은 포라만상(包羅萬象)에서 나(羅)자와 경륜천지(經倫天地)에서 경(經)자를 한자씩 따와서 붙인 이름이다. 포라만상은 우주의 삼라만상을 포함한다는 뜻이고, 경륜천지는 하늘과 땅의 이치를 다스린다는 뜻이다.

나경의 역사는 매우 오래되었다. 기원전 2,700년경 중국의 헌원황제(軒轅黃帝)는 동이(東夷)의 치우(蚩尤)와 싸우고 있었다. 치우는 우수한 병장기와 뛰어난 전략으로 매번 승리를 하였다. 특히 큰 안개를 일으켜 앞을 가로막았다. 방향을 분간할 수 없었던 황제군대는 혼란에 빠져 괴멸되어 갔다. 이때 하늘에서 현녀(玄女)가 나타나 나침반을 주니, 비로소 방향을 잡아 치우를 물리칠 수 있었다. 이때부터 나침반이 유래되었다고 한다.

또 다른 전설은 기원전 1,100년 주(周)나라 성왕(成王) 때 만들어 졌다고 한다. 남방 월국(越國)에서 조공을 바치러 온 사신들이 귀환도중 길을 잃어 제대로 돌아갈 수 없었다. 이를 안타깝게 여긴 주공(周公)이 항상 남쪽을 가리키는 지남차(指南車)라는 수레를 만들어 주었다고 한다. 주공은 은(殷)나라를 멸망시키고 주나라를 세운 문왕(文

王)의 아들이며, 무왕(武王)의 동생이다.

우리나라는 삼국시대에 이미 윤도(輪圖)라는 이름으로 나경이 제작된 것으로 보인다. 그 근거로 신라시대에 천문박사가 있었고, 김유신 장군묘에 조각된 12지신상은 나경의 방위에 따라 설치되었기 때문이다. 백제에도 천문학을 담당하던 일관부(日官部)가 있었고 고구려의 고분벽화에 그려진 사신도(四神圖)는 음양오행사상이 널리 유행한데서 비롯된 그림으로 추측된다.

특히 고려시대에는 풍수사상이 더욱 신봉되어 도읍지 선정뿐만 아니라 천문학을 담당하는 관청 서운관(書雲觀)을 두고 풍수지리를 연구하게 했으니 윤도(輪圖)가 널리 사용되었을 것이다.

조선시대에는 음양풍수학을 십학(十學)의 하나로 삼아 과거를 통해 관리를 선발했고, 풍수지리가 국가의 통치이념으로 자리잡음으로서 윤도의 사용도 늘었다. 조선 초 신도안을 새로운 도읍으로 결정한 뒤 하륜이 『지리신법』에 의거해 계룡산이 건방(乾方)에서 오고 물이 손방(巽方)으로 나간다하면서 반대했는데, 이 역시 윤도를 사용해서 방위를 측정했음을 알게 해준다.

또한 『선조대왕실록』에 "1660년(선조 30년)에 명나라에서 온 지리에 밝은 이문통(李文通)이 나경을 보여 주었는데, 마치 윤도처럼 생겼다. 그런데 윤도보다 더 자세하며, 크기도 소반만큼 컸으며, 이문통이 광화문 안의 어로(御路) 위에 놓고 지세(地勢)를 살폈다"라는 기록이 나온다. 따라서 우리나라에는 이미 윤도가 있었고 중국에는 나경이 쓰였는데, 모두 지세를 살피는데 쓰였음을 알 수 있다.

## ✦ 2. 나경의 구조

### 가. 나침반과 나경의 다른 점

나침반(羅針盤)은 콤파스(compass)라 불리며, 자침에 의해 방위를 알 수 있어 배나 항공기 운항에 주로 쓰인다. 그런데 나침반의 방위는 50, 100도 등 숫자로 표시된 반면, 나경(羅經)은 천간과 지지가 음양오행의 원리에 따라 배합된 12동궁이 24방위로 이루어졌다. 子, 丑, 寅, 卯, 甲, 乙, 丙, 丁, 乾, 坤, 艮, 巽 등과 같이 한자식으로 표시되어 있다.

또한 나침반은 단순히 방위만을 표시한 반면, 패철은 땅의 지기를 판단하고, 인물의 배출을 예상하며, 천기의 운행을 관찰해서 생기가 좋은 터를 찾거나 지기의 생왕사절을 판단하는 도구이다.


* 자북 : 바늘이 가리키는 북쪽
* 도북 : 지도상의 북쪽
* 진북 : 북극성이 있는 천체의 북쪽
* 도자각 : 도북과 자북의 차이 각(도북을 기분으로 자북을 잰 각도)
* 도편각 : 도북과 진북의 차이 각(진북을 기준으로 도북을 잰 각도)
* 자편각 : 자북과 진북의 차이 각

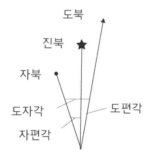

## 나. 나경의 구조

나경은 안쪽에서부터 원형으로 여러 개의 원형의 층으로 구성되어 있다. 6층, 9층, 11층, 13층, 19층, 23층, 25층, 29층 등 다양하게 구성되어 있으며, 심지어 최근에는 53층 나경도 있다.

나경은 핵심은 24방위가 세 개의 구획에 표시되어 있는데, 안쪽의 24방위를 지반정침(地盤正針)이라 부르고 지맥의 방위를 측정하고, 중간의 24방위는 인반중침(人盤中針)으로 사봉의 방위를 측정하고, 바깥의 24방위는 천반봉침(天盤縫針)으로 천기의 운행을 판단하는 층이다. 이처럼 나경은 여러 층마다 표시하는 내용과 용도가 다르게 구성되어 있으며, 용, 혈, 사, 수, 향의 길흉을 판단하는 중요한 도구이다.

## ✦ 3. 나경 각층별 기능(9층 나경 기준)

나경은 안쪽에서부터 원형으로 여러 개의 원형의 층으로 구성되어 있으나, 여기서는 9층 나경을 기준으로 각층별 기능을 서술하고자 한다.

### 가. 나경1층 : 용상팔살(龍上八殺)

내룡(來龍) 위로 불어오는 흉한 바람으로 일명 살기(殺氣)를 말한다. 내룡의 패철4층에 표시된 지반정침의 방위에서 혈장으로 입수했을 때 패철1층의 향을 놓을 수 없음을 나타낸다.

용상팔살은 살 중에서 가장 두렵고 무서운 것이다. 용상팔살에 걸리도록 묘와 주택의 좌향을 놓으며 재앙이 덮쳐서 집안이 망한다. 매섭고 흉한 바람이 불어와서 생물이 제대로 살지 못하는 경우이다. 용상팔살을 이해하려면 아래의 칠언절구를 알아야 한다.

감룡곤토진산후(坎龍坤兎震山猴)
손계건마태사두(巽雞乾馬兌巳頭)
간호이저위살요(艮虎離猪爲殺曜)
총택봉지일단휴(塚宅逢之一但休)

(해석)
坎에는 용이요, 坤에는 토끼요, 震에는 산원숭이요, 巽에는 닭이요, 乾에는 말이요, 兌에는 뱀 머리요, 艮에는 호랑이요, 離에는 돼지이면 살풍(殺風)을 맞는다. 묘(墓)든 주택(主宅)이든 일단 여기에 해당되면 모든 것은 전멸한다.

### 나. 나경2층 : 팔요풍(八曜風)과 팔대황천(八大黃泉)

내룡 위에 묘나 주택을 지었을 때, 다량의 산소를 포함한 찬바람 즉, 팔요풍이 불어오는 방위와 팔대황천의 방위를 표시하고 있다. 산골짜기에 생긴 차가운 음풍(陰風)이 흙과 잔디의 수분을 증발시킨다. 그 결과 잔디는 말라 죽으며, 봉분의 흙이 밖으로 드러난다. 광중에 바람이 드는 풍병(風病)을 만나면 나쁜 기(氣)를 발산해서 후손들이 중

풍에 걸리거나 재산상의 손해를 입어 몰락한다. 주택을 지을 때 팔요풍 방향에는 반드시 밀폐형 담장을 쌓아 비보(裨補)해야 한다.

### 다. 나경3층 : 삼합오행(三合五行)

삼합이란 용, 향, 파(수구)를 가리키며, 용은 물을 받아들임으로써 혈을 잉태하고, 향은 물에 따라 집과 묘를 놓은 방위를 말한다. 이것을 원관통규(元關通竅)라고 하는데, 용은 관(關)이요, 향은 원(元)이며, 파(水口)는 규(竅)이다. 용과 향과 파가 삼합을 이루면 삼합연주귀무가(三合連珠貴無價)라 하여 값을 따질 수 없을 만큼 귀하고, 양균송의 14진신수법의 하나로써 발복이 백발백중한다고 한다.


* 용(龍) : 혈장으로 입수하는 용맥의 지기
* 향(向) : 혈장 주변을 흘러 다니는 양기 중 최적의 것을 선택
* 파(破) : 수구(水口)라고도 하며 혈당의 지형과 지질을 변형시킨 양기가 순환궤도
  상 빠져나가 더 이상 영향을 미치지 않는 경계점

### 라. 나경4층 : 지반정침(地盤正針)

나경4층에는 내반 24방위가 표시되어 있다. 입수룡의 방위를 측정하고, 양택풍수에서 주택의 길흉을 보는 데 사용되며 지반정침, 내반정침(內盤正針), 혹은 정침(正針)이라고도 부른다.

### 마. 나경5층 : 천산72룡(穿山七十二龍)

천산(穿山)은 산과 산을 뚫는다는 뜻으로, 산에서 다음 산으로 지맥이 솟구치려면 반드시 몸을 낮추고 기운을 움츠린 과협(過峽)이 있어야 한다. 이러한 과협 내에서 어느 구획으로 지기(地氣)가 장하게 흘러가는가를 판단하는 층이다. 즉 속기처에서 보아 하나의 쌍산용(예, 壬子龍)이 5칸(병기맥, 왕기맥, 쇠기맥, 생기맥, 사기맥)으로 나뉘어지는데, 2번째 丙子(旺氣脈), 4번째 庚子(生氣脈)이면 길(吉)하다. 첫 번째 甲子(病氣脈), 3번째 戊子(衰氣脈), 5번째 壬子(死氣脈)는 흉하다. 패철5층은 4층 지반정침의 24방위를 각각 3칸으로 나누어 모두 72칸으로 되어 있다. 1칸은 5도씩이다. 주산(主山)으로

부터 혈 뒤 도두까지 내려오는 용맥을 더욱 세분화해서 용의 생기(生氣)가 어느 맥을 뚫고 오는가를 가늠하는 것이다. 세분한 용맥이 72칸이므로 천산72룡이라 한다.

## 바. 나경6층 : 인반중침(人盤中針)

산은 그 속에 품고 있는 지기의 모양을 밖으로 드러낸 것이고, 실상은 하늘에 떠있는 별들의 모양과 기운대로 모양을 갖추었다. 그러므로 혈장주변의 산들을 살펴 별들이 사람에 미치는 영향이나 효험을 판별할 수 있을 것이다. 예를 들면 붓을 닮은 산이 보이면 그곳에서 학자나 문장가가 태어나고, 곡식을 쌓아 놓은 듯한 노적봉이 있으면 부자가 배출된다 등을 통해서 나경6층은 인물을 파악하는 데 쓰인다는 것을 알 수 있다. 산의 모양새(形氣), 산이 속한 방위(理氣)를 통해서 그 혈장으로부터 어떤 인물이 나올지 유추 해석하는 것이다.

## 사. 나경7층 : 투지60룡(透地六十龍)

투지(透地)란 땅에 시신을 안장한다는 뜻이며, 투지60룡은 혈(穴) 내에서 혈의 정중(正中)을 어디로 잡을 것인가를 판단하는 층으로 매장 시에 중요하다. 혈을 내룡의 중심점에 잡은 뒤 사람의 중심인 배꼽을 두는 위치를 정한다. 투지60룡에는 5개의 구획으로 나뉘는데, 우선수일 때는 생기맥(生氣脈), 좌선수일 때는 왕기맥(旺氣脈)이 지기(地氣)가 강하다. 주의할 것은 중심선은 쇠기맥(衰氣脈)으로 지기가 약하며, 납음오행으로 천산72룡과 대조하여 투지60룡이 천산72룡을 극하면 흉하다.

## 아. 나경8층 : 천반봉침(天盤縫針)

외반봉침(外盤縫針)이라고도 하며, 묘의 향(向)을 놓고 水의 방위를 정하는데 쓴다. 입향(入向)은 혈장 주변을 흘러 다니는 바람과 물 중 최적의 것을 선택하는 것으로, 이기풍수에 해당되며, 정음정향법(조선초, 중기), 팔팔향법((청나라, 양균송 창안(1848년), 조선 후기(1878년) 도입)), 기타 통맥법 등 여러 가지 방법들이 사용되고 있다. 현공풍수법(2001년 홍콩, 대만에서 수입)은 8층은 사용하지 않고 주로 4층 인반중침을 사용한다.

## 자. 나경9층 : 봉침분금(縫針分金)

시신의 육탈을 도와 유골과 생기와의 감응을 촉진시키는 층이다. 단, 육탈이 끝난 유골을 이장할 때는 봉침분금에 따라 유골을 선회시키지 않는다. 육탈된 유골을 분금 처리하면 유골의 산화가 급격히 일어나서 나쁘다.

* 영록(迎綠)과 차록(借綠)이 있으며,
* 영록(迎綠) : 좌선수일 때는 좌측으로 4.5도 선회시킨다.
* 차록(借綠) : 우선수일 때는 우측으로 4.5도 선회시킨다.

# 제4장. 향법론(向法論)

## ✦ 1. 향법개요(向法槪要)

묘의 머리쪽(높은 곳)은 좌(坐)라 하고 시신의 발쪽(낮은 쪽)을 향(向)이라고 하며, 주택의 뒤쪽을 좌(坐)라고 하고 앞쪽을 향(向)이라고 한다. 풍수지리학에서는 용(龍), 혈(穴), 사(砂), 수(水), 향(向)의 형기(形氣)와 나경을 사용하여 측정한 방위 및 혈 자리에 좋은 기운을 얻기 위해서 사용하는 이기법(理氣法)으로 음양오행의 법칙에 따라 좌향을 결정하며, 풍수에서는 방위를 24방위로 나누어 구분한다. 그 중에서 어느 방위의 글자가 좌(坐)가 되고 어느 방위의 글자가 향(向)이 되어야 하는지를 선정하는 일이 좌향법인데 이것을 향법이라 한다. 그 법에는 여러 가지가 있으며, 현재 우리나라에는 정음정향법(구성수법, 보성수법) 88향법이 있으며, 최근(2001년 도입)에는 홍콩, 대만에서 도입된 현공풍수법 등이 있다. 이 장에서는 한국에서 주로 쓰이는 정음정향법, 88향법에 대해서 간략하게 소개하며, 현공풍수법에 대해서는 "제10장 공간에 시간을 도입한 현공풍수"에서 보다 상세하게 소개하고자 한다.

## ✦ 2. 정음정양법(淨陰淨陽法)

24방위 중 12방위는 정음(淨陰)에 속하고, 나머지 12방위는 정양(淨陽)에 속한다. 입수룡과 향과 물의 득(得), 파(破)방위가 모두 정음(淨陰) 또는 정양(淨陽)에 속하여야 하고, 음양이 섞이면 좋지 않다. 정음정양법(淨陰淨陽法)은 구성수법(九星水法)과 보성수법(輔星水法)이 있다. 구성수법은 좌(坐)기준이고, 보성수법은 향(向)기준이다.

음양의 구분은 다음과 같다.

* 정음방위 : 간병(艮丙), 손신(巽辛), 묘경해미(卯庚亥未), 유정사축(酉丁巳丑)의 12방위
* 정양방위 : 건갑(乾甲), 곤을(坤乙), 자계신진(子癸申辰), 오임인술(午壬寅戌)의 12방위

따라서 음룡(陰龍)에 음향(陰向)에 음수(陰水)면 길하고, 양룡(陽龍)에 양향(陽向)에 양수(陽水)도 길하다. 그러나 龍과 向 및 水 중에 음양이 섞이면 흉하다는 이론이다.

## 가. 구성수법(九星水法)

좌(坐)를 기준으로 내거수(來去水)를 측정하여 향(向)을 정하는 것을 구성수법(九星水法)이라 한다. 이 향법을 사용하려면 먼저 아래의 8괘 및 납갑(納甲)을 알아야 한다.

### ◆ 정음정양(淨陰淨陽)과 8卦의 괘상(卦象) 및 납갑(納甲) ◆

참고 : 坎=子, 震=卯, 離=午, 兌=酉

| 음양 | 정음(淨陰) | | | | 정양(淨陽) | | | |
|---|---|---|---|---|---|---|---|---|
| 八卦 | 艮 | 巽 | 震 | 兌 | 乾 | 坤 | 坎 | 離 |
| 卦象 | ☶ | ☴ | ☳ | ☱ | ☰ | ☷ | ☵ | ☲ |
| 納甲 | 艮丙 | 巽辛 | 震庚亥未 | 兌丁巳丑 | 乾甲 | 坤乙 | 坎癸申辰 | 離壬寅戌 |
| 九星(坐山) | 貪狼 | 巨門 | 廉貞 | 武曲 | 祿存 | 伏吟 | 破軍 | 文曲 |

구성수법은 먼저 내거수(來去水)를 측정하여 향(向)을 정하는 방법인데, 먼저 좌(坐)방위에 해당하는 팔괘를 정하고, 그 괘상을 기준으로 내거수(來去水)에 해당하는 괘(卦)가 될 때까지 순서대로 번괘(翻卦)하여 그 길흉을 파악하여 좋은 향을 잡는 방법이다.

| 순서 | 1上 | 2中 | 3下 | 4中 | 5上 | 6中 | 7下 | 8中 |
|---|---|---|---|---|---|---|---|---|
| | 破軍 | 祿存 | 巨門 | 貪狼 | 文曲 | 廉貞 | 武曲 | 伏吟 |

번괘(翻卦) 순서는 1上 파군(破軍), 2中 녹존(祿存), 3下 거문(巨門), 4中 탐랑(貪狼), 5上 문곡(文曲), 6中 염정(廉貞), 7下 무곡(武曲), 8中 복음(伏吟)이다. 좌(坐)의 괘에 해당되는 구성(九星)이 탐랑, 거문, 무곡, 복음이면 길하고 나머지는 흉하다.

## 나. 보성수법(輔星水法)

보성수법(輔星水法)을 적용한 향법은 정음정양법(淨陰淨陽法)의 원칙인 용(龍)과 향(向)과 수(水)가 그 음양이 같아야 길하고 음양이 섞이면 흉하다는 것을 기본으로 하며, 그 중에서 향과 내거수(來去水)의 길흉관계를 따져서 좌향을 정한다. 그 기본은 양수래(陽水來)면 양향(陽向), 음수래(陰水來)면 음향(陰向)을 놓는다.

| 순서 | 1上 | 2中 | 3下 | 4中 | 5上 | 6中 | 7下 | 8中 |
|------|-----|-----|-----|-----|-----|-----|-----|-----|
|      | 文曲 | 祿存 | 巨門 | 貪狼 | 廉貞 | 破軍 | 武曲 | 輔弼 |

이 향법을 적용하기 위해서는 팔괘의 괘상과 납갑(納甲)을 이해하고, 구성(九星)과 위의 표와 같이 번괘(翻卦) 순서를 이해하고 이를 이용하여 향을 기준으로 번괘하여 내거수(來去水)가 각각 어느 구성에 해당하는지를 파악하고, 그 길흉을 판단하여 향을 세우는 것이다.

그리고 12음룡과 12양룡을 파악해서 음양이 같으면 구성이 길성이 되고, 음양이 다르면 흉성이 된다. 다만 내거수(來去水)와 외거수(外去水)의 길흉이 다를 때는 내거수(內去水)에 맞추어 좌향을 세우면 된다.

구성수번과 보성수법을 비교해보면 구성수법은 좌가 기준이고, 보성수법(輔星水法)은 향이 기준이 된다는 것이 다르다. 그리고 번괘(翻卦)와 납갑(納甲)의 순서는, 구성수법은 1上 破軍, 2中 祿存, 3下 巨門, 4中 貪狼, 5上 文曲, 6中 廉貞, 7下 武曲, 8中 伏吟이며, 보성수법(輔星水法)은 1上 文曲, 2中 祿存, 3下 巨門, 4中 貪狼, 5上 廉貞, 6中 破軍, 7下 武曲, 8中 輔弼 순이다.

보성수법(輔星水法)을 적용한 향법은 정음정양법(淨陰淨陽法)으로 88향법과 상호 보완적으로 사용하면 좋을 것으로 생각된다. 예를 들면, 子午卯酉 방위의 水口라면 마땅히 적용할 향법이 없는데, 형기(形氣)가 좋고 용진혈적(龍盡穴的)한 곳이라면 정음정양법(淨陰淨陽法)을 사용해도 좋을 것이다. 또한 88향법에서는 쌍산동궁(雙山同宮)으로 길흉을 같이 보는데, 예를 들면 丙午向이라면 丙向은 正陰向이고, 午向은 正陽向이므로 입수룡과 내수(內水)를 대조(對照)하여 그 중 하나를 선택할 때도 정음정양법(淨陰淨陽法)을 활용하면 좋을 것이다.

## ✦ 3. 88향법(八十八向法)

인간의 생로병사(生老病死)를 명리학적 관점에서 12단계로 나누어 볼 수 있는데, 이것을 풍수지리에서 향법에 응용한 것이다. 이것으로 내려온 용맥의 길흉과 향의 방향에 따른 길흉을 12단계로 세분화해서 각각의 길흉을 보다 세밀하고 체계적으로 판단하는데 사용한다. 그 과정은 포(胞), 태(胎), 양(養), 생(生), 목욕(沐浴), 관대(冠帶), 임관(臨官), 제왕(帝王), 쇠(衰), 병(病), 사(死), 묘(墓) 12단계를 말한다. 그 중에 생, 왕, 묘, 3단계를 삼합이라고 한다.

이 12운성을 24방위에 배정하면 하나의 단계에 천간과 지지 두 방위씩 해당된다. 따라서 모든 방위를 12단계로 나눌 수 있고, 그에 따라서 좋고 나쁜 방위의 구분이 가능해진다. 이와 같이 하여 오가는 물길과 주위 산봉우리의 길흉도 분별할 수 있게 된다.

구체적으로 말하면 전체방위를 현장의 수구에 따라서 목국(木局), 화국(火局), 금국(金局), 수국(水局)으로 나누어 12운성을 배치하여 생향(生向), 왕향(旺向), 묘향(墓向), 양향(養向) 등으로 좌향을 정한다. 그리고 물길이 왼쪽에서 오른쪽으로 가는지, 오른쪽에서 왼쪽으로 가는지 따라서 좌향 선택이 달라진다.

### 가. 목국(木局) : 해묘미(亥卯未)

수구가 정미(丁未), 곤신(坤申), 경유(庚酉)의 6개 글자 상에 있다. 묘(丁未), 절(坤申), 태(庚酉), 양(辛戌), 생(乾亥), 욕(壬子), 관대(癸丑), 관(艮寅), 왕(甲卯), 쇠(乙辰), 병(巽巳), 사(丙午)로 분류된다.

금양수계갑지령(金羊收癸甲之靈)으로 癸와 甲이 짝지어 미(未＝金羊)가 묘가 된다. 계(癸)는 음(陰)으로 용(龍)이 되고 甲은 陽으로 水가 된다. 음은 역행하고 양은 순행하여 생왕사절(生旺死絶)을 정한다. 계수(癸水)의 생(生)은 묘(墓)에 있으니 역행(逆行)하여 용(龍)의 장생(長生)을 논한다. 예를 들면 갑묘용(甲卯龍) 입수(入首)는 생룡(生龍)이 되고, 건해(乾亥)는 생향(生向)이 된다. 건해룡(乾亥龍) 입수(入首)는 왕룡(旺龍)이 되고, 갑묘(甲卯)는 왕향(旺向)이 된다. 위와 같이 음(陰)은 역행(逆行)하고 양(陽)은 순행(順行)

하여 모든 용(龍)과 향(向)에서 생왕사절(生旺死絶)을 정한다.

## 나. 화국(火局) : 인오술(寅午戌)

수구가 신술(辛戌), 건해(乾亥), 임자(壬子)의 6개 글자 상에 있다. 묘(辛戌), 절(乾亥), 태(壬子), 양(癸丑), 생(艮寅), 욕(甲卯), 관대(乙巳), 왕(丙午), 쇠(丁未), 병(坤申), 사(庚酉)로 분류된다.

을병교이추술(乙丙交而趨戌)로 乙과 丙이 짝지어 함께 戌이 묘궁(墓宮)이 된다. 乙은 음(陰)으로 용(龍)이 되고, 丙은 陽으로 水가 된다. 음(陰)은 역행(逆行)하고 양(陽)은 순행(順行)하여 생왕사절(生旺死絶)을 정한다. 丙火의 생궁(生宮)은 寅에 있으니 순행(順行)하여 수(水)의 장생(長生)을 논한다. 乙木의 生은 午에 있으니 역행(逆行)하여 용(龍)의 장생(長生)을 논한다. 예를 들면 병오룡(丙午龍) 입수(入首)는 생룡(生龍)이 되고, 간인(艮寅)은 생향(生向)이 된다. 간인용(艮寅龍) 입수(入首)는 왕룡(旺龍)이 되고, 병호(丙午)는 왕향(旺向)이 된다.

## 다. 금국(金局) : 사유축(巳酉丑)

수구가 계축(癸丑), 간인(艮寅), 갑묘(甲卯)의 6글자 상에 있다. 묘(癸丑), 절(艮寅), 태(甲卯), 양(乙辰), 생(巽巳), 욕(丙午), 관대(丁未), 임관(坤申), 왕(庚酉), 쇠(辛戌), 병(乾亥), 사(壬子)로 분류된다.

두우납정경지기(斗牛納丁庚之氣)로 丁과 庚이 짝지어서 함께 丑(=斗牛)이 묘(墓)가 된다. 丁은 음(陰)으로 용(龍)이 되고, 庚은 양(陽)으로 수(水)가 된다. 음(陰)은 역행(逆行)하고 양(陽)은 순행(順行)하여 수(水)의 장생(長生)을 논한다.

庚金의 生은 巳에 있으니 順行하여 水의 장생을 논한다. 丁火의 生은 酉에 있으니 逆行하여 龍의 長生을 논한다. 예를 들면 庚酉龍 入首는 生龍이 되고, 巽巳는 生向이 된다. 손사룡(巽巳龍) 입수(入首)는 生龍이 되고, 庚酉는 旺向이 된다.

## 라. 수국(水局) : 신자진(申子辰)

수구가 을진(乙辰), 손사(巽巳), 병오(丙午)의 6글자 상에 있다. 묘(乙辰), 절(巽巳), 태(丙午), 양(丁未), 생(坤申), 욕(庚酉), 관대(辛戌), 임관(乾亥), 왕(壬子), 쇠(癸丑), 병(艮寅),

사(甲卯) 이상과 같이 분류하여 묘(墓)에 수구가 있으면 생향(生向), 자생향(自生向), 왕향(旺向), 사향(自旺向)을 할 수 있으며 수구(水口)가 절(絶)에 있으면 묘향(墓向), 양향(養向)을 할 수 있다.

신임회이취진(辛壬會而聚辰)으로 辛과 壬이 모여서 짝지어 辰이 묘궁(墓宮)이 된다. 辛은 음(陰)으로 용(龍)이 되고, 壬은 陽으로 수가 된다.

음(陰)은 역행(逆行)하고 양(陽)은 순행(順行)하여 생왕사절(生旺死絶)을 정한다. 壬水의 生은 申에 있으니 순행(順行)하여 水의 장생을 논하고, 辛金의 生은 子에 있으니 역행(逆行)하여 용(龍)의 장생(長生)을 논한다. 예를 들어 임자룡(壬子龍) 입수(入首)는 생룡(生龍)이 되고, 곤신(坤申)은 생향(生向)이 된다. 곤신룡(坤申龍) 입수(入首)는 왕룡(旺龍)이 되고, 임자(壬子)는 旺向이 된다.

## 마. 생왕향법 조견표

| 우수도좌(右水倒左) | | 수구<br>(水口) | 좌수도우<br>(佐水倒右) | |
|---|---|---|---|---|
| 正生向 | 自生向(借庫消水)<br>絶處逢生向 | 墓水口 | 正旺向 | 自旺向(借庫消水)<br>絶處逢旺向 |
| 正陽向 | 自生向(當面出水)<br>絶處逢生向 | 絶水口 | 正墓向 | - |
| 胎向(胎方出水) | 自旺向(沐浴消水)<br>浴處逢旺向 | 胎水口 | 衰向(胎方出水)<br>祿存消水 | 子生向(沐浴消水)<br>絶處逢生向 |

## 바. 변국입향법(變局入向法)과 향상오행법(向上五行法)

### 1) 변국입향법

향법에 따라 입향을 결정했어도 사정이 생겨서 그 향을 놓을 수 없는 경우에는 하나의 향을 더 놓을 수도 있는 향법이다. 본래는 자기국의 정향(正向)을 놓은 것이 정법이나, 다음 제시한 7가지 사유에 해당되어 정향을 놓을 수 없는 경우가 생기면 다른 국의 향을 빌려서 입향(入向)한다. 이것을 변국입향법(變局入向法)이라 말한다. 정향을 놓을 수 없는 7가지는 다음과 같다.

① 당국(當局)의 형세(形勢)

② 조산(朝山)의 횡사(橫斜)

③ 안산(案山)의 배곡(背曲)

④ 용상팔살(龍上八殺)

⑤ 회두극좌(回頭剋坐)

⑥ 묘의 정면에 집이 보이는 경우

⑦ 살인황천수(殺人黃泉水)

위의 7가지에 사유에 해당되면 변국입향법(變局入向法)을 사용한다.

예를 들면, 자연의 흐름이 우선수(右旋水) 묘파(墓破)라면 정생향(正生向)을 놓아야 하는데, 만약 정생향(正生向)을 놓을 수 없는 7가지에 해당되면 다른 국의 정생향(正生向)을 택하여 향을 놓고 그것을 자생향(子生向)이라고 부른다. 또한 좌선수(左旋水) 묘파(墓破)일 경우는 정왕향(正旺向)을 놓아야 하는데, 위의 7가지 경우에 해당되면 다른 국의 正旺向을 택하여 놓고 이것을 자왕향(自旺向)이라 부른다. 이처럼 변국입향법(變局入向法)은 자기국(自己局)의 정향을 놓을 수 없는 경우 다른 局의 정향(正向)을 빌려 놓는 입향법(入向法)으로 88향법의 응용법에 해당되며, 변국입향법(變局入向法)이라고 부른다.

## 2) 향상오행법(向上五行法)

향상오행법(向上五行法)은 향상(向上)에서 장생법(長生法)을 일으켜 사절(死絶)을 생왕(生旺)으로 바꿀 수 있는 입향법(入向法)이다. 사국(四局) 중에 각각 정고소수(正庫消水)가 있지만, 당국(當局)과 수구(水口)가 불합(不合)한 것이면 임으로 입향(入向)하기 위해 차고소수(借庫消水)한다. 예를 들면 子午卯酉, 甲庚丙壬 方으로 입향(入向)하면 향상(向上)으로 쇠방출수(衰方出水)하므로 자왕향(自旺向)이 된다. 또한 寅申巳亥, 乾坤艮巽方으로 向을 세우면 차고소수(借庫消水)하므로 자생향(子生向)이 된다. 이러한 입향법(入向法)은 향상에서 장생법(長生法)을 일으키고 정국(正國) 내(內)의 장생법(長生法)에 구애될 필요가 없으므로 향상오행법(向上五行法)이라 부른다.

향상오행법(向上五行法)에서는 향(向)에서 생(生)이나 왕(旺)을 시작하는 것이다. 삼합의 첫 글자는 장생궁(長生宮)이고, 가운데는 제왕궁(帝旺宮)이다. 첫 글자인 寅申巳亥는 生向할 권리가 있고, 旺地인 子午卯酉는 旺向할 권리가 있다. 이때 사용하는 삼합오행별(三合五行別) 사국(四局)을 표로 만들면 아래와 같다.

## ◆ 향상오행법(向上五行法) 조견표 ◆

| 五行 | 삼합<br>(三合) | 자생향<br>(子生向) | 자왕향<br>(自旺向) | 변국입향<br>(變局入向) |
|---|---|---|---|---|
| 水 | 申子辰 | 坤申 | 壬子 | 향상수국<br>(向上水局) |
| 木 | 亥卯未 | 乾亥 | 甲卯 | 향상목국<br>(向上木局) |
| 火 | 寅午戌 | 艮寅 | 丙午 | 향상화국<br>(向上火局) |
| 金 | 巳酉丑 | 巽巳 | 庚酉 | 향상금국<br>(向上金局) |

## ✦ 4. 기타 향법(向法)

또 다른 이기법인 통맥법 등이 있으나 우리나라에서는 거의 쓰이지 않고 있으며, 2001년도 대만, 홍콩에서 도입된, 풍수의 공간에 시간을 도입한 현공풍수법이 최근에 유행하고 있다.

그동안 오랫동안 우리나라의 풍수계의 주류를 차지한 삼합오행풍수법과 차원이 다른, 풍수의 공간에 시간을 대입한 삼원구운(三元九運)의 이기풍수법인 현공풍수법은 "제10장 공간에 시간을 도입한 현공풍수"에서 상세하게 소개하고자 한다.

# 제5장. 양택론(陽宅論)

## ✦ 1. 양택의 우선순위 삼요소(三要所)

* 첫째 : 지세(地勢)와 국세(局勢)

* 둘째 : 지상(地相) 및 가상(家相)

* 셋째 : 공간배치(陽宅三要, 양택삼요)

### 가. 지세(地勢)와 국세(局勢)

〈지세가 완벽한 보국을 이룬 입지〉

음택 이론과 마찬가지로 먼저 양택이 들어서는 입지와 지세를 살피고, 국세의 대소 여부를 꼼꼼히 따지는 것이 무엇보다 중요하다. 즉, 양택이 들어서는 터의 지세와 형세, 보국 등을 살펴 길흉여부를 판별하는 것이다. 예를 들어 매립한 땅이거나, 지맥이 단맥(斷脈)되거나 지기(地氣)의 유입이 부실하다면 형세적(形勢的)으로 양호한 조건은 아닌 것으로 본다. 또 터를 보호하고, 감싸주는 주변의 산이나, 건축물, 도로, 공작물 등이 터를 응기(應氣)하거나, 보호하지 못하고, 충사(衝射)하거나, 배반(背反), 비주(飛走)하는 모습이라면 음택과 마찬가지로 양택의 보국(保局)도 적절치 못한 것으로 본다.

그리고 양택(陽氣, 양기)을 판단하는 기준은 한두 평에 불과한 음택의 묘혈(墓穴)과는 달리 지세와 국세가 포괄적(包括的)이고, 거시적(巨視的)이며, 편적(片的)으로 영향을 미치는 범위도 상대적으로 넓고, 크기 때문에 지기를 공급하는 용맥 등을 파악할 때도 선(線)을 위주로 하는 음택적 요소보다는, 양팔을 넓게 벌리고 환포하는 편(片)에 의지하는 양기, 양택적 안목으로 판별하는 것이 매우 중요하다.

담자록(啖蔗錄)의 고문(古文)에 의하면 음택은 맥을 타는 일선(一線)을 구하고, 양택은 납작한 조각과 같은 일편(一片)에서 구하라 하였다.

범룡도두수각개(凡龍到頭手腳開), 차시양지휴의시(此是陽地休疑猜), 음지구일선(陰地求一線), 양지구일편(陽地求一片)

"무릇 용(龍)이 도두(到頭)아래에 개각(開脚)이나 개수(開手)하여 넓게 벌려 감싸고 있다면 이런 양택지(陽宅地)는 의심(疑猜, 의시)할 필요가 없다. 음택(陰宅)은 하나의 맥선(脈線)에서 구하고, 양택(陽宅)은 하나의 납작한 조각과 같은 편(片)에서 구하라"한 것은 양택지는 음택에서 중요한 요소가 되는 맥선(脈線)의 유무(有無)를 논할 필요가 없으며, 다리나, 손을 벌리고 넓게 감싸는 납작한 조각과 같은 품 안에서 구하라 한 것이다.

## 나. 지상(地相)

주택의 풍수적 관념은 집단적 양기처럼 택지의 모양도 그 땅의 형세나, 형상에 따라 길흉(吉凶)의 차이가 매우 크게 나타난다. 길한 터의 양택에 거주한다면 저절로 행운에너지가 유입되어 입신출세, 부귀영화를 누린다고 보지만, 이와 반대로 흉상(凶相)의 입지라면 재해질병(災害疾病) 등이 따르고, 재앙(災殃)마저 미친다. 즉, 터의 형상이 정형(正形)이거나 방형(方形)이라면 길상(吉相)이 되지만 삼각형, 또는 별 모양과 같은 들쭉날쭉한 예각(銳角)을 이루면 흉상(凶相)이 된다.

그것은 터로 유입되는 지기(地氣)가 택지 중심으로 응집(凝集)되지 못하고, 날카로운 예각의 끝이나 모서리로 쉽게 분산되면서 지기의 응집력(凝集力)이 크게 떨어지기 때문이다. 그럼 길지란 어떤 터를 말함인가? 천지(天地)의 정기(精氣)가 융합(融合)하여 에너지가 분출되는 곳이다. 즉, 형세나 형상이 아름다운 형승(形勝)의 땅이라면 풍요로운 미래를 예고하는 것으로 본다.

한편 양택론은 지상(地相)과 함께, 산하형세(山河形勢)의 유형물상(類形物象)도 거주자에게 미치는 심리적 영향이 크다고 본다. 그래서 양택은 지표상(地表上)의 선(線)을 통해 유입되는 지맥(地脈)을 중요시하는 음택과 달리 납작한 조각과 같은 일편(一片)의 터와 함께, 일상생활을 하면서 늘 접하거나, 느끼는 물형(物形)에 대한 측면도 중요하게 취급된다. 즉, 미(美)를 미(美)로, 추(醜)를 추(醜)로 감상하고, 느끼는 일반적인 길흉 여부가 여기에 해당한다.

한마디로 좋은 입지란, 앞으로 성(盛)해지거나, 성한 기운이 조화를 이루는 승지(勝地)의 터다. 이것은 형상이 아름답고, 터로 유입되는 천기와 지기가 조화를 이루는 땅으로, 이러한 곳은 동서(東西) 어느 민족을 막론하고 자연이 행복을 선사하는 것으로 믿고, 기쁘게 안주하고자 한다.

〈삼각형 땅에 지은 쌍둥이 건물 : 흉〉

## 다. 가상(家相)

가상이란 집의 크기나, 모양을 비롯하여 건물의 형태와 구조, 방위, 공간배치 등을 포괄하고 있는 개념이다. 그리고 단순히 건물의 형태나, 구조뿐만이 아니고, 건물이 입지한 지세를 포함시키기도 한다. 가상의 관념은 관상(觀相), 수상(手相)과 함께, 고대

중국에서 발전하였다. 즉, 사물에 나타난 생김새의 모양이나, 모습을 보고 운명을 점치는 방법을 상학(相學)이라 하는데, 상학의 유래는 과거에 일어난 일 등을 정리하여 경험적인 법칙이 발견되거나, 유추하게 됨으로써, 미래를 알기위한 수단으로 사용되었다. 가상을 다른 말로는 가상학(家相學)이라 한다.

　가상학은 크게는 형상론(形相論)과 이기론(理氣論)으로 대별하는데, 형상론은 건물의 형태와 구조 등에 크게 비중을 두어 관찰하고, 이기론은 공간배치 등과 관련한 동서사택(東西四宅)의 이론 등이 포함된다.

　한편 자연물(自然物)인 산천(山川)을 응용하는 양기(양택)풍수에서는, 건축물이나, 공작물 등을 산(山)으로 간주하고, 도로 등은 물(水)로 취급한다.

　건물의 형상이 양호하고, 배치가 올바르다면 맑은 천기와 양호한 지기가 배합되어, 거주자나 사용자 모두에게 이로운 기운이 유입되면서, 행복과 장래가 보장된다고 보지만, 그와 반대로 가상이 뒤틀리거나, 복잡하거나, 뒤얽힌 듯한 모습과 함께, 배치마저도 불량하다면 해로운 기운이 창궐하여 온갖 장애는 물론, 미래조차 보장받는 것이 어렵다고 본다.

　풍수고전인『지리신법(地理新法)』의 변속론(辨俗論)에 의하면 "산유기수지형(山有奇秀之形) 칙유기수지기(則有奇秀之氣) 유추악지형(有醜惡之形) 유추악지기(有醜惡之氣)"라 하여, 산이 기이하고 수려한 모습이라면, 그 내면도 역시 기이하고, 수려한 기운이 서려 있으나, 추악한 형상이라면, 추악한 기운이 서려있다고 하였다.

　즉, 양택풍수에서 건물을 산으로 유추하는 실체(實體)에서 인위적으로 지은 건물이라도, 내부의 기운자체는 외부의 형상과 크게 다를 바가 없다고 보아, 이는 사람의 눈에 비치는 실상이란 자연적이든 인위적이든 느끼는 바가 같다고 본 것이다.

　또한 가상법의 유형으로 예전부터 주택의 평면형태가 일자형(日字形), 월자형(月字形), 길자형(吉字形), 구자형(口字形) 등을 선호하기도 하였다. 그 중에서도 일(日)과 월(月)을 합친 용자형(用字形)은 하늘의 일월(日月)을 지기에 융합시켜, 천지의 정기(精氣)가 화합하여 생기가 충만한 건물을 소유하기 위한 풍수적 술법으로 응용되었다. 풍수적 지식이 전무(全無)해도 일자형과 월자형의 합자(合字)인 용자형(用字形)을 선호한 까닭은 글자의 뜻과 형태가 길상(吉祥)에 속하기에 이러한 평면의 건물을 소유함으로써 하늘과 땅으로부터 축복을 받기 위한 심리적 요소가 작용한다고 볼 수 있다.

한편 일(日)과 월(月)을 합하면 명(明)자가 되지만 이것을 명(明)으로 보지 않고 용(用)으로 취급했던 까닭은 명(明)자란 일월(日月)이 병렬(竝列)된 것이지, 서로 합쳐진 것은 아니라고 본 것인데, 풍수에서는 음양(陰陽)의 충화(冲和)를 매우 중요시하여 분리된 명(明)자보다는 분리가 불가능한 용자(用字)로 유추시키고자 한 것도 이러한 까닭이다.

또 구자(口字)를 선호한 것도 '입'에 해당하는 글자가 되어 먹을 것이 끊이지 않는다는 의미로 해석되어 우리네 선조들이 많이 사용하던 평면 구조이다. 이처럼 가상에서는 발전적이거나, 합리적인 유형(有形)의 길상사물(吉祥事物)을 끌어들여 길상(吉相)의 주택을 소유하고자 하였다.

그리고 불길한 의미의 시자형(尸字形)과 공자형(工字形)의 평면구조를 기피한 것은 시자(尸字)는 '시신(尸身)의 뜻이 담겨 불길한 의미로 보았고, 공자(工字)는 다듬고, 연마하고, 부순다는 천직(賤職)의 의미와 함께, 뒷방쪽에는 햇빛이 들지 않는다는 이유로 몹시 꺼렸던 이유이다. 그런데 현대에 들어와서 서구적 건축문화가 급속하게 모방되거나, 유입되면서 평면 형태나 그 형상이 전혀 이해하기 어려운 여러 유형의 건물들로 바뀌어 우후죽순처럼 생겨나고 있는 것도 사실이다. 특히 그러한 흉상의 건물이 관공서를 비롯하여 고층빌딩 등에서 많이 발견된다.

口字形 : 입 안으로 가득 채운다는 의미와 함께, 부(富)를 상징했던 평면구조이다.

工字形 : 다듬고, 연마하고, 부순다는 공(工)의 의미가 담겨 있고, 툇방에 햇빛이 들지 않는다 하여 민가에서는 몹시 꺼리던 건물의 형태다.
(안동 도산서원의 공자형(工字形)은, 퇴계가 직접 설계하고 지은 것으로 알려지고 있는데, '공자(工字)'란 공부와 관련이 있다고 보고, 유생(儒生)들의 기숙사로 사용된 것으로 전한다.)

〈안동 도산서원〉

## ✦ 2. 좋은 집터 고르는 법

## 가. 땅 기운

### 1) 좋은 조건
① 산맥기의 여기가 있고 경사가 5~20° 정도의 완만하고 평탄한 터
② 주변 산들이 수려하고 산자락이 감아 도는 안쪽의 터
③ 주변의 집들이 균형을 이루고 있어야 하며 뒤쪽이 높고 앞쪽이 낮은 터
④ 대문 입구의 진입로가 약간 낮거나 평탄한 터
⑤ 물이 집 뒤쪽으로 흐르지 않는 터
⑥ 좌우나 또는 앞쪽으로 물이 터를 치고 흐르거나 개울이나 강둑이 접하지 않는 터
⑦ 큰 차가 다니는 대로가 멀리 있는 터

### 2) 나쁜 조건
① 골짜기를 메우거나 고른 터
② 늪, 웅덩이, 쓰레기 등의 매립지, 모래 땅
③ 산이 흘러가는 등성이를 고른 터
④ 경사가 급한 산을 절개하여 축대를 높게 쌓은 터
⑤ 좌나 우로 경사진 땅을 고른 터
⑥ 산자락이 배역하는 산 옆구리의 터
⑦ 주변 산이 흉한 모습인 곳
⑧ 절벽 위나 절벽 아래 터
⑨ 뒤쪽이 낮고 앞쪽이 높은 곳
⑩ 대문입구의 진입로가 높은 터
⑪ 깎아지른 듯한 절벽, 높은 언덕이 전후의 어느 곳에든지 있는 집 → 집안에 겹쳐서 싸움, 시비, 소송이 잦아지게 되며 큰 화를 겪게 됨
⑫ 초목이 잘 자라지 않는 땅, 산은 별장이나 전원주택지로 부적합
⑬ 집 뒤가 허물 허물하여 무너질 위험이 있는 터
⑭ 집안이 망해서 나간 집터나 별장을 사들임 → 자신도 그와 같은 처지가 될 확률

이 높음

⑮ 예전에 물레방앗간, 대장간이었던 곳 → 지기가 너무 강해서 자칫하다가는 집안이 패가망신하여 몰락할 수 있음

⑯ 감옥, 전쟁터, 도축장이었던 곳 → 주택, 별장을 지을 공간으로 사용해선 안 됨

## 나. 공기

① 공기의 오염이 없고 청정하고 안정된 곳

② 소음이 없는 곳

③ 사면팔방의 산이 잘 짜여져서 에너지 장이 잘 형성된 곳 → 이런 곳은 공기가 안정되어 있음

④ 3번의 조건이 완전하지 않더라도 북서풍을 피할 수 있는 곳

⑤ 골바람과 팔풍이 치지 않는 곳

⑥ 도로에 의한 골목바람이 직사하지 않는 곳

## 다. 물

① 물이 청정하고 용수가 충분한 곳

② 물이 감아 돌면서 흘러가는 곳

③ 물이 구불구불 흘러와서 모였다가 돌아서 흘러가는 곳

④ 댐이 가까이 없는 곳

⑤ 물이 직래하거나 옆으로 와서 집터를 치거나 스치고 지나가지 않는 곳

⑥ 물이 직거하지 않는 곳

⑦ 배수가 잘되는 곳

⑧ 큰 수맥이 통과하지 않는 곳

## 라. 일조시간

① 양지바르고 일조시간이 긴 곳

② 남향일 때는 뒷산이 높고 북향일 때는 뒷산이 낮은 곳

③ 동향일 때는 앞산이 낮고 뒷산이 높으며 서향일 때는 앞산이 높고 뒷산이 낮은 곳

④ 높은 건물이 햇빛을 가리지 않는 곳

⑤ 큰 나무가 햇빛을 가리지 않는 곳

## 마. 집터의 모양

① 집터 모양이 가장 이상적인 것은 가로 : 세로의 비율이 1:1.618의 황금 비율일 때이다. 세로를 1일 때 가로의 길이는 0.721의 비율이 가장 이상적이다 (0.577~0.866의 중간임). 이러한 직사각형의 모양이 만약 전면이 약간 좁으면 진취적인 형이라고 해서 더욱 좋다. 그러나 너무 좁으면 흉이 된다.

② 전면이 넓고 후면이 좁은 사다리형의 터는 후퇴하는 모양이라서 흉이 된다.

③ 정사각형의 터는 정지된 형태로써 흉이 된다.

④ 세로의 길이가 좁고, 가로의 폭이 넓은 터는 좌우로 왕래하는 형태로써 아주 흉이 된다.

⑤ 삼각형의 터는 아주 대흉이 된다. 이렇게 생긴 터에는 부득이 건물을 지어야 한다면 튀어나온 부분을 짤라서 집을 지어야 한다.

⑥ 원형의 터에 원형의 집을 지어서 생활할 수 있다면 아주 이상적이다. 왜냐하면 응축된 핵에너지는 원형 에너지가 충만하고 안정된 곳이기 때문이다. 현실적으로 불가능한 것 같지만 전혀 불가능한 것도 아니다.

## ✦ 3. 구성법(九星法)에 의한 가택길흉판단

### 가. 구성법이란?

북두칠성(北斗七星)의 9개 별인 구성(九星)의 기운(氣運)이 지상(地上)에 조림(照臨)하여 가택(家宅)의 길흉에 어떤 영향을 미치는가를 추리(推理)하는 법을 구성법(九星法)이라고 말한다.

구성 중에서 길(吉)한 기운을 조림(照臨)하는 별은 4개로 탐랑(貪狼), 거문(巨門), 무곡(武曲), 보필(輔弼)이고, 흉(凶)한 기운을 조림(照臨)하는 별은 녹존(祿存), 문곡(文曲), 염정(廉貞), 파군(破軍)이다.

가택구성의 길흉판단을 위한 측정은 집이나 사무실, 상가(가게) 등의 공간중심을 측정 점으로 잡고, 나경4층(地盤正針)으로 각 방위를 측정하며, 구성(九星)의 성정(性情)을 나열하면 다음과 같다.

① 제일성 : 탐랑성(貪狼星)으로 생기궁(生氣宮)이며, 주로 총명(總名)과 문필(文筆), 귀(貴)와 명예(名譽)를 관장한다.

② 제이성 : 거문성(巨門星)으로 천을궁(天乙宮) 또는 천의궁(天醫宮)이며, 총명(總名), 귀(貴), 재물(財物)을 관장한다.

③ 제삼성 : 녹존성(祿存星)으로 화해궁(禍害宮) 또는 절체궁(絶體宮)이며, 질병(疾病)을 관장한다.

④ 제사성 : 문곡성(文曲星)으로 육살궁(六殺宮) 또는 유혼궁(遊魂宮)이며, 음탕(淫蕩)과 질병(疾病)을 관장한다.

⑤ 제오성 : 염정성(廉貞星)으로 오귀궁(五鬼宮)이며, 형살(刑殺)과 폭력(暴力)을 관장한다.

⑥ 제육성 : 무곡성(武曲星)으로 연연궁(延年宮) 또는 복덕궁(福德宮)이며, 부귀(富貴)를 관장한다.

⑦ 제칠성 : 파군성(破軍星)으로 절명궁(絶命宮)이며, 형살(刑殺)과 악질(惡疾)을 관장한다.

⑧ 제팔성 : 좌보성(左輔星)으로 보필궁(輔弼宮) 또는 복위궁(伏爲宮) 및 귀혼궁(歸魂宮)이며, 북두칠성의 제육성(第六星)인 무곡성(武曲星)의 좌측에 위치하는데, 희미하지만 육안(肉眼) 관찰이 가능하다.

⑨ 제구성 : 우필성(右弼星)으로 보필궁(輔弼宮) 또는 복위궁(伏爲宮) 및 귀혼궁(歸魂宮)이며, 북두칠성의 맨 마지막 별, 즉 제칠성(第七星)인 파군성(破軍星)의 우측에 위치하며, 육안(肉眼)으로는 보이지 않고, 천체망원경(天體望遠鏡)으로 식별이 가능하다.

## 나. 가택구성(家宅九星) 조견표(早見表)

| 방위<br>대문 | 坎<br>(북) | 艮<br>(북동) | 震<br>(동) | 巽<br>(남동) | 離<br>(남) | 坤<br>(남서) | 兌<br>(서) | 乾<br>(북서) |
|---|---|---|---|---|---|---|---|---|
| 坎<br>(북) | 복위<br>(伏位) | 오귀<br>(五鬼) | 천을<br>(天乙) | 생기<br>(生氣) | 연년<br>(延年) | 절명<br>(絶命) | 화해<br>(禍害) | 육살<br>(六殺) |
| 艮<br>(북동) | 오귀<br>(五鬼) | 복위<br>(伏位) | 육살<br>(六殺) | 절명<br>(絶命) | 화해<br>(禍害) | 생기<br>(生氣) | 연년<br>(延年) | 천을<br>(天乙) |
| 震<br>(동) | 천을<br>(天乙) | 육살<br>(六殺) | 복위<br>(伏位) | 연년<br>(延年) | 생기<br>(生氣) | 화해<br>(禍害) | 절명<br>(絶命) | 오귀<br>(五鬼) |
| 巽<br>(남동) | 생기<br>(生氣) | 절명<br>(絶命) | 연년<br>(延年) | 복위<br>(伏位) | 천을<br>(天乙) | 오귀<br>(五鬼) | 육살<br>(六殺) | 화해<br>(禍害) |
| 離<br>(남) | 연년<br>(延年) | 화해<br>(禍害) | 생기<br>(生氣) | 천을<br>(天乙) | 복위<br>(伏位) | 육살<br>(六殺) | 오귀<br>(五鬼) | 절명<br>(絶命) |
| 坤<br>(남서) | 절명<br>(絶命) | 생기<br>(生氣) | 화해<br>(禍害) | 오귀<br>(五鬼) | 육살<br>(六殺) | 복위<br>(伏位) | 천을<br>(天乙) | 연년<br>(延年) |
| 兌<br>(서) | 화해<br>(禍害) | 연년<br>(延年) | 절명<br>(絶命) | 육살<br>(六殺) | 오귀<br>(五鬼) | 천을<br>(天乙) | 복위<br>(伏位) | 생기<br>(生氣) |
| 乾<br>(북서) | 육살<br>(六殺) | 천을<br>(天乙) | 오귀<br>(五鬼) | 화해<br>(禍害) | 절명<br>(絶命) | 연년<br>(延年) | 생기<br>(生氣) | 복위<br>(伏位) |

## 다. 가상(家相) 길흉법(吉凶法)

건물의 좌(坐)를 기본괘(基本卦)로 삼아 대문, 또는 현관문의 위치에 따라 길흉화복(吉凶禍福)을 논한다.

### 1) 태좌진향(兌坐震向) : 동향주택(東向住宅)

① 태좌건문(兌坐乾門) : 생기택(生氣宅)으로 대문이 서북쪽이면 복록(福祿)이 속발

(速發)한다.

② 태좌이문(兌坐離門) : 오귀택(五鬼宅)으로 대문이 남쪽이면 부부(夫婦)가 불화(不和)하고 재물(財物)의 손상(損傷)이 많고 결국에는 패개(敗家)한다.

③ 태좌간문(兌坐艮門) : 연년택(延年宅)으로 대문이 북동쪽에 있으면 횡재(橫財)할 수 있으며 대길(大吉)하다.

④ 태좌손문(兌坐巽門) : 육살택(六殺宅)으로 대문이 남동쪽에 있으면 과부(寡婦)나 독신녀(獨身女)가 생기고 불길(不吉)하다.

⑤ 태좌감문(兌坐坎門) : 화해택(禍害宅)으로 대문이 북쪽에 있으면 재산상(財産上) 손해(損害)가 있으며 결국은 패가(敗家)한다.

⑥ 태좌곤문(兌坐坤門) : 천을택(天乙宅)으로 대문이 남서쪽에 있으면 처음은 복(福)을 누리나 과부(寡婦)가 생긴다.

⑦ 태좌진문(兌坐震門) : 절명택(絶命宅)으로 대문이 동쪽에 있으면 재산(財産)이 늘지 않고 식구(食口)가 적다.

⑧ 태좌태문(兌坐兌門) : 복위택(伏位宅)으로 대문이 서쪽에 있으면 남자가 단명(短命)하고 과부(寡婦)가 생긴다.


**2) 건좌손향(乾坐巽向) : 남동향주택(南東向住宅)**

① 건좌태문(乾坐兌門) : 생기택(生氣宅)으로 대문이 서쪽에 있으면 재산(財産)이 늘어나고 가족(家族)이 번창(繁昌)한다.

② 건좌진문(乾坐震門) : 오귀택(五鬼宅)으로 대문이 동쪽에 있으면 질병(疾病)이 많고 흉사(凶事)가 있으며, 송사(訟事)가 자주 발생한다.

③ 건좌곤문(乾坐坤門) : 연년택(延年宅)으로 대문이 남서쪽에 있으면 부부화합(夫婦和合)하고 부귀영화(富貴榮華)를 누린다.

④ 건좌감문(乾坐坎門) : 육살택(六殺宅)으로 대문이 북쪽에 있으면 음탕(淫蕩)하고 극처(剋妻)를 하며, 재산상(財産上)의 손해(損害)를 본다.

⑤ 건좌손문(乾坐巽門) : 화해택(禍害宅)으로 대문이 남동쪽에 있으면 여자는 단명(短命)하고 질병(疾病)이 많다.

⑥ 건좌간문(乾坐艮門) : 천을택(天乙宅)으로 대문이 북동쪽에 있으면 부귀(富貴)를 누리고 장수(長壽)한다.

⑦ 건좌이문(乾坐離門) : 절명택(絶命宅)으로 대문이 남쪽에 있으면 재물(財物)이 손상(損傷)되고 남자가 단명(短命)한다.

⑧ 건좌건문(乾坐乾門) : 복위택(伏位宅)으로 대문이 북서쪽에 있으면 처음에는 부귀(富貴)하나 나중에는 불리(不利)하다.


### 3) 감좌이향(坎坐離向) : 남향주택(南向住宅)

① 감좌손문(坎坐巽門) : 생기택(生氣宅)으로 대문이 남동쪽에 있으면 자손(子孫)이 번창(繁昌)하고 부귀영화(富貴榮華)를 누린다.

② 감좌간문(坎坐艮門) : 오귀택(五鬼宅)으로 대문이 북동쪽에 있으면 도적(盜賊)이 침범(侵犯)하여 재물(財物)의 손상(損傷)이 생기고 불길(不吉)하다.

③ 감좌이문(坎坐離門) : 연년택(延年宅)으로 대문이 남쪽에 있으면 부부가 화합하고 복록을 누린다.

④ 감좌건문(坎坐乾門) : 육살택(六殺宅)으로 대문이 북서쪽에 있으면 부부(夫婦)가 해로하지 못하고 자식에게 손해가 가고 결국 패가(敗家)한다.

⑤ 감좌태문(坎坐兌門) : 화해택(禍害宅)으로 대문이 서쪽에 있으면 모든 일이 이루어지지 않고 하던 일도 실패한다.

⑥ 감좌진문(坎坐震門) : 천을택(天乙宅)으로 대문이 동쪽에 있으면 처음에 복록(福祿)을 누리나 오래가면 불길하다.

⑦ 감좌곤문(坎坐坤門) : 절명택(絶命宅)으로 대문이 남서쪽에 있으면 중남(中男)이 요사(夭死)하고, 질병(疾病)과 재산상(財産上)의 피해가 속출한다.

⑧ 감좌감문(坎坐坎門) : 복위택(伏位宅)으로 대문이 북쪽에 있으면 초기(初期)에는 길(吉)하나 오래 살면 불길(不吉)하다.


### 4) 이좌감향(離坐坎向) : 북향주택(北向住宅)

① 이좌진문(離坐震門) : 생기택(生氣宅)으로 대문이 동쪽에 있으면 집안이 화목(和睦)하고 번창(繁昌)한다.

② 이좌태문(離坐兌門) : 오귀택(五鬼宅)으로 대문이 서쪽에 있으면 여자에 의한 문제가 생기고 패가(敗家)한다.

③ 이좌감문(離坐坎門) : 연년택(延年宅)으로 대문이 북쪽에 있으면 부귀(富貴)를 누

리고 재산(財産)이 늘어난다.

④ 이좌곤문(離坐坤門) : 육살택(六殺宅)으로 대문이 남서쪽에 있으면 남자가 요사
(夭死)하고 과부(寡婦)가 생긴다.

⑤ 이좌간문(離坐艮門) : 화해택(禍害宅)으로 대문이 북동쪽에 있으면 남자가 불리
(不利)하다.

⑥ 이좌손문(離坐巽門) : 천을택(天乙宅)으로 대문이 남동쪽에 있으면 부귀(富貴)를
누리나 오래 살게 되면 과부(寡婦)가 나온다.

⑦ 이좌건문(離坐乾門) : 절명택(絶命宅)으로 대문이 북서쪽에 있으면 재산의 손실이
많고 대(代)가 끊어진다.

⑧ 이좌이문(離坐離門) : 복위택(伏位宅)으로 대문이 남쪽에 있으면 남자는 단명(短
命)하고 과부(寡婦)가 생긴다.


## 5) 곤좌간향(坤坐艮向) : 북동향주택(北東向住宅)

① 곤좌간문(坤坐艮門) : 생기택(生氣宅)으로 대문이 북동쪽에 있으면 가족이 늘어나
고 장수(長壽)하며 부귀(富貴)를 오랫동안 누린다.

② 곤좌손문(坤坐巽門) : 오귀택(五鬼宅)으로 대문이 남동쪽에 있으면 도적(盜賊)에
의한 피해가 생기고 송사(訟事)가 잦으며, 질병이 많다.

③ 곤좌건문(坤坐乾門) : 연년택(延年宅)으로 대문이 북서쪽에 있으면 자손이 효도하
고 부귀영화를 누린다.

④ 곤좌이문(坤坐離門) : 육살택(六殺宅)으로 대문이 남쪽에 있으면 식구(食口)가 늘
어나지 않고 남자는 단명(短命)한다.

⑤ 곤좌진문(坤坐震門) : 화해택(禍害宅)으로 대문이 동쪽에 있으면 여자에게 질병
(疾病)이 많고, 남자는 단명(短命)하고 재물(財物)이 손상(損傷)된다.

⑥ 곤좌태문(坤坐兌門) : 천을택(天乙宅)으로 대문이 서쪽에 있으면 치부(致富)하나
오래 살면 불리(不利)하다.

⑦ 곤좌감문(坤坐坎門) : 절명택(絶命宅)으로 대문이 북쪽에 있으면 중남(中男)이 단
명하고 과부(寡婦)가 생긴다.

⑧ 곤좌곤문(坤坐坤門) : 복위택(伏位宅)으로 대문이 남서쪽에 있으면 남자가 귀하고
과부(寡婦)가 나온다.

## 6) 손좌건향(巽坐乾向) : 북서향주택(北西向住宅)

① 손좌감문(巽坐坎門) : 생기택(生氣宅)으로 대문이 북쪽에 있으면 자손이 벼슬을 하고 가족이 번창(繁昌)하며, 부귀(富貴)를 누린다.

② 손좌곤문(巽坐坤門) : 오귀택(五鬼宅)으로 대문이 남서쪽에 있으면 여자가 요사 (夭死)하고 재물(財物)이 손상(損傷)된다.

③ 손좌진문(巽坐震門) : 연년택(延年宅)으로 대문이 동쪽에 있으면 부귀(富貴)를 누리고 길하다.

④ 손좌태문(巽坐兌門) : 육살택(六殺宅)으로 대문이 서쪽에 있으면 남자에게 불리하고 여자는 과부(寡婦)로 산다.

⑤ 손좌건문(巽坐乾門) : 화해택(禍害宅)으로 대문이 북서쪽에 있으면 여자가 요사 (夭死)하고 도적(盜賊)의 피해를 본다.

⑥ 손좌이문(巽坐離門) : 천을택(天乙宅)으로 대문이 남쪽에 있으면 부귀를 누리나 오래되면 남자가 불리하다.

⑦ 손좌간문(巽坐艮門) : 절명택(絶命宅)으로 대문이 북동쪽에 있으면 어린아이에게 좋지 않고 질병이 많다.

⑧ 손좌손문(巽坐巽門) : 복위택(伏位宅)으로 대문이 남동쪽에 있으면 남자가 단명 (短命)하고 여자들만 남는다.


## 7) 간좌곤향(艮坐坤向) : 남서향주택(南西向住宅)

① 간좌곤문(艮坐坤門) : 생기택(生氣宅)으로 대문이 남서쪽에 있으면 재산이 늘어나고 가족이 장수(長壽)한다.

② 간좌감문(艮坐坎門) : 오귀택(五鬼宅)으로 대문이 북쪽에 있으면 도적(盜賊)에 의한 재산상(財産上) 해가 있으며, 크게 흉(凶)하다.

③ 간좌태문(艮坐兌門) : 연년택(延年宅)으로 대문이 서쪽에 있으면 부귀(富貴)를 누리고 가정이 화목하다.

④ 간좌진문(艮坐震門) : 육살택(六殺宅)으로 대문이 동쪽에 있으면 어린아이를 키우기가 불리하고 대(代)가 끊어진다.

⑤ 간좌이문(艮坐離門) : 화해택(禍害宅)으로 대문이 남쪽에 있으면 가족이 번성하지 못하고 모든 일이 불리하다.

⑥ 간좌건문(艮坐乾門) : 천을택(天乙宅)으로 대문이 북서쪽에 있으면 부귀와 복록을 누리고, 자손이 많으며 인의(仁義)가 있다.

⑦ 간좌손문(艮坐巽門) : 절명택(絶命宅)으로 대문이 남동쪽에 있으면 어린아이를 키우기가 불리하고 질병(疾病)이 따른다.

⑧ 간좌간문(艮坐艮門) : 복위택(伏位宅)으로 대문이 북동쪽에 있으면, 처음에는 재산이 늘어나지만 나중에는 극처(剋妻)를 한다.

## 8) 진좌태향(震坐兌向) : 서향주택(西向住宅)

① 진좌이문(震坐離門) : 생기택(生氣宅)으로 대문이 남쪽에 있으면 부귀(富貴)를 누리고 벼슬을 하며 수재(秀才)가 나온다.

② 진좌건문(震坐乾門) : 오귀택(五鬼宅)으로 대문이 북서쪽에 있으면 부자(父子)가 화합하지 못하고 손재(損財)가 따른다.

③ 진좌손문(震坐巽門) : 연년택(延年宅)으로 대문이 남동쪽에 있으면 복을 누리며 재주 있는 사람이 나와 성공한다.

④ 진좌간문(震坐艮門) : 육살택(六殺宅)으로 대문이 북동쪽에 있으면 집안이 화목(和睦)하지 못하고 재산상(財産上) 손해(損害)가 많다.

⑤ 진좌곤문(震坐坤門) : 화해택(禍害宅)으로 대문이 남서쪽에 있으면 모자(母子) 간에 화합하지 못하고 손해를 보면 남자가 불리하다.

⑥ 진좌감문(震坐坎門) : 천을택(天乙宅)으로 대문이 북쪽에 있으면 가족이 번창(繁昌)하고 경사(慶事)가 있고 길(吉)하나, 오래 살면 불길(不利)하다.

⑦ 진좌태문(震坐兌門) : 절명택(絶命宅)으로 대문이 서쪽에 있으면 과부(寡婦)가 나오고 질병(疾病)이 많다.

⑧ 진좌진문(震坐震門) : 복위택(伏位宅)으로 대문이 동쪽에 있으면 가족이 번성(繁盛)하지 못하고 여자가 불리(不利)하다.

## ✦ 4. 동사택(東四宅)과 서사택(西四宅)

### 가. 동사택(東四宅)과 서사택(西四宅) 개요

동사택(東四宅)이란 양택삼요인 문(門), 주(住), 조(灶)의 배치가 감(坎), 이(離), 진(震), 손(巽)궁에 해당되는 건물구조를 말하고, 서사택은 건(乾), 곤(坤), 간(艮), 태(兌)궁위에 배속된다. 따라서 양택에서 중요한 공간인 문(門 : 대문, 현관문), 주(住 : 안방), 조(灶 : 부엌, 주방)의 방위가 서로 같은 사택 안에 배치되면 길하고, 서로 다른 사택이면 흉하다.

주택(아파트)의 경우 문주조(門住灶)가 매우 중요하므로 같은 사택에 배치되어야 하고, 거실이나 자녀의 공부방도 동일사택으로 배치되면 길하다. 사무실인 경우 사장실, 중역실, 경리실 등 회사의 중요부서들이 같은 사택으로 배치되면 길하다. 화장실, 하수구, 창고 등 지저분한 곳들은 다른 사택으로 배치되어야 길하다.

### 나. 동서사택(東西四宅)과 거주자의 궁합

사람은 출생년도에 따라 동사택과 서사택에 맞는 사람으로 구분된다. 본명궁(本命宮)을 도출하는 방법은 후천팔괘(後天八卦)의 구궁도(九宮圖)를 가지고 남자와 여자로 나누어 본다(부록 3 : 출생년도별 본명성 참조).

#### ◆ 동사택과 서사택 궁별 좌향 ◆

| 동사택<br>(東四宅) | 감궁(坎宮)<br>壬子癸<br>(정북) | 진궁(震宮)<br>甲卯乙<br>(정동) | 손궁(巽宮)<br>辰巽巳<br>(남동) | 이궁(離宮)<br>丙午丁<br>(정남) |
|---|---|---|---|---|
| 서사택<br>(西四宅) | 건궁(乾宮)<br>戌乾亥<br>(북서) | 곤궁(坤宮)<br>未坤申<br>(남서) | 간궁(艮宮)<br>丑艮寅<br>(북동) | 태궁(兌宮)<br>庚酉辛<br>(정서) |

동서사택론

[ 동사택 ]   [ 서사택 ]

〈 동사택과 서사택 배치도 〉

# 제6장. 비보풍수(裨補風水)

## ✦ 1. 비보풍수란?

비보(裨補)란 글자 뜻대로 결함이나 부족함을 채워 보완(補完)하는 것이다. 비보는 철학적으로 자연과 인간의 상보원리(相補原理)에 토대를 두고 있으며, 문화 상태로는 환경에 일종의 문화적응으로써 조화를 시킨 것이다. 풍수지리에서 비보는 자연의 지리적 여건에 사람이 인위적으로 사상(思想)을 보태어 보완하고, 음택의 경우 묘소의 흉한 요소를 최소화 또는 길하게 개선하며, 양택의 경우 주거환경을 조정, 개선함으로써 사람이 보다 더 살기 좋은 환경으로 만드는데 그 목적이 있다.

## ✦ 2. 비보(裨補)의 역사(歷史)

비보의 기원은 무교로 거슬러 올라가나, 역사상 본격적인 출발은 불교적 비보로써, 한반도에서 가야불교초기에 첫 모습이 시작되었고, 체계가 잡힌 것은 7세기경 신라시대부터이며, 신라하대(新羅下代) 이후 풍수사탑이 출현했다. 신라 말 도선 국사는 음택, 양택뿐만 아니라 크게는 그 지역 전체에 대한 결함이 있을 때 탑(塔)이나 부처님을 모시고 재난(災難)을 예방하기도 하였다고 전한다. 그리고 문헌적으로 고려사, 조선왕조실록에는 풍수적 조건을 보완하는 개념으로 쓰였다고 기록되어 있다. 조선시대에는 비보술(裨補術)이라고 칭하기도 하였다. 비보는 비보처(裨補處)를 일반적으로 지칭하며, 비보소(裨補所), 혹은 비보사(裨補社)라고 했고, 이를 등재한 기록문서는 비보기(裨補記) 혹은 비보라고도 썼다.

## ✦ 3. 비보양식의 분류

과거의 비보양식은 역사적 전개과정, 사상적 속성, 비보수단의 성격, 공간단위별로 구분할 수 있으며, 대략적으로 각 분류별로 나열하면 다음과 같다.

### 가. 역사적 전개과정

1) 불교적 비보
2) 풍수적 비보
3) 불교, 풍수 혼합비보
4) 민간 신앙적 비보

### 나. 사상적 속성분류

1) 불교적 비보
2) 유교적 비보
3) 무교 또는 자연신앙적 비보

### 다. 비보수단의 성격에 따른 분류

1) 자연지물
산, 숲 등을 이용, 조산비보(朝山裨補), 득수비보(得水裨補), 조림비보(造林裨補) 등이 있다.

2) 신앙상징물
사탑(寺塔), 조형물(造型物), 문화상징물(文化象徵物) 등을 통한 비보(裨補)로써 신앙상징물을 통한 신앙적이거나 상징적인 비보효과를 꽤한다.

### 3) 행위 및 의식

비가시적인 것으로, 언어, 지명, 놀이 등의 무형적인 행위 및 의식을 통한 인지환경에 대한 비보효과를 얻기 위한 것으로 지명비보, 놀이비보 등의 형태가 있다.

## 라. 공간단위의 분류

**1) 산천비보(山川裨補)** : 국역비보(國域裨補)라고도 하며, 비보사탑 등의 형태로 전국단위로 하여 주요 산천의 적절한 지점에 놓았다.

**2) 취락비보(聚落裨補)** : 양기비보(陽基裨補)로써 산천비보, 고을비보, 마을비보 등이 있다.

**3) 주택비보(住宅裨補)** : 양택비보(陽宅裨補)로써 사람이 사는 주택에 대한 비보가 주된 것이다.

**4) 묘지비보(墓地裨補)** : 음택비보(陰宅裨補)로써 풍수지리상 명당 형국을 보완하는 음택비보를 말한다.

## ✦ 4. 현대(現代)의 비보풍수(裨補風水)

오늘날에는 위에 열거한 4가지 모두 혼용형태로 각각의 필요성에 따라 활용되고 있으나, 주로 공간단위 분류가 많이 활용되고 있으며, 그 중에 음택풍수와 양택풍수가 특별히 많이 활용된다. 음택풍수의 경우 풍수적 전문 지식 없이는 함부로 사용할 수 없을 뿐더러 복잡다단하여, 고도의 풍수 전문가만이 사용할 수 있으니, 여기서는 풍수초보자나 일반인들이 쉽게 활용할 수 있고, 우리 생활에 밀접한 양택풍수분야, 즉 단독주택, 아파트, 상가, 사무실, 공장 등에 대한 비보풍수를 간략하게 언급하고자 한다.

## 가. 단독주택 비보

1) 단독주택의 택지가 삼각형, 또는 마름모꼴로 모서리진 부분은 나무를 심어 비보한다.

2) 집의 모든 부분, 특히 전면에서 보이는 흉한 물체(흉칙한 산, 흉물, 철탑 등)가 보이는 부분은 담장, 또는 키 큰 나무를 울타리삼아 심어서 보이지 않도록 한다.

3) 집의 함몰 부분은 후천 팔괘의 방위에 따른 오행을 감안하여 각각을 비보한다.

4) 집의 길한 부분은 집의 1/3이 이하범위 안에서 약간 돌출부를 만들어서 길한 기운을 불러들인다.

5) 대문이나 출입문은 대주의 본명성(동서사택)에 맞는 방향에 내고, 필요시 비보물(거북이, 두꺼비상 등)을 설치하여 비보한다.

6) 문(門), 주(住), 조(灶)는 반드시 양택삼요에 맞도록 배치하며, 미흡할 시 필요한 비보를 한다(오행에 따른 도배, 화분설치 등).

7) 가족 방 배치는 사용목적과 각자의 사주에 맞도록 배치한다.

8) 각 방위가 가지고 있는 행운 작용을 확실히 이해하고 거기에 맞도록 배치 및 활용한다.

9) 가구 및 침대 배치 시 풍수적 길흉을 잘 유의하여 배치한다.

10) 정원수를 심을 때는, 심는 위치, 나무의 종류 등, 길흉을 잘 검토하여야 한다.

\* 기타 분야별 상세한 비보는 제8장 재물, 행운의 인테리어풍수 참고

## 나. 아파트 비보

아파트 비보는 대부분 단독주택과 대동소이하나 몇 가지 다른 점을 추가로 소개하고자 한다.

1) 아파트는 대문과 마당이 없이, 곧바로 현관, 응접실, 주방 및 방 구조로 되어 있는 점이 다르다. 그러나 문(門), 주(住), 조(灶)의 위치는 양택삼요에 따른다.

2) 각방의 방위는 현관 출입문을 기준하며, 집의 중심점은 아파트 평면도를 기준하여 정하고 그 기준점을 중심으로 길흉을 판단해야 한다.

3) 각방의 벽지 색깔은 현관문과의 오행이 상생되도록 한다.

4) 거실소파, TV, 진열장, 안방침대, 가구 등의 배치는 가장 및 각방 구성원의 본명성 및 사용 목적 등을 감안하여 최적상태로 하며, 미흡할 시는 적절한 비보를 한다.

## 다. 상가 비보

1) 가로(街路)의 조건과 위치선정이 먼저 잘된 곳을 선정한다. 가로란 도로의 폭과 종류, 구조 등을 말한다.

2) 풍수적으로 사람을 유인하는 지하철역, 버스정거장 등 역학관계를 살핀다.

3) 상가 건물 내에서 업종별로 유리한 방위를 선택해야 한다.

| 남동(巽) | | 남(離) | | 남서(坤) |
|---|---|---|---|---|
| | 예식장 | 안과, 안경점 | 산부인과,<br>쌀가게 | |
| 동(震) | 과일, 채소 | 토목, 건축,<br>집수리 | 목욕탕 | 서(兌) |
| | 공인중개사,<br>인테리어 | 주류업, 수산업,<br>횟집 | 금은방, 시계방,<br>공구상 | |
| 북동(艮) | | 북(坎) | | 북서(乾) |

4) 간판, 광고판 등은 본인의 사주에 맞는 방위에 설치해야 한다(지살, 역마살 방위).
* 기타 분야별 상세한 비보는 제8장 재물, 행운의 인테리어풍수 참고

## 라. 사무실 비보

1) 건물 전체로 보아서 주 출입구는 건물 중심에서 볼 때 남동쪽이 제일 좋다. 다음으로 동쪽, 남쪽, 북서쪽, 북쪽 순으로 좋다.

2) 서쪽은 금전의 출입이 많아 파산하기 쉬우므로 피한다.

3) 남서쪽(坤方), 북동쪽(艮方)은 귀문방(鬼門方)이므로 가급적 출입문을 내지 않는 것이 좋으며, 부득이 낼 때는 각별한 주의가 필요하다(풍수전문가의 상담 필요).

4) 회사의 대표자는 사무실 중심에서 볼 때 북서쪽에 배치한다.

5) 영업직은 남동쪽이나 서쪽이 좋다.

6) 기획, 상품개발과 같은 창조적 부분은 지적작용이 강한 남쪽과 동쪽이 좋다.

7) 회사의 전반적 업무지원부서인 총무부, 관리부는 남동쪽이나 북동쪽이 길 방위다.

8) 경리, 회계 관련 부서는 돈을 의미하는 서쪽이 좋다.

9) 컴퓨터, 기계시설 관리부서는 북서쪽, 동쪽, 남쪽, 남동쪽에 두는 것이 대체로 무난하다.

10) 응접실은 사무실 중심 남서쪽, 회의실은 서쪽이 길하다.

11) 위의 배치 사항 요약

① 북쪽 : 연구와 영업부문

② 북동쪽 : 경리, 총무, 개발, 부동산부문

③ 남동쪽 : 영업부문

④ 남쪽 : 관리, 기획부문

⑤ 서쪽 : 영업, 경리부문

⑥ 북서쪽 : 사장, 중역실

* 남서쪽(坤方), 북동쪽(艮方)은 귀문방(鬼門方)이므로 가급적 출입문을 내지 않는 것이 좋으며, 중요 부서 사무실로 써도 마찬가지로 좋지 않다. 항상 청결을 유지하고 창고나 부속 사무실 등으로 쓰는 것이 좋다.

* 이상의 방위학적 이론이 근거하여 각각 방위가 사업에 어떤 운명적 영향을 주는지를 소개하면 다음과 같다.

- 중심(太極) : 사고력, 정치력, 지도력 등 사업가로서의 자질

- 남쪽(離宮) : 시대감각, 지식, 판단력 등 사업 활동에서 선견지명

- 북쪽(坎宮) : 전문지식, 사교성, 권모술수 등 사업 활동에서 부하운

- 서쪽(兌宮) : 설득력, 경제관념, 융통성 등 사회 활동에서의 금전운

- 동쪽(震宮) : 기획력, 행동력, 선전홍보력 등 사업 활동에서의 창조성

- 남동쪽(巽宮) : 외교수완, 신뢰감, 유연성 등 사업 활동에서의 신용도

- 남서쪽(坤宮) : 인내력, 견실함, 근면 등 사업 활동에서의 영업성

- 북동쪽(艮宮) : 재테크능력, 탐구심, 근면 등 사업 활동에서 욕망

- 북서쪽(乾宮) : 적극성, 관리능력, 실행력 등 사업 활동에서의 활동성

## 마. 공장 비보(工場裨補)

1) 공장도 최종적 운영은 사람이 하는 것이다. 그러므로 아무리 공장이라도 공장의 부지 내에 사무실이 있는 경우는 사장실을 제일 좋은 위치에 정한다(북서쪽).

2) 공장 내 중요한 장비는 공장 건물 내에 좋은 위치에 둔다.

이때 장비의 특성에 따라 다소 다르지만, 일반적으로 사무실의 배치기준에 따라 배치하면 무난하다.

3) 기타 배치사항은 앞의 사무실 비보를 기준하면 무난하다.

4) 공장의 비보도 공장의 풍수적 결함을 먼저 파악한 뒤, 양택비보에 맞게 분야별로 적절하게 시행하면 된다.

5) 주거지는 공장에서 좀 떨어진 곳에 두는 것이 편안한 휴식, 스트레스 방지, 업무 효율 증대에 좋다.

6) 동일 건물인 경우는 각각의 사업형태에 따라서 중심부에 위치한 공간배치가 달라져야 한다. ①은 생산중심, ②는 판매중심, ③은 주거중심으로 볼 수 있다. 그러나 ③의 경우는 일중심이 되어서 가정운을 파괴하므로, 주거를 동일건물에 두지 말고 별동에 두거나 아니면 영업점은 시가지에 두고 주거는 교외에 마련하는 것이 이상적이다.

### ① 공장(생산)중심

| 가게 | 공장(생산) | 주택 |
|---|---|---|

### ② 가게(판매)중심

| 공장 | 가게(판매) | 주택 |
|---|---|---|

### ③ 주택(주거)중심

| 공장 | 주택(주거) | 가게 |
|---|---|---|

* ③의 경우 자칫 일중심의 생활이 되기 쉬워서 가정운을 파괴하므로 매우 흉(凶)하다. 따라서 주거를 동일건물에 두지 말고 별동에 두거나 아니면 영업점(가게)은 도심에 두고 주거는 교외에 마련하는 것이 이상적이다.

# ✦ 5. 각종 비보풍수 사례

## 가. 사찰 비보(운주사 천불탑)

비보풍수의 시초로 알려진 전남 화순군 도암면 운주사의 사찰 비보를 위한 천불탑은 사찰 경내의 허(虛)한 곳에 모두 수많은 탑을 세워 풍수적으로 비보했다.

〈운주사 석탑〉 　　　　　　　　　〈운주사전경〉

## 나. 왕궁 터의 비보(익산미륵사지 탑)

후백제의 재건의 꿈을 이루기 위하여 익산시 미륵사지에 탑을 세워 왕궁 앞쪽의 공허(空虛)한 기운을 비보했다.

〈미륵사지전경〉 　　　　　　　　　〈미륵사지 9층(동탑)〉

## 다. 마을 비보

대구 동구 둔산동 소재 경주최씨 후손들이 모여 사는 동성촌락(同姓村落)의 마을 터가 주변보다는 높아서 금호강 지류가 훤히 내려다보이므로 수구(水口)가 허하여 재물이 빠져나가는 것을 방지하기 위하여 나무를 심어 수목(樹木)으로 비보했다.

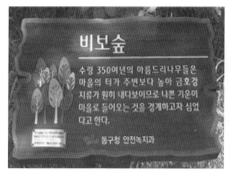 

## 라. 경남 창원 성주사의 火氣를 잠재우는 돼지석상

경남 창원과 김해 사이의 불모산(801.7m) 서쪽 기슭에 있는 성주사는 火氣가 강해 불이 자주나자 水의 氣가 강한 돼지(亥)상을 세워 화기를 잠재우는 풍수적 비보를 했다. 또한 일설에는 뱀(巳)의 출현이 많아서 돼지(亥)로 제화했다는 설도 있는데, 이 또한 뱀(巳)은 火氣를 의미하니, 水기가 강한 돼지(亥)로 제화하는 것이다.

## 마. 허(虛)한 마을 입구를 장승으로 비보

광주시 초월읍 서하리 입구의 장승은 마을 입구가 수구처인데 풍수적으로 허(虛)하여 장승으로 비보했다.

## 바. 땅 이름을 이용한 지명 비보(地名裨補)

### 1) 여주시 강천면 부평리 가마섬(청주한씨 선산동네)

조상을 모시던 터가 워낙 명당이라서 훗날 왕에게 뺏길까 봐서 왕릉은 섬에 쓰지 않는다는 속설을 믿고, 동네 이름을 섬도(島)자를 넣어서 가마섬이라고 불러 지명으로 비보했다.

### 2) 경북 구미시 비봉산(飛鳳山)과 황산(凰山)

경북 구미시 선산읍 뒤에 있는 진산이 비봉산(飛鳳山)이라 봉황이 떠나지 않도록 유도하기 위해서 앞산을 황산(凰山=암컷봉황)으로 명명하여 봉황이 짝을 이루어 떠나지 않도록, 지명(地名)으로 비보했다.

## 사. 글자를 이용한 글자 비보(裨補)

흥인지문(興仁之門)은 경복궁의 좌청룡인 낙산(駱山)의 지기(地氣)가 약하여 갈지(之) 를 문 이름에 넣어서 용의 용트림 모양을 만들어서, 글자로 약한 낙산(駱山)의 청룡의 기운을 글자를 통하여 풍수적으로 비보한 글자 비보이다.

## 아. 수원 화성 팔달산 정상 효원(孝園)의 종

정조대왕의 효심이 깃든 수원화성 팔달산 정상에는 수원시에서 효원의 종을 설치 하고 시민들은 누구나 종을 칠 수 있도록 했다(有料). 총 3번 칠 수 있는데, 첫 번째 종 은 부모에 효도, 두 번째 종은 가족건강과 화목, 세 번째 종은 자신의 발전과 소원성 취이다.

## 자. 청주의 용두사지 철당간

행주형(行舟形) 지세(地勢)인 청주는 항해에 필요한 돛, 키, 닻을 달면 길하고, 배 밑 창이 뚫리는 형국인 우물을 파거나, 배에 물건을 과적하면 가라앉기 때문에 큰 건물이나 석탑을 세우면 흉하다. 그래서 지형에 맞게 돛대를 세워서 풍수적으로 비보했다.

## 차. 호국비보사찰 지리산 실상사(철재여래좌상 및 범종)

백두대간의 전기(精氣)가 일본으로 건너가는 것을 막기 위해 지기(地氣)를 누를 무쇠 4,000근의 철재여래좌상 및 범종에 일본지도를 그려서 일본을 후려치는 범종이다.

〈철재여래좌상(무쇠 4,000근)〉

〈범종각:범종을 보존하는 비각〉　　　〈범종:일본지도가 그려져 있음〉

## 타. 순천 금전산의 음기를 제압한 낙민루(樂民樓) 남근석

순천 낙안읍성의 주산이 금전산에서 나오는 음기를 제압하기 위해서 낙안읍성 낙민루(樂民樓) 옆에 남근석(男根石)을 세워 비보했다.

〈낙민루(樂民樓)〉　　　　　　〈남근석(男根石)〉

## 파. 여의도 국회의사당의 처녀귀신 소동을 물리친 남근석

2008년 4~5월 18대 국회를 개원하기 전 국회의원회관에 귀신소동이 일어났다. 국회표지석(남근석)을 국회본관 뒤편에 65톤이 넘는 거석(巨石)으로 설치하여 의원회관에 나타나는 처녀귀신(궁녀)들의 영혼을 달래며, 국회 터에 음기를 제압하기 위해 설치했다. 종교단체의 항의로 지금은 국회후정 의원동산 옆 헌정기념관입구로 자리를 옮겨 세워놓았다. 남근석 설치 후 현재까지 귀신은 더 이상 나타나지 않고 있다.

# 제7장. 제왕(帝王)의 풍수(風水)

## ✦ 1. 능원묘(陵園墓)와 현충원(顯忠院)

### 가. 능(陵), 원(園), 묘(墓)의 차이점은?

1) 능(陵) : 왕과 왕비의 무덤을 능(陵)이라 일컫는다.

2) 원(園) : 세자와 세자빈, 왕의 친부모의 무덤을 일컫는다.

3) 묘(墓) : 능(陵), 원(園) 이외의 모든 무덤은 모두 묘라고 칭한다.


* 효창원(孝昌園) : 정조의 장남(1782~1786, 5세 때 死亡)의 무덤. 현재는 서삼릉의 의령원 아래에 있다(일제 때 일본에 의해 이전). 큰아버지인 의령대군의 묘 아래에 있다. 원래는 현 효창공원자리에 효창원이 있었다.

* 의령원(懿寧園) : 사도세자의 장남이며, 영조의 손자이고 정조의 형(3살 때 死亡)이다. 현재는 서삼릉 효창원 바로 위에 있다. 원래는 북아현동 북아현 중앙여자고등학교 터에 있다가 1871년(고종 8년)에 서삼릉의 효창원 위로 이전하였다.

### 나. 조선왕릉의 구조와 형태

조선왕릉은 시기별 구분보다 왕과 왕비의 무덤배치방식에 따른 구분이 일반적이다.

1) 단릉(單陵) : 왕이나 왕비를 단독으로 모신 능이다.
- 구리시 이성계의 건원릉

2) 합장릉(合葬陵) : 왕과 왕비를 하나의 봉분에 함께 모신 능이다.
 - 수원화성의 융건릉
 * 융릉 : 사도세자(장조)와 비(현경왕후=혜경궁 홍씨)
 * 건릉 : 정조와 비(효의왕후)

3) 쌍릉(雙陵) : 왕과 왕비의 봉분을 좌우로 나란히 조성하고 일부는 난간석으로 함께 둘렀다.
 - 현종의 숭릉 : 18대 현종과 비(명성왕후), 구리시 동구릉에 위치(* 참고 : 명성황후는 26대 고종의 비)

4) 동원이강릉(同原異岡陵) : 왕과 왕비의 능이 정자각 뒤나, 또는 좌우로 서로 다른 능선(언덕)에 조성된 능을 말한다.
 * 선조의 목릉(14대 선조와 비(제1비 의인왕후, 제2비 인목왕후))
 * 선조릉이 좌측에 있고 우측에 의인왕후 그리고 다음이 인목왕후릉이다.

5) 동원상하봉릉(同原上下封陵) : 왕과 왕비의 능이 같은 능선 위 아래로 각각 조성된 능을 말한다.
 * 영릉(榮陵) : 고려 5대 경종 - 개성시 판문군 진봉리 왕릉골
 * 영릉(英陵) : 조선 4대 세종과 비(소현왕후) - 경기도 여주
 * 영릉(寧陵) : 조선 17대 효종과 비(인선왕후) - 경기도 여주

6) 기타 : 고종의 홍릉(洪陵)과 순종의 유릉(裕陵)은 명나라 황릉을 모방하여 조성되었다(고종과 순종은 황제이기 때문에).
 * 홍릉(洪陵) : 26대 고종과 비(명성황후) - 경기도 미금시 금곡동 141-1
 * 유릉(裕陵) : 27대 순종과 비(순명황후, 순정황후) - 경기도 미금시 금곡동 141-1

## 다. 국립현충원(國立顯忠院) : 서울, 대전

### 1) 위치

* 서울 현충원 : 서울 동작구 동작동(현충로 210) - 원래 장충단이었으나 6.25동란 때 많은 전사자가 나오자 이승만 대통령 때 동작동에 국립묘지 조성

* 대전 현충원 : 충남 대전시 유성읍 갑동리 - 동작동 국립묘지가 포화상태에 이르자 박정희 대통령 때 대전에 추가지정

### 2) 연혁

* 1953.9.23 : 이승만 대통령 승인 → 동작동 국립묘지. 처음은 장춘단이었으나 6.25동란 때 전사자 증가로 동작동으로 이전

* 1976.4.14 : 대전 현충원 추가지정(충남 대전시 유성읍 갑동리)

* 2005.7.29 : 의원입법으로 국립묘지를 국립현충원으로 승격

## ✦ 2. 왕릉(王陵)의 각종 부속물(附屬物)

### 1) 재실(齋室)

### 2) 금천교(金天橋)

### 3) 홍살문(紅殺門)

서오릉의 익릉(홍살 11개)

### 4) 판위(坂位)

### 5) 참도(參道)

### 6) 수라간(水喇間)과 수복간(守僕間)

### 7) 비각(碑閣)

### 8) 석계(石階)

## 9) 정자각(丁字閣)

## 10) 소전대석(燒錢臺石)

## 11) 예감(瘞坎)

## 12) 산신상석(山神床石)

## 13) 문인석(文人石)과 무인석(武人石)

## 14) 석마(石馬)

## 15) 망주석(望柱石)

## 16) 혼유석(魂遊石)

## ✦ 3. 왕릉(王陵) 둘러보기

### 가. 건원릉(建元陵)

#### 1) 건원릉(健元陵) 개요

건원릉(建元陵)은 조선 제1대왕 태조 이성계(음력 1335.10.1 ~ 1408.5.24)의 묘이며, 약 7년 2개월(음력 1392.7.16 ~ 1398.9.5) 재위하였다.

* 위치 : 경기도 구리시 인창동 8 - 2(동구릉로 197)

* 왕릉특징 : 조선왕릉의 특징 중 단릉형식이다.

* 용맥흐름 : 백두산 - 한북정맥 - 광릉수목원 뒤 용암산(447m) - 깃대봉(289m) - 수락산(637.7m) - 덕릉고개 - 불암산(508m) - 육사(태릉컨트리클럽) - 신내동 - 검암봉 - 망우리공원묘지에서 좌선 - 동구릉에 이른다.

#### 2) 건원릉(健元陵) 풍수적 감평

* 풍수적 길흉 : 中吉(丁財兩平) : 왕릉에서 대충 보면 좌청룡 우백호가 혈을 감싸는 대명당처럼 보이나, 등고선(等高線) 및 귀성(鬼星) 등을 면밀하게 간산(看山)해보면 횡룡결장(橫龍結場)에서 필수적인 귀성(鬼星)이 공결(空缺)하여 바람이 능묘로 들락거리며, 등고선을 보면 좌청룡(左靑龍)이 비주(飛走)하는 형상이고 우백호(右白虎)자락이 절각(折脚)되어 혈장의 氣를 완벽하게 관쇄(關鎖)하지 못하는 형국(形局)이다.

* 조종산 내력 : 백두대간의 금강산 분수령(태조산) - 대성산 - 백운산 - 운악산(중조산) - 수락산 - 불암산(소조산) - 검암산(儉岩山＝현무봉) - 왕숙천을 만나 혈을 맺다.

* 검암산(儉岩山) : 바위와 돌이 없는 산이라는 의미

* 坐向 : 子坐午向

* 向法 : 정음정양법(淨陰淨陽法)

* 入首龍 : 壬子龍

* 破口 : 丁破

 * 向上四局 : 木局

* 88향법으로 소급적용 : 壬子龍이며, 墓破로 木局이다.

- 左旋水 - 子坐午向 - 丁破(墓破)로 득수하고 길함(自旺向)

- 건원릉을 88향법으로 보면 子坐午向의 向線을 적시고 통과하는 좌선수(左旋水)가 배합수(配合水)이다. 水口는 丁方에서 좌선수가 합수(合水)되어 88향법상으로 자왕향(自旺向)에 해당된다. 혹자는 백호방(白虎方)의 수량(水量)이 많아 우선수(右旋水)라고 주장하는 이도 있으나, 분명히 향선(向線)은 좌선수(左旋水)를 통과하고 있다. 그러나 88향법 도입(1878년경) 이전 用事한 묘(墓)이니 88향법으로 감평하면 안되고, 당시 用事한대로 정음정양법(淨陰淨陽法)으로 감평해야 한다는 것이 필자의 견해이다.


## 3) 건원릉 둘러보기
### (1) 건원릉 배치도(동구릉 전체도)

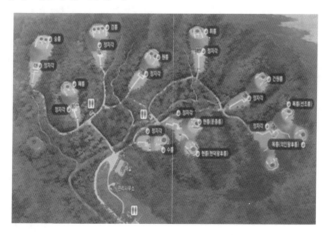

(2) 건원릉 용맥도1

(3) 건원릉 용맥도2

(4) 건원릉 전경(원경)

(5) 건원릉 전경(홍살문)

(6) 건원릉 전경(근접)

(7) 건원릉 전경(최근접)

(8) 건원릉 억세봉분          (9) 건원릉 후면(근접)

## 나. 영릉(英陵)과 영릉(寧陵)

### 1) 영릉(英陵 : 세종)과 영릉(寧陵 : 효종) 개요

### (1) 영릉(英陵 : 세종)

* 영릉(英陵)은 조선 왕릉 중에서도 가장 길지인 천하의 명당이다.

* 영릉(英陵)은 조선 4대 세종(1397~1450)과 그의 비 소현왕후(1395~1446)의 합장릉이다.

* 원래는 부친이 3대 태종((헌릉: 光州市 江西(현 서초구 내곡동)) 묘 아래에 모셨으나, 묘를 쓰고 18년 동안 4명의 왕(문종, 단종, 세조, 예종)이 바뀌는 비운을 겪자, 1461년(예종 1년) 이곳 여주로 옮겨왔다.

* 이곳이 천하의 명당이어서 조선의 역사가 100년 더 번영하였다고 하여 英陵可百年이라는 말까지 생겼다.

* 용맥(龍脈)의 흐름 : 백두대간 - 속리산 어름에서 분기 - 한남금북정맥 - 칠현산(안성) - 문수산(용인) - 독조봉(여주) - 대포산 - 북성산(北城山) - 칭성산에서 절골의 물을 만나 전진을 멈추고 穴을 맺다.

### (2) 영릉(寧陵 : 효종)

* 영릉(寧陵)은 조선 17대 효종(1619~1659)과 그의 비 인현왕후(1618~1674) 장씨가 상하로 배치된 쌍릉이다. 효종릉 아래가 인현왕후릉이다.

## 2) 영릉(英陵)과 영릉(寧陵)의 풍수적 감평

### (1) 영릉(英陵)의 풍수적 감평

* 풍수적 대길 : 大吉(丁財兩旺) : 현명한 인물이 나오고, 재물이 풍성하고, 공명현달하며 남녀모두 장수한다는 대명당이다.

* 조종산 내력 : 백두대간 - 속리산 - 칠현산(태조산) - 문수산(중조산) - 대포산(소조산) - 북성산 - 칭성산(주산 = 현무봉) - 다시 북성산을 바라보는 회룡고조혈(回龍顧祖穴)

* 회룡고조혈(回龍顧祖穴) : 조상의 음덕을 받는다는 좋은 혈

* 坐向 : 癸坐丁向

* 向法 : 정음정양법(淨陰淨陽法)

* 入首龍 : 癸丑龍(回龍入首)

* 破口 : 巳破

* 向上四局 : 水局

* 88향법으로 소급적용 : 破口가 巳破로 水局, 右旋水, 癸丑龍으로 養龍, 향은 癸坐丁向으로 正養向으로 88향법으로 적용해도 대길한 명당이다.

* 그러나 88향법 도입(1878년경) 이전 用事한 墓이므로, 소급적용해서 길흉을 감평해서는 안 되고, 用事당시의 정음정양법(淨陰淨陽法)으로 감평해야 한다.


* 英陵에 대한 택리지 내용 : 英陵是維我莊憲大王所藏之地, 開土時得古標石刻曰當葬東方聖人, 術士言回龍子坐申水入辰, 爲諸中第一云(영릉시유아장헌대왕소장지지, 개토시득고표석각왈당장동방성인, 술사언회룡자좌신수입진, 위제중제일운)

- 英陵은 장헌대왕(莊憲大王 : 세종)이 묻힌 곳이다. 땅을 팔 때에 오래된 표석(標石)을 얻었는데, 그곳에 마땅히 동방의 성인(聖人)을 장사지낼 터이며, 풍수사가 말하길, 용이 몸을 돌려 자룡(子龍)으로 입수하고, 申方에서 물을 얻어 辰方으로 빠지니 모든 陵 중에서 으뜸이다.

* 당시와 현재의 龍과 坐向 및 破口가 다르게 측정되는 것은 地磁界의 중심축의 이동 때문이다. 현재도 地磁界는 허드슨만 북쪽에서 북극 쪽으로 미세하게 이동 중이다.

(2) 영릉(寧陵 : 17대 효종)의 풍수적 감평 : 吉(세부내역 생략)

* 조선 17대왕인 효종이 묻힌 영릉(寧陵)도 풍수적으로 길한 곳임에는 틀림없다. 그러나 바로 옆의 세종의 영릉(英陵)이 워낙 吉地라서 상대적 비교에서는 다소 떨어진다. 그러나 풍수적으로 절대평가 하면 吉地이다.


3) 영릉(英陵)과 영릉(寧陵) 둘러보기
(1) 영릉(英陵 : 세종) 과 영릉(寧陵 : 효종) 위치도

(2) 영릉(英陵) 용맥도

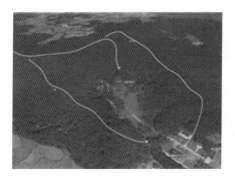

(3) 영릉(英陵) 정문

(4) 영릉(英陵)신도

(5) 영릉(英陵) 정자각

(6) 영릉(英陵) 전경(근접도)

(7) 영릉(英陵) 전경(후면에서 본 조안산)

(8) 효종 영릉(寧陵) 가는 길

(9) 효종 영릉(寧陵) 입구

(10) 효종 영릉(寧陵) 문무인석      (11) 효종 영릉(寧陵) 12지신상

## 다. 광릉(光陵)

### 1) 광릉(光陵) 개요

광릉(光陵)은 조선 7대 세조(1417~1468)와 그의 비 정희왕후(貞熹王(1418~1483))를 모신 릉으로 세조의 릉 좌측이 정희왕후(貞熹王后)릉이다.

광릉(光陵)은 3대 세종의 영릉(英陵) 못지않은 대명당(大明當)이다. 풍수적으로 쌍룡농주형(雙龍弄珠形 : 두 마리용이 여의주를 가지고 노는 형상)의 길지(吉地)이다. 자리가 좋아서 광릉은 조선왕조 400년을 지킨 명당이라는 말이 생겼다. 이는 세조 이후의 조선왕이 모두 세조의 후손들이기 때문에 유래된 것 같다.

* 위치 : 경기도 남양주시 진접읍 광릉수목원로354(지번: 진접읍 부평리 산99-2)

* 왕릉특징 : 동원이강릉(同原異岡陵)

* 용맥흐름 : 백두산 주봉 - 금강산 추가령 지구대에서 분기 - 남남서 - 백운산 - 운악산 - 주엽산(622m)의 손방(巽方)으로 내려온 용맥(龍脈)이 좌청룡/우백호를 따라 내려온 산의 계곡수를 만나서 쌍룡농주형(雙龍弄珠形)의 혈을 맺는다. 이계곡수가 모여서 왕숙천(王宿川)의 상류로 흘러들어간다.

* 최근 지도상에는 죽엽산(竹葉山)으로 표기되어 있으나, 이는 원명 주엽산(注葉山)의 오기로 사료된다. 고서(古書)에 의하면 가을이면 낙엽이 거대한 물줄기처럼 흘러내린다하여 주엽산(注葉山)이라고 불리었다고 쓰여 있으며, 조선실록에도 세조의 릉이 주엽산(注葉山) 기슭에 조성되었다는 기록이 있는 것으로 봐서 근래에 지도 제작 시에 오기된 것으로 추정할 뿐이다.

## 2) 광릉(光陵)의 풍수적 감평

* 풍수적 길흉 : 대길(大吉)하며, 정재양왕(丁財兩旺)한 대명당(大明堂)이다.

* 조종산내력 : 한북정맥으로 백두산주봉 – 추가령지구대(태조산) – 백운산(중조산) – 운악산(소조산) – 주엽산(주산이며 현무봉)이 壬子龍으로 도두일절(到頭一節)하여 주엽산에서 흘러내려가는 계곡의 물을 만나서 穴을 맺는다. 이 물이 마주보는 안산 아래로 흘러서 왕숙천(王宿川)의 상류와 만난다.

* 坐向 : 壬坐丙向

* 向法 : 정음정양법(淨陰淨陽法)

* 入首龍 : 壬子龍

* 破口 : 丁破

* 向上四局 : 木局

* 88향법으로 소급적용 : 壬子龍(任官龍)이며, 木局의 墓破로 내당수(內堂水)는 좌선수(左旋水)로 득수(得水)하고 임관룡(任官龍)으로 진룡(眞龍)이 되며 혈(穴)을 맺는다.

* 88향법 : 自旺向(借庫消水)으로 木局의 丙午向은 死向이지만 火局의 正旺向(帝旺向)을 차고소수(借庫消水)하여 木局의 자왕향(自旺向)이 된다. 그러나 88향법 도입(1878년경) 이전 用事한 묘이므로 88향법으로 소급적용하여 길흉을 감평하지 말고 당시 용사(用事)한대로 정음정양법(淨陰淨陽法)으로 감평해야 된다고 필자는 생각한다.

### (1) 정희왕후릉의 풍수적 감평

* 풍수적 길흉 : 大吉(丁財兩旺)

* 조종산내력 : 세조와 같음

* 坐向 : 丑坐未向

* 來龍 到頭一節 : 艮寅龍

* 破口 : 未破(木局)

* 左旋水 – 未破 – 艮寅龍으로 12포태법으로 沐浴龍에 해당

* 88형법소급적용 : 정왕향으로 묘향, 묘파

### (2) 왕숙천(王宿川)의 유래

왕숙천(王宿川)이란 이름은 이성계가 이곳에서 8일간 잤다는 설과 이성계의 능인

건원릉(乾元陵)과 세조의 능인 광릉(光陵)이 같은 용맥에 잠들어 있어서 같은 임수(臨水)를 쓰고 있으니 냇물의 이름을 왕숙천(王宿川)이라 지었다는 설이 있다.

왕숙천(王宿川)은 북출남류(北出南流)하여 흐르다가 광릉(光陵)과 건원릉(乾元陵) 주변을 지나면서 남양주, 구리를 경계로 만들고 한강으로 들어간다.

### 3) 광릉(光陵) 둘러보기

#### (1) 광릉(光陵) 안내도

#### (2) 광릉(光陵) 원경 및 후룡

#### (3) 광릉(光陵) 도두에서 본 조안산

#### (4) 광릉(光陵) 홍살문

(5) 광릉(光陵) 정자각

(6) 광릉(光陵) 비각

(7) 광릉(光陵) 전경(중접도)

(8) 광릉(光陵) 전경(근접도)

(9) 광릉(光陵) 전경(세조)

(10) 광릉(光陵) 전경(정희왕후릉)

## 라. 홍릉(洪陵)과 유릉(裕陵)

### 1) 홍릉(洪陵)과 유릉 개요

#### (1) 홍릉(洪陵)

홍릉(洪陵)은 조선 26대왕 고종(1852~1919)과 그의 비 명성황후(1851~1895) 민씨의 능이다. 왕과 왕비의 합장릉이다.

#### (2) 유릉(裕陵)

유릉(裕陵)은 조선 27대 순종(1874~1926)과 비 순명효황후, 계비 순정효왕후의 동봉삼실 합장릉으로 가운데가 순종, 좌측이 정비 순명효황후, 우측이 계비 순정효황후가 모셔진 동봉삼실 합장릉이다. 순종은 1897년(광무 1년) 대한제국이 수립되면서 황태자가 되었으나, 1907년 일제의 강요와 모략으로 고종이 물러나고 황제가 되었으며, 1910년 한일합방으로 허울뿐인 황제로 전락하였다.

### 2) 홍릉(洪陵)과 유릉(裕陵)의 풍수적 감평

#### (1) 홍릉(洪陵)

일본이 한민족의 정기를 말살하기 위한 음모(陰謀)로 무맥지(無脈地)인 골짜기(매우 습한 지점＝사타구니 지점)에 흙을 쌓아서 마치 명당인 것처럼 위장하였고, 정자각이 아닌, 일자각(일본상징)에서 후손들이 능침(陵寢)을 바라볼 때 전혀 능침(陵寢)이 보이질 않아서 후손들의 효심을 미리 차단하고 정재양패(丁財兩敗)하고 절손(絶孫)하는 터이다. 또한 사신사(四神砂)중, 좌청룡이 너무 멀고, 월수(越水)도 너무 멀며, 왕릉을 지키는 석양(石羊)과 석호(石虎)도 없다.

#### (2) 유릉(裕陵)

일본이 한민족의 정기를 말살하기 위한 음모(陰謀)로 무맥지(無脈地)인 과룡처(過龍處)에 用事하면서 한민족을 속이기 위해 이곳이 거팔내팔(去八來八)의 명당이라고 속이고 用事하였다. 그러나 과룡(過龍)과 역룡(逆龍)은 풍수에서 가장 금기되는 흉지다. 거팔내팔(去八內八) 명당론은 일본이 우리 민족을 속이기 위한 궤변이다. 이것이 일제가 조선황실의 부흥을 막기 위해 패지(敗地)를 골라 섰다는 음모론이다.

몰락한 조선황실이 풍수까지 챙길 여력이 없었다. 고려말, 조선초 무학대사와 하륜 같은 풍수대가들이 건국과 통치이념으로 풍수를 활용했던 유풍(遺風)이 사라져 버린 것이다. 홍릉(洪陵)과 유릉(裕陵)을 방문하는 것이야 말로 망국(亡國)의 슬픔을 체험하는 풍수사들의 최고의 현장학습장이 될 것이다.

### (3) 홍유릉(洪裕陵) 길 찾기

### (4) 홍유릉(洪裕陵) 안내도

### (5) 홍릉(洪陵) 전경(근접)

### (6) 유릉(裕陵) 정자각

### (7) 유릉(裕陵) 동봉삼실 합장릉

### (8) 유릉(裕陵)의 유럽인 문무인석

# 제8장. 재물, 행운의 인테리어풍수

## ✦ 1. 풍수지리와 친해지기

### 가. 잘되면 내 탓(양택), 잘못되면 조상 탓(음택)

산세(山勢)와 물길 등을 살핀 후 드세고 찬바람이 없으며, 땅의 색이 양명(陽明)하고 아늑한 기운이 느껴지는 묘 자리를 찾는 그것이 음택풍수(陰宅風水)이다. 한편 산세(山勢)와 물길 등을 살핀 후에 생기(生氣)가 모이는 집터, 돈이 모이는 상가, 액운을 막고 길운을 불러들이는 집 모양, 실내 공간 배치, 색깔 등을 선택하여 궁극적으로 건강하고 행복한 나날을 보낼 수 있는 거처 및 사무실, 가게(상가), 공장 등을 마련하는 것이 양택풍수(陽宅風水)이다.

우리 속담에 잘되면 내 탓, 잘못되면 조상 탓이라는 말은 풍수지리의 양택과 음택을 현실감 있게 잘 표현해준 것이다.

이는 요즈음 흔히들 말하는 금수저, 은수저, 흙수저 론(論)과 일맥상통한다.

부모(조상)로부터 많은 재산을 물려받은 사람은 물려받은 재산으로 큰 고생 안하고 편하게 살아가며, 부모(조상)님의 사회적 지위가 높은 사람은 부모(조상)님이 닦아놓은 사회적 지위와 인맥과 권력을 이용해서 공직(공무원, 공기업)이나 정부출연기관 또는 대기업에 쉽게 취업하고 높은 직위까지 순조롭게 올라가는 행운을 누리지만 그렇지 못한 사람은 경제적, 사회적으로 성공하기가 낙타가 바늘구멍 들어가기 만큼이나 어려운 것이 현실이다. 이것을 풍수적으로 비유하면 "잘못되면 조상 탓이다."

물론 잘되면 내 탓이라는 말은 출세하거나 부자가 되면 그저 자기 스스로 노력해서 잘되었다는 것을 은근히 스스로 자랑하는 뉘앙스를 풍기고 있다. 또한 잘못되면 조상 탓이라는 말은 많은 재산(돈)이나, 큰 빌딩, 많은 주식, 변변한 땅덩이 하나 물려주지 않은 부모들에 대한 원망과 조상들의 묘지가 길지(吉地)가 아닌, 흉지(凶地)인데서 비롯된 액운이 영향을 미쳤다는 의미를 복합적으로 나타내고 있다. 따라서 잘못되면 조상 탓의 경우는 묘지풍수, 즉 음택풍수를 염두에 두고 있다는 것을 알 수 있다.

그런데 집터의 좋고 나쁨, 즉 길지(吉地), 흉지(凶地) 여부를 가리고 집의 방향, 대문과 안방, 부엌 등의 공간 배치를 따져보고, 가족 모두에게 유리한 방향별로 배치하고, 벽지나 지붕, 가구 등을 인테리어풍수에 부합시키고, 색깔 등을 상생(相生)의 색깔로 맞추고, 사무실, 공장, 상가(가게) 등을 좋은 위치에 정하며, 또한 내부공간의 인테리어를 재물, 행운과 명예를 상승시키는 방향으로 비보(裨補)하는 등 신경을 써서 얻는 행운은 전적으로 자신의 노력과 판단에 의한 것이므로 "잘되면 내 탓"이라는 말은 양택풍수와 깊은 관련이 있다는 것이 필자의 일관된 견해이다.

## 나. 현대인에게 중요한 인테리어풍수

집을 지을 때 설계는 어떻게 할 것인가, 가족구성원별로 방 배치는 어떻게 하고 거실은 어디로 하며 침실과 응접실, 화장실의 위치와 인테리어, 색깔은 어떤 색이 좋은지, 양택풍수에서 기준이 되는 8방위(八方位)가 미치는 행운의 작용을 극대화하기 위해서는 어떤 조치를 취해야 하는지 등, 양택풍수의 중심 내용들이 현대인에게 적합한 것이라고 생각한다.

음택은 전문가가 아닐 경우 그 내용의 이해가 힘들지만,  양택풍수(家相學)는 주택의 설계와 구조, 장식적인 측면, 색깔의 활용 등이 비전문가인 일반인도 내용파악이 음택에 비해 대체로 쉽다는 장점이 있다. 주어진 운명을 개선하고 강화하려고 하는 모든 사람들, 적극적인 인생관을 가진 사람들에게 권할 만한 것이 인테리어풍수라 할 수 있다.

## 다. 풍수관련 일반적 이해사항

**1) 풍수지리는 교양학문이 아니라 건강을 유지하고 재물축적을 도와주는 실용학문이다.**

풍수에서 산은 인물을 배출하고, 물은 재물을 불러오며, 바람은 기를 흩어지게 하여 건강과 깊은 관련이 있다.

**2) 우리가 살아가는 과정이 풍수다.**

* 묘 잘 쓰면 : 문중 또는 집안 후손들이 잘 된다.
* 좋은 집터 : 대주(大住) 및 그 집에 사는 모든 사람들이 잘 된다.
* 가구배치 잘하면 : 집안이 화목하다.
* 집안에 우물, 연못이 있으면 나쁘다.
- 우물은 집안을 습하게 하고, 연못물은 부패하여 세균이 번식한다(가족의 질병유발).
* 대다수의 지역은 중심지역(기차역, 터미널 등)의 남쪽, 서쪽이 발달된다.
* 과거에는 시집간 딸이 애를 낳을 때 친정집에 와서 애를 낳고 산후조리하고 간다.
- 엄마가 자라온 땅에 와서 아이와 함께 地氣를 받고 가면, 산모와 아이가 건강해진다.
* 상담시 나는 벽에 등을 두고 창 쪽을 바라보고 앉고 내담자는 창 쪽에 앉아 나를 보고 상담해야 내담자가 나에게 집중한다.
* 백화점에 가면 2층 이상은 벽시계가 없고, 유리는 모두 썬팅해 놓았다.
- 한번 들어온 손님이 쇼핑에만 집중하도록 유도하여 매출증대에 기여한다.
* 부엌에 못을 많이 박지 말아야 한다(여성의 다리가 아플 수 있다).

**3) 사람 1명이 地氣를 완벽하게 제어(制御)할 수 있는 적정면적은 5~7평이다.**

**4) 집지을 때 고려할 점**

* 집터가 도로보다 약간 높아야 한다(45cm정도, 30~60cm).
* 배산임수(背山臨水), 전저후고(前低後高), 장방형(長方形)이 좋다.
* 천정 높이는 3미터 이내가 좋다.

- 5미터 이상 : 氣에 눌린다.
- 10미터 이상 : 공포감이 든다.

\* 출입문은 밖에서 안으로 밀고 들어가는 것이 좋다.

- 집안의 기가 밖으로 새어 나가는 것을 방지한다.

\* 금고 두는 방위 :  8괘의 兌方(정 서쪽)에 둔다.

| 巽(남동) | 離(남) | 坤(남서) |
|---------|--------|---------|
| 辰(동) | 中宮 | 兌(서) |
| 艮(북동) | 坎(북) | 乾(북서) |

5) 잠잘 때 머리는 일반적으로 동, 남방이 좋다(북, 서 방위는 가급적 피한다).

북쪽 : 북망산 방위, 서쪽 : 머리 희어지는 방위(氣가 빠진다 → 해지는 방위)

6) 상가, 가게, 사무실 등 배치할 때는 출입문을 기준하여 동서사택에 맞는 구조로 배치하여야 한다.

예) 음식점 : 출입문, 주방, 계산대를 같은 사택 방위로 배치해야 매출이 오른다.

예) 사무실 : 출입문, 사장실, 중요부서를 같은 사택 방위로 배치해야 근무 능률이 오르고 회사가 잘된다.


## ✦ 2. 팔 방위와 집의 중심점 구하기

### 가. 대지와 건물은 8괘 방위에 의해 구분된다.

1) 乾(북서), 兌(서), 離(남), 辰(동), 巽(동남), 坎(북), 艮(동북), 坤(남서)

| 巽(남동) | 離(남) | 坤(남서) |
|---------|--------|---------|
| 辰(동) | 中宮 | 兌(서) |
| 艮(북동) | 坎(북) | 乾(북서) |

## 2) 택지와 건물이 방정(方正)해야 한다(황금비율).

황금비율 : 가로와 세로의 비율이 1:1.618(2:3~3:5) 정도가 좋다.

## 나. 집의 중심점 구하기

주택의 중심점 구하는 요령은 사각형 모양일 때와 요철(凹凸) 모양일 때의 두 가지로 나누어 볼 수 있다.

### 1) 사각형 모양일 때

네모서리의 대각선으로 그어서 교차되는 지점을 집의 중심점으로 본다.

### 2) 요철 모양일 때

설계도나 실내 배치도를 종이에 그리거나 복사해서, 돌출된 부분과 함몰된 부분을 감안하여 균형을 잡고 중심을 잡는다.

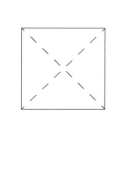 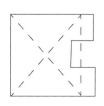 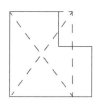

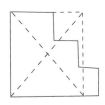 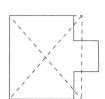 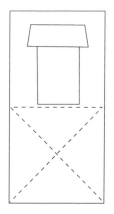

## 다. 방위별 상징 의미와 운이 미치는 영향력

| 방위<br>(方位) | 가족 | 신체 | 색깔 | 일상적 내용 |
|---|---|---|---|---|
| 북<br>(坎) | 차남 | 신장, 음부,<br>귀 | 검정, 회색,<br>흰색 | 남녀 간의 애정, 비밀,<br>섹스, 저축, 안정, 모임,<br>고뇌, 가난, 잠재의식 |
| 북동<br>(艮) | 삼남이하<br>(막내아들) | 다리, 허리,<br>코 | 적색, 황색,<br>짙은 갈색 | 변화, 개혁, 이사, 전직,<br>부동산, 상속, 정리,<br>교환, 개시, 금전운 |
| 동<br>(震) | 장남 | 간장, 인후,<br>자율신경계 | 적색, 청색,<br>자주색 | 소리, 활동, 생성, 건강,<br>정보, 의욕, 젊음,<br>새로움, 발전, 재생 |
| 남동<br>(巽) | 장녀 | 쓸개, 식도,<br>왼쪽 손과 팔 | 초록, 검정,<br>오렌지색,<br>베이지색 | 연애, 신용, 결혼, 성장,<br>상거래, 왕래, 여행, 대인<br>관계, 출입, 무역회사 |
| 남<br>(離) | 차녀 | 심장, 방광,<br>뇌(머리) | 초록, 적색,<br>베이지색 | 문명, 학문, 지혜, 정열,<br>교양, 아름다움, 승진,<br>예술, 인기 |
| 남서<br>(坤) | 모친, 아내,<br>주부 | 위, 복부 | 적색, 황색,<br>회색 | 모성, 가정, 부동산,<br>절약, 생육, 대지, 농토,<br>골프장, 많다, 크다 |
| 서<br>(兌) | 삼녀이하<br>(막내딸) | 폐, 치아, 입안 | 황색, 분홍,<br>황금색 | 금전운, 돈, 상업성,<br>장사, 취미, 은행, 오락,<br>불륜, 희열, 색정, 결혼 |
| 북서<br>(乾) | 아버지, 남편,<br>가장 | 척추, 머리,<br>대장 | 베이지색, 황<br>색, 황금색 | 직장상사, 존귀함, 고귀한<br>인물, 권위, 금전운, 존경,<br>神, 사장실, 금전적 후원,<br>대기업, 공무원 |

# ✦ 3. 집의 구조 및 방위별 배치

## 가. 길상(吉相)인 집

1) 남향집의 북서쪽에 안방이 있으면 길하다.

2) 집터를 보았을 때 정면의 폭보다 안쪽이 길면 길하다(속 깊은 집).

3) 집을 지을 때 방의 수나 기둥의 수는 홀수라야 좋다.

4) 집의 뒤쪽에 출입구가 있으면 길하다.

5) 집의 앞쪽에 출입구를 낼 경우는 대문에서 현관 출입문과 일직선이 되지 않도록 하여, 대문에서 현관문을 통해 응접실이 직접 보이지 않도록 하며, 남향집인 경우 동향 또는 서향 출입문이 되도록 한다.

6) 집의 모양이 ㄱ자, ㄴ자, ㅁ자형은 매우 길상이며, 日자, 月자, 吉자 형도 좋은 相으로 본다.

## 나. 흉상(凶相)인 집

1) 집안의 방문은 큰데 방이 작으면 기운이 쇠퇴하고 흉하다.

2) 문짝이 문틀과 맞지 않으면 가정불화가 계속된다.

3) 집과 담 사이가 너무 가까우면 흉하다.

4) 실내장식이 지나치게 많고 화려하면 병환이 오고 실패를 한다.

5) 부모형제가 같은 택지 내에 별개의 집을 짓고 살면 가문이 망한다.

6) 주변보다 우뚝 솟아있는 곳에 집을 지으면, 건강과 재물이 손실된다.

7) 집의 모양이 공(工)자, 시(尸)자, 망(亡)자, 인(囚)자, 곤(困)자 모양의 집은 매우 흉하다.

## 다. 아파트의 풍수적 길흉

1) 배산임수, 전저후고의 지형에 지은 주거단지면 좋다.

2) 산으로부터 용맥의 기운을 받는 지역에 위치한 주거단지면 좋다.

3) 계곡의 중심부나 수맥이 흐르는 곳에 지은 집은 흉하다.

4) 가급적 일조건, 조망권 등을 갖춘 남향집 아파트면 좋다.

5) 본인이 거주하는 아파트를 중심으로 전(주작), 후(현무), 좌(청룡), 우(백호)로 다른 동들이 사신사(四神砂)처럼 보호(保護砂)해주는 가운데 부분에 위치한 동이 좋다.

6) 현관 출입문은 본인의 본명성과 맞는 사택(동사택, 서사택)에 부합되는 동호수가 좋다.

7) 현관문이 침실문과 일직선이면 흉하다.

8) 침실이 주방과 접해 있으면 흉하다.

9) 현관문에서 곧바로 화장실이 보이는 집은 흉하다(건강, 재물 손상).

### 라. 방위별 가족구성원 공간 배치

1) 주택풍수에서 집 내부 방위별 가족구성원의 공간 배치는 8괘 방위들이 각각 지닌 상징의미와 주관하는 범위에 의해 결정된다.

2) 방수가 한정되어 있고 이미 가옥 구조가 결정되어서 방위를 바꾸기 어렵다면 인테리어풍수법으로 보완하면 어느 정도 보완이 가능하다.

| 巽(남동) 장녀 | 離(남) 중녀 | 坤(남서) 어머니 |
|---|---|---|
| 震(동) 장남 | 中宮 응접실 | 兌(서) 삼녀 |
| 艮(북동) 삼남 | 坎(북) 중남 | 乾(북서) 아버지 |

## ✦ 4. 좋은 상가 얻는 법

### 가. 가로(街路)의 조건과 위치 선정

1) 조종산의 지기(地氣)와 양기(陽氣)가 유입되는 곳을 찾는다.

2) 건물의 좌향은 지맥에 순행해야 한다.

3) 도로의 폭과 종류, 구조 등을 잘 살펴야 한다.

4) 점포 앞 도로 쪽에 여유 공간이 있으면 길하다.

5) 교통편의성, 즉 지하철, 대중교통 등의 접근 편리성을 본다.

6) 일조량이 좋고 점포 앞으로 통행인이 많으면 좋다.

7) 자기 사옥에 입주한 점포가 신뢰성이 높다.

8) 공공건물이나 랜드마크건물이 이웃에 있으면 인지도가 높다.

9) 한 면 이상이 도로와 접한 곳이 좋으며, 도로에 접한 쪽에 출입구를 낸다.

10) 같은 업종의 점포들이 함께 모여 있으면 길하다(업종의 집중성(集中性)).

11) 점포 건물의 형태와 외관이 안정감 있고 매끈해야 길하다.

12) 매장 복도는 기가 통하는 통로이므로 넓고 훤해 보여야 길하다.

13) 출입문이 약간 작고 점포가 크면 길한데, 자동문은 해롭다(회전문은 길하다).

14) 점포 내, 외의 인테리어도 풍수상 고려해서 하는 것이 좋다.

15) 업종별로 그 업종에 좋은 방위를 선택하여야 한다(팔괘 방위).

16) 같은 상가 내에서도 업종별로 오행의 상생상극 원리에 의해 해당 업종에 적합한 방위를 선택하여 위치를 선정해야 된다.

17) 상가는 직사각형 형태가 좋으며, 도로에 접한 출입문의 면보다 안쪽이 길어야 장사가 잘된다(속 깊은 집).

18) 점포상가에 대한 구성도를 작성한 후 평면도에 대입해서 공간의 길흉을 판단한다.

19) 구성도와 양택삼요에 따라 판단된 공간 중 공통적으로 길한 공간 혹은 흉한 공간이 제대로 활용되는가를 판단한다.

20) 점포의 외부와 내부 환경이 풍수적으로 흉할 경우, 비보(裨補)하여 기가 좋은 환경으로 바꾼 후 개점하는 것이 좋다.

21) 점포, 상가의 길흉 판단 시 풍수사의 느낌이나 감(感)도 중요한 판단 요소이다.

## 나. 위치별 궁합에 맞는 업종

1) 동쪽 : 청과상, 음향기기점, 가전제품, 조경업, 가구점, 신경외과
2) 서쪽 : 금속업, 다방, 음식점, 레코드업, CD(테이프), 목욕탕, 치과
3) 북쪽 : 수산물, 주류업, 비뇨기과
4) 남쪽 : 출판인쇄업, 화장품업, 양복점, 장신구, 조명기구점, 안과
5) 북동쪽 : 등산용품, 창고, 중개업소, 보험회사, 숙박업, 정형외과
6) 남동쪽 : 예식장, 여행사, 목제품, 지물포

7) 남서쪽 : 쌀집, 지물포, 보육원, 산부인과

8) 북서쪽 : 귀금속, 시계방, 자동차전시장, 철물점, 피부과, 정형외과


* 위치별 궁합에 맞는 업종선정은 팔괘 방위를 기준하면 된다.


## ✦ 5. 주택의 각 부분별 풍수적 길흉

### 가. 주택의 부분별 길흉(吉凶) 판단 및 행운방위

#### 1) 대문은 집의 얼굴이자 집 자체의 품격이다.

대문은 한 집의 얼굴이자 집 자체의 품격이며, 그 집 주인의 신분을 나타낸다. 대문은 집과 외부를 구분하고 연결시키는 통로이며 기(氣)가 들어오고 빠져 나가는 중요한 부분이다.

* 대문이 동쪽에 있으면 부귀영화를 누리고 발전한다.

* 대문이 남쪽에 있으면 자손 대대로 번창한다.

* 남향집에 동쪽 대문은 크게 번창한다.

* 대문이 변소와 마주보면 흉하다(밖에 있는 재래식 화장실).

* 대문과 현관문이 일직선으로 마주보면 흉하다.

* 대문 기둥이 비뚤어져 있으면 흉하다.

* 대문이 앞집과 마주보는 위치에 있으면 두 집 중 한집은 패가망신하고 불길하다.

* 대문이 북쪽에 있으면 질병에 걸릴 우려가 크고 실패가 많아서 기운이 쇠퇴한다.

* 대문이 북서쪽에 있으면 무병장수하고 행운을 누린다.

* 대문이 鬼門方(북동쪽, 남서쪽)에 있으면 변화가 많고 길흉이 교차한다.

* 대문이 서쪽이면 여자가 가정을 주도하며, 아들을 얻기 어렵다.

* 대문에 수로(水路)를 내면 불상사가 많이 생긴다.

* 대문이 흘러가는 쪽의 시냇물, 성문, 절, 교회 등의 대문과 직접 마주보면 흉하다(虎口殺).

## 2) 창고는 주택보다 작게 지어야 좋다.

* 같은 대지 위에 창고와 주택을 지을 경우 주택보다 작게 지어야 하며, 풍수학상의 사신사(四神砂)를 고려하여 배치한다.
* 창고가 주택의 서쪽에 위치하면 흉하다.
* 창고위에 주거 공간을 설치하면 흉하다.
* 창고의 지붕은 동서(東西)로 경사지고 들보가 남북(南北)으로 이어진 형태가 길상이며 복록을 누린다.
* 창고가 주택보다 크면 가문이 번창하지 못하고 외부의 간섭과 영향으로 점차 쇠퇴하고 망한다.

## 3) 지하실 만들 때 주의 사항

* 이미 살던 집에 지하실을 새로 만들면 흉하다.
* 지하실이 주택에 비해 너무 넓고 깊으면 가운이 쇠퇴하고 가족들이 흩어지는 기운을 불러온다.
* 지하실이 주택의 북서쪽이나 북쪽에만 있으면 흉하다.

## 4) 천장의 높이가 적당해야 심신이 쾌적하다.

* 천장은 성인 눈높이로부터 약 15도~20도 사이에 머무는 것이 마음이 가장 편안하고 좋다.
* 천장이 방의 규모에 비해 너무 낮으면 성격이 소심해진다.
* 천장이 방위 규모에 비해 지나치게 높으면, 심리적으로 불안정하고 과욕과 허세를 부리며 망상에 빠지게 한다.

## 5) 방의 크기는 사람의 성격에 영향을 미친다.

* 정신적으로 안정이 안 되는 사람, 주의력이 산만한 사람은 다소 작은 방에 지내야 심리적 안정감, 인내력이 길러지고 정신집중이 잘되어 학습효과도 좋아진다.
* 내성적이고 소심한 사람은 다소 넓은 방을 쓰게 하여, 활달하고 솔직한 성격, 대담한 성격으로 바꿔준다.
* 방의 크기나 규모 장식은 너무 화려하거나, 너무 초라하거나 흉하게 하면 좋지

않다. 포근하게 감싸주고 편안함을 느껴지게 하는 방이 좋은 氣를 발생시켜서 좋다.

### 6) 가족의 건강을 지키는 부엌의 방위

* 부엌은 풍수지리에서 양택삼요(대문, 안방, 부엌)에 해당되는 매우 중요한 주택의 삼요소 중 하나이다.

* 부엌은 火가 왕성하므로 火를 생하는 木방향이 좋으며, 어느 곳에 위치하든 냄새를 배출하는 환기가 잘되는 구조여야 한다.

* 부엌이 동쪽에 있으면 길하고 가족들에게 좋다.

* 부엌이 서쪽에 있으면 흉하다.

* 부엌이 남쪽에 있으면 급변과 재난이 따른다.

* 부엌이 북쪽에 있으면 부인과 질환, 특히 냉병을 앓고 가족 건강에도 나쁘다.

* 부엌이 남동쪽에 있으면 부귀영화를 누리고 집안이 번창한다.

* 부엌이 남서쪽에 있으면 가족이 병약하고 의외의 환자가 생기고 재물의 손실이 따른다.

* 부엌이 북동쪽에 있으면 가족 중 우울증 환자가 생기고 재물의 손실이 따른다.

* 부엌이 중앙에 있으면 매우 흉하며, 심각한 재난이나 중병에 걸려 신음한다.

* 부엌이 북서쪽에 있으면 모든 일에서 능률이 오르지 않고, 사회적으로 출세하기 어렵다.

* 부엌에 물건을 들이거나 수리할 때는 甲辰, 甲午, 戊辰, 戊戌, 乙丑, 乙未, 己未, 己丑, 乙酉일이 좋다.


### 7) 욕실은 배수와 환기가 필수

* 좋은 욕실이 되기 위해서는 배수가 잘 되어야 한다.

* 욕실은 통풍과 환기가 잘 되어야 한다.

* 욕실에 좋은 방위는 ① 북동에서 동 사이, ② 남동에서 남 사이, ③ 북서에서 서 사이, ④ 북에서 북서방위 네 곳이 길한 방위다.

* 목욕탕이 "북동에서 동" 사이에 있으면 길하고 활력을 샘솟게 한다.

* 목욕탕이 남쪽에 있으면 안과 질환과 심장병이 생기고 부모나 손윗사람에게 근심이 생긴다.

* 목욕탕이 서쪽에 있으면 반흉반길이지만, 복잡한 이성관계로 구설이 발생한다.

* 목욕탕이 북쪽에 있으면 가장 흉하며 자손에게 영향이 있고 정신이상자가 생기며 부부불화가 생긴다.

* 목욕탕이 "남동에서 남" 사이에 있으면 가정에 상서로운 기운이 가득해지고 매사에 부귀영화가 따른다.

* 목욕탕이 남서쪽에 있으면, 아내(여자)에게 흉하고 위장병이나 고혈압 등의 질환을 유발한다.

* 목욕탕이 북동쪽에 있으면 자손에게 나쁘고, 습진이나 수족관련 불치병으로 고생하며 정신이상자가 생긴다.

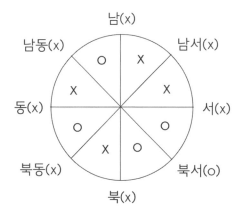

## 8) 화장실 방위

① 북동에서 동 사이, ② 동에서 남동 사이,

③ 남동에서 남 사이, ④ 남서에서 서 사이,

⑤ 서에서 북서 사이, ⑥ 북서에서 북 사이

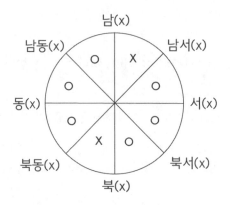

```
            남(x)
  남동(x)            남서(x)
       O      X
     O              O
동(x)  ─────────────── 서(x)
     O              
       X      O
  북동(x)            북서(x)
            북(x)
```

### 9) 사람과 대기의 이동통로 계단

* 계단이 집의 중앙에 있으면 여자(아내, 어머니)에게 우환이 따르고 집안이 화합이 안 된다.

* 계단이 집의 서쪽에 있으면 구설수와 소송, 불협화음이 잇따른다.

* 계단이 집의 북서쪽에 있으면 가장이나 남편, 아버지에게 변고가 생기고 특히 두통으로 고생하게 된다.

* 집의 외부에 있는 계단은 계단 위에 케노피를 얹어야 길상이다.

* 계단은 동쪽에서부터 시작하여 서쪽으로 오르도록 되어 있으면 길하다.

* 계단은 남쪽에서부터 북쪽으로 오르도록 되어 있으면 길하다.


## ✦ 6. 아파트 인테리어풍수

### 가. 현관 꾸미기

* 현관문은 안으로 미는 문이 이상적이다(집안의 氣가 새나가는 것 방지).

- 집안의 기는 현관문을 통해 들락날락 한다.

- 밖으로 여는 문은 중문이나 칸막이로 비보(裨補)하면 좋다.

* 현관 정면에 큰 거울(전신거울)은 흉하다.

- 현관 좌우에 상반신만 보이는 거울이면 괜찮다. 거울은 반드시 테두리가 있는 것을 설치하여야 氣의 분산을 막을 수 있다.

* 신발은 당장 신는 1~2켤레만 내놓고 나머지는 모두 신발 속에 넣어둔다.

* 현관 앞에 신발은 항상 가지런하게 정리정돈 해둔다.

- 이때 신발의 코(머리)는 집안 쪽을 행하게 둔다(현관문 쪽으로 두면 역마살을 불러온다).

## 나. 침실과 안방 꾸미기

* 인간은 삶의 1/3을 잠을 자므로 침실이 건강유지에 매우 중요하다.

- 잠은 하루의 피로를 풀고, 다음날 활동을 위한 재충전 시간이다.

* 안방은 응접실이나 서재보다 약간 어두워도 좋다.

* 침대머리는 동쪽(富貴), 남쪽(長壽)이 좋으나, 방위 구조상 불가능할 때는 출입문과 대각선 방위 창문 쪽에 배치한다.

- 서쪽 : 가난해진다.

- 북쪽 : 명이 짧아진다.

* 침대는 문과 일직선(門沖方位)은 나쁘고 대각선 방위가 좋다.

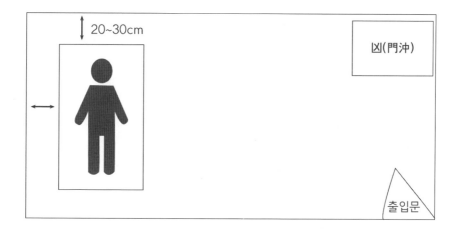

- 출입문과 일직선 방위는 문충방위(門衝殺)라 하여, 풍수에서 매우 꺼리는 방위이며, 출입문을 여닫을 때, 기(氣)의 변화가 급격하여 건강문제(감기, 혈압의 급격한 변

화, 뇌졸증 등)가 발생할 수 있다.


　* 수맥이 흐르는 방위는 피해서 배치한다.
　- 裨補 : 동판 또는 은박지를 깔아서 수맥파 방지
　* 가전제품은 가급적 안방에 두지 말며, 부득이 두는 경우는 절대 머리 부근에 두면 안된다(발쪽에 둔다).
　* 침대높이는 너무 높지(30~60cm)않게 한다.
　* 침대 배치 시 벽에 붙이지 말고, 머리 쪽 및 측면 모두 20~30cm 띄어서 배치한다(氣順換).
　* 침대색상 : 연한 베이지색, 아이보리, 분홍 또는 약간 붉은 계통 등이 좋으며, 바닥은 황토색이 무난하다.

## 다. 부엌 꾸미기

* 부엌은 五行으로 火에 해당된다.
* 부엌의 위치는 서쪽이 제일 흉하다(음식 변질우려).
* 주방(火), 서쪽(金) → 火克金(자외선에 의한 음식부패가 빨라진다).
- 서쪽 주방 비보 : 블라인드, 커튼 등으로 햇볕을 차단한다.
* 주방의 위치는 동쪽이 제일 좋다.
* 남쪽에 설치시에는 반드시 블라인드, 커튼 등으로 한낮의 햇볕차단이 필요(자외선에 의한 음식변질 방지)하다.
* 주방의 전자 기기는 벽과 공간을 두고 띄어서 설치해야 한다.
* 냉장고와 전자레인지는 거리를 두고 설치해야 한다(상호 에너지손실 최소화).
* 현관문과 직선으로 안방, 주방이 보이면 나쁘다.

## 라. 거실 꾸미기

* 거실은 집안의 중앙부근에 둔다.
* 남향집인 경우,
- 제1안 : 소파는 서쪽에 두고 동쪽에 TV를 두고 보는 것이 좋다.
- 제2안 : 소파는 북쪽에 두고 남쪽에 TV를 두고 보는 것이 차선이다.

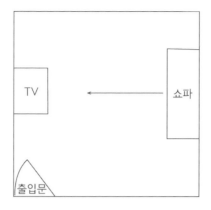

(제1안) : 서쪽에 소파, 동쪽에 TV

(제2안) : 북쪽에 소파, 남쪽에 TV

* 고가구는 밝은 쪽에 둔다.

* 양탄자는 풍수적으로 흉하다(濁氣를 머금다. 즉, 먼지, 진드기 등).

- 특히 임산부, 어린이, 아토피 환자 등에게 매우 나쁘다.

* 실내에는 가장보다 키가 큰 나무는 매우 흉하다.

* TV, 전화기는 동쪽(전화기=소식, 木=바람, 소식)에 둔다.

* 분재나 또는 꼬여서 크는 나무는 집에 두지 않는다(苦痛의 氣가 내포되어 있다).

## 마. 자녀방 꾸미기

* 침대 방위는 동쪽, 남쪽이 좋다.
* 동쪽이나 남쪽 방위가 어려우면 출입문과 대각선 방위의 창문쪽으로 배치한다.

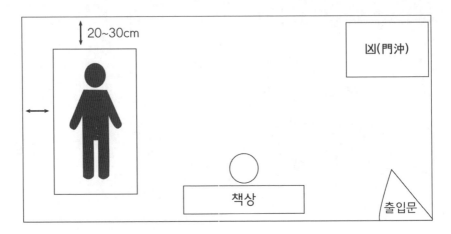

* 위 두 가지가 모두 불가하면 침대를 치우고 방바닥에서 동 또는 남쪽으로 자야 한다.
* 책상 방위는 문창 방위(文昌方位=출입문이 나있는 벽)로 배치한다.
* 문창 방위(文昌方位)가 어려우면, 출입문과 대각선 방위의 벽쪽으로 책상을 두고 출입문을 옆으로 보는 방위가 차선책이다.
* 공부방의 크기는 최대 5평 이내로 한다(너무 크면 기가 분산된다).
* 환기를 자주 시키고, 청소를 자주하여 청결을 유지한다.
* 컴퓨터는 거실에 두고, 방에서는 공부에만 전념하는 분위기로 만든다.

## 바. 화장실 꾸미기

* 화장실 방위는 서쪽이 무난하다.
* 현관문과 화장실문이 일직선에 위치하면 매우 흉하다(가족 질병유발).
- 현관문에서 화장실문이 바로 보이면 흉하다.
* 화장실이 집 중앙에 위치하면 흉하다(질병유발).
* 화장실 문은 항상 닫아 놓는다.
* 변기 뚜껑은 항상 닫아 놓으며, 용변 후 물을 내릴 때도 뚜껑을 닫고 내린다(오염 물질 공기 중 분산 방지).

* 화장실 조명은 항상 밝게 하며, 전구색은 흰색이 좋다.

* 화장실 거울은 상체만 볼 수 있는 크기면 좋다(대형 전신거울은 흉).

* 넓은 화장실에는 습기에 강하고 잎은 푸르고 꽃은 빨간색 계통의 작은 화분을 비치해 두면 좋다(습기제거 및 편안한 분위기 조성).

* 화장실 욕조에 물을 받아 놓지 말아야 한다(음기가 강해진다).

## 사. 서재 꾸미기

* 서재는 대체로 서쪽이 좋다(차분함과 안정감).

* 책상의 배치는 문창 방위(門昌方位), 출입문과 대각선 방위가 좋다.

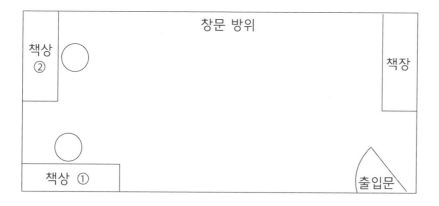

* 서재의 조명은 밝고 환하게 한다.

* 서재에서 절대로 잠을 자서는 안 된다(서재를 침실로 활용하면 건강이 나빠진다).

- 책장 위의 먼지, 인쇄물의 화학약품 냄새, 독소 등은 건강을 해칠 수 있다.

* 아이들 공부방에는 가급적 컴퓨터를 두지 말고, 부득이 둘 때는 창문 쪽에 20~30cm 간격을 띄어서 배치하여 전자파를 밖으로 배출시킨다.

# ✦ 7. 정원수와 주택의 길흉

## 가. 정원에 심어진 나무에 따른 주택의 길흉

* 대문 앞에 큰 나무는 집안에 불길한 일이 발생하고 그 집의 운세를 막히게 한다. 대문 앞에 큰 나무는 한자의 閑(한가할 한)으로 가난해진다.

* 마루나 현관 앞에 큰 나무를 심으면 흉하다. 마루나 현관 앞의 큰 나무는 한자의 困(곤란할 곤)으로 곤란하고 어려운 일이 발생한다. 즉 마당 가운데 큰 나무가 있으면 흉하다.

* 키가 큰 나무를 정원에 많이 심으면 흉하다.

* 서로 상극되는 나무를 심으면 흉하다.

* 집안에서 오래된 큰 나무(古木)를 자를 때는 조심해야 한다(나무속에 유해가스조심).

## 나. 방위별 좋은 정원수

* 동쪽 : 벚나무, 소나무, 매화나무, 버드나무, 복숭아나무, 은행나무
* 서쪽 : 소나무, 떡갈나무, 느릅나무, 대추나무, 석류나무
* 남쪽 : 소나무, 오동나무, 키가 작은 과목류
* 북쪽 : 키가 큰 거목, 매화나무
* 4방위 : 사철나무, 감나무, 대추나무, 장미, 대나무, 라일락, 향나무

# ✦ 8. 우물, 연못, 수영장의 방위

## 가. 우물의 방위

옛날에는 식수를 이용하기 위해서 각자 집의 택지 안에 우물을 두었다. 하지만 문명의 발달로 지금은 수도를 사용하므로 우물로 식수를 하는 집은 거의 없다.

우물이 있는 자리는 수맥이 지나가거나 용을 호종(護從)하면서 따라온 물이 합수(合水)하는 지점이다.

* 우물이 집 뒤에 있으면 흉하다.

* 집 정면이나 마당 한가운데는 흉하다.

* 집 앞쪽에 있되 좌우측으로 약간 비껴서 측면에 있는 것이 좋다.

## 나. 연못이나 수영장 방위

* 뜰의 중앙에 연못이나 수영장을 만들면 대흉하고 가장의 사업이 안 되고 횡액을 당한다.

* 남동 방위가 무난하다.

* 집안에 연못이 있을 때는 담장이 낮아야 생기를 북돋아 좋다.

* 연못 근처에 대나무가 있어 물에 비춰 보이면 어린아이가 익사하고 술로 인한 병자가 생긴다.

* 집 현관문의 오른쪽에 연못이 있으면 주인이 바람을 피우고 부부 사이가 나빠진다.

* 집 현관문의 왼쪽에 연못이 있으면 재산 걱정이 없고, 가족 중에 높은 사람이 나온다.

* 집 현관문 앞에서 약간 떨어진 곳에 둥근 모양의 연못이 있으면 길하며 주택운을 상승시킨다.

* 연못이나 수영장이 삼각형이면 가정불화, 매사시비 다툼, 송사가 많아져서 불길하다.

## ✦ 9. 거실 인테리어풍수

거실은 현관문을 통해서 집안으로 들어온 외부기가 집안 내부의 기와 합쳐지는 곳이다. 자연 본래의 기가 집안사람들이 살기에 알맞은 기로 환원하기 위해서는 시간과 공간이 필요한데, 거실이 그 역할을 한다.

* 정사각 또는 직사각 형태가 좋으며, 지나치게 한쪽이 길거나 모난 형태는 좋지 않다.

* 거실이 좁다고 발코니까지 확장할 경우 외기와 내기의 완충공간이 없어져서 좋지 않다.

* 거실을 중심으로 방이나 주방 등 각 시설물들을 동사택과 서사택으로 나누어서 방위별로 배치하면 풍수이론상 길하다.

* 거실은 사람위주가 되어야지 가구나 장식품 위주가 되어서는 안 된다.

* TV 등 가전제품은 너무 많지 않고 크지 않아야 좋다.

* 화분이 지나치게 커서 천장에 닿거나 잎이 무성하여 벽 전체를 덮어버리면 매우 흉하다.

* 화분은 가급적 잎이 넓고 부드러운 느낌의 활엽수목이 좋으며, 가시가 많거나 잎이 뾰족한 것은 거실의 기운을 사납게 하므로 좋지 않다.

* 현관에서 들어올 때 정면에 대형거울을 배치하는 것은 외부에서 들어오는 복을 내쫓는 형국이라서 좋지 않다.

* 거실 창문쪽에는 커튼을 설치하여 강한 햇볕이나 추운 날씨에 외기가 직접 실내로 오지 않도록 차단기능으로 활용한다.

* 거실에 스탠드를 1~2개 설치하여 야간에 분위기를 밝게 하면, 가족의 대외적 활동을 도와주는 기운을 불러온다.

* 거실은 온가족이 모여 소통과 화합하는 장소이므로 온화하고 단순하게 꾸미어야 좋다. 복잡하게 꾸미면 사납고 거친 기운을 불러들여서 사소한 일로 가족 간에 다툼을 불러온다.


# ✦ 10. 침실 인테리어풍수

## 가. 일반적으로 침대는 출입문의 대각선 방향에 배치하고 침대머리는 창문 쪽에 두는 것이 무난하다.

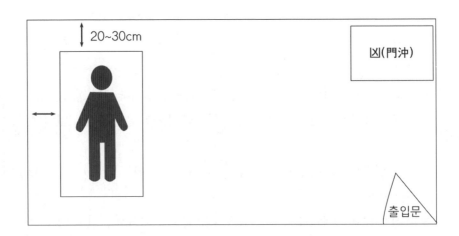

* 결혼 후 양가 부모와 같은 집에 사는 경우는 동쪽에 젊은 부부, 서쪽에 부모가 사는 것이 좋다.

## 나. 띠별 재물을 부르는 침실 분위기 조성

* 쥐띠생은 부드럽고 약간 어둡게 분위기를 조성하라
* 소띠생은 보통 밝기로 조명을 갖추어라
* 호랑이띠생은 아주 부드럽고 보들보들한 침구를 갖추어라
* 토끼띠생은 약간 부드럽고 보들보들한 침구를 갖추어라
* 용띠생은 보통으로 분위기를 맞추어라
* 뱀띠생은 약간 밝게 분위기를 만들어라
* 말띠생은 상당히 밝게 분위기를 만들어라
* 양띠생은 매우 밝은 분위기를 만들어라
* 원숭이띠생은 매우 강렬한 색상으로 갖추어라
* 닭띠생은 색상을 강하게 하여 색조를 맞추어라
* 개띠생은 강약을 조화하여 분위기를 갖추어라
* 돼지띠생은 무게 있는 색상으로 분위기를 잡아라

## ✦ 11. 건강을 지키는 인테리어풍수

1) 고층 아파트에서 지자기(地磁氣)를 덜 받게 되면 정신적으로 우울, 권태감, 피로감을 자주 느낀다.

2) 사람들의 신체에 이로움을 느끼는 지자기(地磁氣)는 아파트 3층(0.5가우스)까지이며 4층부터는 절반(0.25가우스)으로 줄어든다(지상에서 15~20m. 나무가 자라는 높이)

3) 과거 아궁이에 불을 때서 구들장과 흙으로 된 방을 데워서 주거공간으로 이용했던 온돌양식은 원기회복과 스트레스 해소에 최고의 방식이다.

4) 층진 부엌이나 방안의 선반은 흉하다.

5) 방안의 구석구석에 쓰지 않는 가구를 놔둬서 먼지가 쌓이거나, 방안에 선반을 설치하여 잡동사니를 놓아 두는 것도 흉하다.

6) 아픈 곳도 없는데 기운이 없을 때

* 안방과 대문이 남쪽 방위에 있다면 부엌(주방)의 위치를 남서쪽으로 배정한다.

* 세탁기는 북서쪽, 에어컨은 동쪽으로 둔다.

* 거실방향은 남쪽으로 향하도록 해야 좋다.

* 쓰지 않는 가구는 이웃집에 주던가 재활용품으로 내놓는다(먼지와 곰팡이 유발).

* 방이나 거실 귀퉁이에 작은 스탠드나 화분을 두어 음기를 없애고 生氣를 보충한다.

* 건강의 세 가지 원칙은 첫째, 잘 먹고, 둘째, 잘 자고, 셋째, 배설을 잘하는 것이다.

* 우선 잘 먹기 위해서는 활기와 원기, 에너지원천이 있는 동쪽을 이용하고, 휴식이나 수면은 서쪽을 이용하는 것이 좋다.

* 화장실은 귀문방(鬼門方)을 피해서 배치해야 된다.

7) 산모가 유산이 잘 될 때는 본인의 체질도 문제지만 더 중요한 것은 안방의 침대방향 및 그 집의 기운(氣運) 문제다.

* 먼저 침대의 방향을 바꿔본다.

* 둘째, 방을 바꿔본다.

* 셋째, 다른 집으로 이사를 간다.


## ✦ 12. 성공하는 사무실 배치법

### 가. 사업 잘되는 건물(빌딩) 찾기

* 지기(地氣)가 잘 유입된 터에 지어진 건물이 좋다.

* 건물은 도로와 평행하게 서 있어야 좋다. 사회와 교류 및 세상의 신용을 얻는다.

* 건물과 부지(대지)는 건물이 부지에 사선(斜線)이 되지 않게 세워져야 좋다. 건물이 부지와 비스듬히 세워지면 주변으로부터 협조를 못 얻어 사업부진을 초래한다.

* 본건물의 1/3이내의 돌출부가 있어야 사업이 활동적으로 잘 된다. 약간의 돌출은 사람의 팔다리처럼 회사에 활동력을 불러 일으킨다.

* 건물의 숙박시설은 돌출부 또는 별관에 있어야 좋다. 돌출부나 별관에 있어야 직원이 편안하게 쉬고 활력이 넘친다.

* 별관은 본체와 연결되는 통로가 있어야 좋으며, 입구와 창문은 본체를 향하고 있는 벽쪽에 있어야 좋다. 본체 반대쪽에 별관의 출입문은 경영자와 사원 간 의견이 맞지 않아 사원의 이직율이 높다.

* 도로에 역행해서 건물을 세우면 매우 흉하다. 종업원이나 거래관계상 사기, 횡령, 배신자가 나타나며, 강도, 차량의 진입사고 등 발생 우려가 크다.

* 외국과 거래, 무역하거나 또는 영업하는 회사는 건물의 남동(巽方) 방위에 사무실을 얻는 것이 좋다. 남동방향은 팔괘의 巽方으로 바람이 드나들고, 거래, 교제를 활발하게 만드는 방위이다.

* 사무실로 피해야 되는 방위는 건물의 북동(간궁), 남서(곤궁), 정서쪽(태궁)방위다. 간궁, 곤궁은 귀문방(鬼門方)이고, 정서쪽(태궁)은 돈이 새나가는 방위이다.

## 나. 성공을 부르는 사무실 배치

* 풍수적으로 너무 변형이 심한 빌딩, 즉 삼각형에 가까운 모양은 바람직하지 않다.

* 건물의 출입구는 중심에서 볼 때 남동쪽에 있는 것이 대길(大吉)이다. 이어서 동쪽, 남쪽, 북서쪽, 북쪽 순으로 좋다.

* 서쪽은 금전의 출입이 많아서 파산하기 쉬우므로 피한다.

* 북동쪽과 남서쪽을 연결한 선은 사선(死線), 즉 귀문방(鬼門方)이라 해서 사고가 발생하기 쉬우므로 흉 방위다.

* 대표자의 사무실은 사무실 중심에서 볼 때 북서쪽(乾方)에 배치한다.

* 영업직은 남동쪽이나 서쪽이 좋다. 남동쪽(巽方)은 바람의 위치로 출입을 의미한다.

* 기획, 상품개발과 같은 창조적인 부문은 지적인 작용에 적합한 남쪽과 동쪽이 좋다.

* 총무부는 보조적인 위치의 남서쪽이나 북동쪽이 길 방위다.

* 경리는 돈을 의미하는 서쪽이 좋다.

* 컴퓨터, 시설관리 부서는 북서쪽, 동쪽, 남동쪽, 남쪽에 두는 것이 길하다.

* 응접실은 남서쪽, 회의실은 서쪽이 길 방위다.

* 사무실이나 영업소로 사용하는 넓은 공간이 있을 경우 영업의 주체를 태극(건물 중앙)에 두면 길하다.

* 주거를 동일건물에 두지 말고, 별도 건물에 두며, 회사는 시내에 두고 주거는 교외에 마련하는 것이 좋다.

* 태극(건물 중앙)에 주방, 계단, 통로, 엘리베이터, 창고, 화장실을 두면 매우 흉하다. 항상 영업이 불안하고 실적이 오르지 않는다.

* 태극(건물 중앙)에 화장실, 주방, 통로가 있으면 회사관리상 문제 발생 및 사원 간 불화 발생 우려가 크다.

* 큰 거래 시 사장이 태극방위에 앉되 남쪽이나 동쪽을 향해 앉아 교섭하면 유리하다.

## 다. 회사의 명운을 좌우하는 사장실 배치

* 건물의 중앙과 북서쪽은 대표자에게 최고의 吉地이다.

* 건물 중심에서 볼 때 북서쪽(乾方)에 위치하면 좋다.

* 건물 중심부인 태극에 위치하면 좋다.

 - 태극은 그 건물 전체의 운기를 지배하는 힘이 있고 집안의 번영, 영업의 성쇠, 경영자의 힘, 사원의 근무태도 등을 결정한다.

* 사장실의 책상위치도 사장실의 중심부를 기준하여 사무실의 태극이나 북서쪽에 배치하면 좋다.

 - 사장실 책상위치 선정도 건물에서 사무실 위치 선정 기준과 같다.

## 라. 사원들의 능력을 상승시키는 좌석 배치

| 巽方(남동)<br>영업 | 離方(남)<br>관리,<br>기획 | 坤方(남서)<br>인사, 총무,<br>비서 |
|---|---|---|
| 震方(동)<br>기획, 개발,<br>홍보,광고 | 中宮(중앙)<br>사장, 대표,<br>전무, 회의실 | 兌方(서쪽)<br>영업, 경리 |
| 艮方(북동)<br>경리, 총무,<br>개발, 부동산 | 坎方(북)<br>연구,<br>영업 | 乾方(북서)<br>사장실,<br>중역실 |

## 마. 방위별 좋은 업무분야

* 중앙과 북서쪽 : 대표자에게 최고의 방위
* 동쪽 : 아이디어 맨에게 최고의 방위
* 남동쪽 : 거래와 영업 분야에 최적의 방위
* 남쪽 : 지적인 업무를 관장하는데 최적의 방위
* 남서쪽, 북동쪽 : 사원들의 의욕을 감소시키는 흉 방위(鬼門方)

## 바. 각 방위별 사업에 미치는 영향

### 1) 남쪽 : 지혜와 선견지명에 관련된 방위

* 남쪽(離宮)은 문서, 관공서, 학문, 예술, 지식, 족적, 법률, 감정, 발명, 센스, 시대 감각, 문화, 이론, 연구, 총명 등의 대표적인 작용이 있다.
* 사무 처리에 종사하는 사람들에게 매우 중요한 방위다.
* 남쪽이 吉相이면 지혜가 있고 아름다움이 뛰어난다.
* 직업적으로는 공인회계사, 세무사, 법무사, 행정사, 변호사, 변리사, 부동산감정사, 경영컨설턴트, 저술(창작)업, 상업디자이너, 카메라기사, 의사, 학교, 세미나 관련업, 출판업, 인쇄업, 번역, 기계설계업, 건축설계, 예능프로덕션, 광고 디자이너, 시장조사업 등과 연관이 깊다.
* 남쪽 방위에는 음식점, 술집, 커피점 등 水氣가 있는 업종은 좋지 않다.

### 2) 남서쪽 : 영업력과 여자의 마음에 관련된 방위

* 출입구가 남서쪽(坤方)에 있는 것은 사업의 쇠퇴를 의미한다.
* 남서쪽 방위에 돌출입구를 가진 가게는 여성을 끌어당긴다. 부득이 남서향 토지에 건축하였을 경우 입구부분(남서쪽)을 1/3이내 범위에서 돌출시켜 길상으로 만들어야 한다.
* 남서쪽 방위는 여성과 관련 있는 직업, 숙박업 또는 대중적인 것을 취급하는 것이 좋다.

### 3) 서쪽 : 재물과 금전에 관련된 방위

* 서쪽은 금전수입이나 경제면을 지배하는 방위이다.

* 서쪽에 화장실, 움푹 들어간 부분, 쓰레기 수집장 등이 있으면 금전적 경영문제에 영향을 미친다. 지출이 늘어나고, 부채나 차용금 등을 떠안아 부도날 우려가 크다.

* 여종업원들 간 말다툼이 잦고 상하 간에 있어서도 불평불만이나 싸움이 끊이지 않는다.

* 서쪽이 흉상인 사업체는 여종업원과 불륜에 빠져 사업을 쇠퇴시킬 우려가 크다.

* 서쪽이 흉상이면 신체적으로 흉부질환, 신경쇠약, 구강질환, 치통, 빈혈증, 산부인과 질환, 성병 등을 많이 앓는다.

* 서쪽 방위는 탐식, 색정, 유흥, 등의 상의(象意)를 강하게 갖고 있는바, 바, 카바레, 스낵 등의 업종은 이 서쪽의 길흉에 따라서 그 가게의 번성여부가 나타난다.

### 4) 북서쪽 : 힘, 권위, 권력과 관련된 방위

* 북서쪽은 힘이나 권위, 권력과 관계된 모든 영향력을 미친다.

* 다른 방위에 다소 결함이 있어도 북서쪽의 건궁(乾宮)이 길상이면, 거래상 실패를 만회하거나 도산직전에 재기하는 행운을 얻는다.

* 반대로 북서쪽이 흉상이면 아무리 다른 방위가 다 좋아도 영업상 예상치 못한 어려움으로 사업을 뜻대로 펼 수가 없다.

* 남동쪽의 손궁(巽宮)과 북서쪽의 건궁(乾宮)의 가게는 주인이 바뀌어도 번영을 누리는 길방(吉方)이다.

* 특히 북서쪽의 건방(乾方)은 확실한 길상이라면 영속성 있는 번영을 누리는 최고의 방위이다.

### 5) 북쪽 : 아랫사람과 관련된 방위

* 북쪽은 감궁(坎宮)이며, 아랫사람과 인연이 있는 방위다.

* 관련 업종은 세탁소, 목욕탕, 호텔, 의원, 음식점, 생선가게, 청과물점, 정육점, 쌀가게, 술집, 약국, 가구점, 문방구, 보험대리점, 이미용실 및 물장사와 관련된 업종이 좋다.

* 북쪽에 출입구가 있을 경우는 약간 돌출해서 출입구를 만들면 좋다.

* 북쪽에 1/3이 범위 내 돌출이나 약간 높은 별관 건물이 있으면 길하다(북풍을

막아줌).

* 북쪽이 흉상인 가게는 신용을 잃어서 실패한다.

* 북쪽이 길상이면, 처음은 별로지만 시간이 지나면서 발전한다. 사람들의 입을 통해서 멀리 소문이 난다. 종업원들이 열심히 일하고 뜻밖의 원조와 후원을 받는다.

* 반대로 북쪽이 오목하게 들어가거나, 돌출 없는 출입구, 화장실 등으로 흉상이면 흉하다.

* 화장실, 욕실 등은 어느 방위에 있어도 흉상이므로 각궁의 정방위(궁의 중심)에 위치하는 것은 피하고 약간 비켜서 세운다.

* 북쪽 방위가 흉상이면 환자가 발생할 확률이 높다.


## 6) 북동쪽 : 욕망과 관련된 방위

* 북동쪽은 귀문방(鬼門方)으로 흉상일 경우 피해가 크게 나타난다.

* 북동쪽의 간궁(艮宮)이 오목하게 들어가거나 화장실, 큰 창문, 냉난방기, 정화시설, 엘리베이터 등이 있으면 흉하다. 사장은 주색에 빠지고, 가정문제, 친구문제 등으로 업무에 집중하지 못하게 된다. 부하직원은 제멋대로 행동하고 반항적인 태도로 나온다. 화재, 재해, 도난, 분실사고 등이 자주 발생한다.

* 살고 있는 집이라면, 건강을 나쁘게 하며, 관절, 척추, 허리, 코, 대장 등 질병에 걸리기 쉽다.

* 북동쪽의 간궁(艮宮)이 올록볼록 하지 않고 평평하게 막혀 있으며, 위의 흉한 시설이 없을 경우는 길상이 된다.

* 관련 업종은 부동산업, 관광안내업, 건축공사업, 백화점, 은행, 호텔, 세무사 등과 연관이 깊다.


## 7) 동쪽 : 창의력과 관련된 방위

* 동쪽 방위인 진궁(震宮)은 새로 사업을 시작하는 사람에게 좋은 방위다.

* 일의 시작을 의미하는 동쪽의 진궁은 젊은 종업원들의 신뢰와 능력이 중요하다.

* 동쪽에 약간의 돌출부, 창문, 낮은 별동건물이 있으면 길상이다. 젊은 종업원들의 창의력, 연구력, 애사심 등을 향상시켜주는 吉相이다.

* 동쪽은 원기, 정보, 신선함, 전기, 음악, 소리, 등의 상징적 의미를 가지고 있다.

* 신선함이 생명인 생선가게, 횟집, 과일가게, 정육점 등은 그 가게의 동쪽이 움푹 들어가거나, 쓰레기, 오물처리장, 화장실 등이 있으면 취급상품에 신선감이 떨어지고 장사가 안 된다.

* 관련 업종으로는 전자제품, 대리점, 레코드가게, 악기점, 오락실, 식물 조경업, 꽃꽂이 가게, 요리점, 양품점, 화장품점, 미용실 등이 있다.

## 8) 남동 : 신용과 대인관계에 관련된 방위

* 남동쪽은 8방위 중 사람과 돈을 끌어 모으는 최고의 방위다.

* 남동쪽은 어느 업종이든지 사회적 신용을 얻어 번영, 발전하는 방위이다.

* 남쪽의 손궁(巽宮)에 출입구를 두는 것은 손방(巽方)의 문(門)이라 해서 대단히 좋은 길상이다.

* 넓은 부지의 경우는 그 부분을 주차장으로 쓰는 등 공간을 비어두면 좋다.

* 좁은 부지의 경우는 돌출한 옆 앞면의 작은 빈터를 이용하여 화단을 꾸며서 외관을 아름답게 장식한다.

* 밀집한 번화가라서 인접건물과 간격이 없는 경우는 도로에 면한 입구에는 조금이라도 튀어 나오도록 돌출을 준다.

* 吉한 업종은 음식점, 찻집, 스낵, 식료품점 등이 있다.

* 남동쪽의 출입구는 손님이 고급 층은 아니지만 손님회전이 빠르고 매출도 많아서 사업이 번창한다.

# ✦ 13. 출세를 불러오는 행운의 책상 방위

## 가. 선거에 당선되고, 시험에 유리한 책상 방위

| 띠 | 천살 | 반안살 |
|---|---|---|
| 子 | 남서 | 북동 |
| 丑 | 남동 | 북서 |
| 寅 | 북동 | 남서 |
| 卯 | 북서 | 남동 |
| 辰 | 남서 | 북동 |
| 巳 | 남동 | 북서 |
| 午 | 북동 | 남서 |
| 未 | 북서 | 남동 |
| 申 | 남서 | 북동 |
| 酉 | 남동 | 북서 |
| 戌 | 북동 | 남서 |
| 亥 | 북서 | 남동 |

## 나. 선거사무실 이전 시 유리한 방위

선거사무실은 후보자의 생년기준으로 기존 사무실 기준 월살 방위에 잡는 것이 당선에 유리하다. 후보자의 집을 기준할 때는 반안살 방향이 유리하다.

| 출생년지(띠별) | 사무실 기준(월살 방위) | 집 기준(반안살 방위) |
|---|---|---|
| 巳, 酉, 丑 | 未방향(남서간) | 戌방향(북서간) |
| 寅, 午, 戌 | 辰방향(남동간) | 未방향(남서간) |
| 亥, 卯, 未 | 丑방향(북동간) | 辰방향(남동간) |
| 申, 子, 辰 | 戌방향(북서간) | 丑방향(북동간) |

## ✦ 14. 시험합격, 승진, 돈, 사랑을 부르는 풍수 비법

### 가. 시험합격, 승진운을 불러오는 풍수 비법

1) 대입수험생, 방송국, 광고회사 등의 입시준비생은 동쪽의 실내 환경을 밝게 하여 동쪽(木氣)의 운기(運氣)를 이용한다.

2) 연구원, 의사, 약사, 엔지니어, 건축설계사 등의 시험이나 그쪽 분야 회사 취업 준비 시에는 남쪽(火氣) 방위의 에너지를 이용한다(동쪽, 남쪽 방위에 창문 있는 방에 거주하면 좋다).

* 만약 동쪽에 창문이 없다면 동쪽 벽 쪽에 아름다운 동화가 그려진 액자나 달력을 걸어둔다.

* 만약 남쪽에 창문이 없다면 남쪽 벽 쪽에 스탠드를 대신 놓아둔다.

3) 원하는 대학에 가고 싶을 때는 방문이 바라보이는 위치에 수험생 책상을 둔다. 단, 1~2년 내의 단기간이어야 효과를 볼 수 있다. 2년이 넘어가면 정신적 피로가 누적되어 오히려 악영향을 끼친다.

4) 원하는 대학에 가고 싶을 때는 초등학생 때(4~6학년이 효과 좋다), 원하는 대학의 전경사진, 또는 그 대학 정문에 자신이 서있는 사진을 찍어 액자로 만들어 책상 위에 놓아둔다.

5) 원하는 회사에 들어가고 싶을 때는 자신이 있는 방에서 책상의 위치를 북서쪽이나 남동쪽에 오도록 한다.

6) 합격, 승진운을 좋게 하려면 화장대나 장식장, 낮은 책상을 서쪽에 두고 그 위에 밝고 명랑한 느낌이 드는 취미용품이나 생활용품을 깔끔하게 정돈해둔다. 그리고 옷장이나 수납장은 남쪽에 두면 승진운이 강해진다.

### 나. 금전운이 새나가지 않게 하는 풍수 비법

* 동쪽에 빨간색 옷이나 문구류
* 서쪽에 황금색 장식이나 노란색 꽃
* 북쪽에 장롱(집문서, 패물, 통장, 귀금속 등)
  - 인감도장, 통장, 귀금속, 패물 등은 녹색 천으로 싸서 보관해야 금전운이 밖으로

빠져 나가지 않는다.

| | | |
|---|---|---|
| | | |
| (동쪽)<br>빨간색 옷, 문<br>구류 | | (서쪽)<br>황금색 장식,<br>노란색 꽃 |
| | (북쪽)<br>장롱(인감도<br>장, 통장, 귀금<br>속, 패물) | |

## 다. 사랑하는 상대를 사로잡는 풍수 비법

### 1) 침실 문이 북쪽일 때

친필연애 편지가 짝사랑하는 상대를 사로잡는 비법이다. 내용은 水(강, 호수, 바다, 비 등)를 주제로 하면 성공 확률이 높다.

### 2) 침실 문이 남쪽일 때

방안에 어항을 들이거나 관엽식물을 화분에 담아 키운다. 침대는 북쪽으로 붙여놓고, 침대머리는 서쪽으로 배치한다.

### 3) 침실 문이 동쪽일 때

전화를 이용해서 사랑을 고백하는 것이 효과적이다. 이때 배경음악도 잔잔하게 깐다(동쪽은 소리, 음악, 활기, 원기, 스피드 유행의 의미도 있다. 밝고 명랑한 이미지를 심어주도록 한다).

### 4) 침실 문이 서쪽일 때

북동쪽에 TV를 놓고 먹음직스런 음식사진을 액자로 만들어 북쪽에 걸어 둔다(옷장은 남서쪽, 침대는 남동쪽에 두는 것이 사랑의 운세를 고조시킨다).

## 라. 삼각관계에서 사랑의 승리자가 되는 풍수 비법

* 욕실의 분위기를 분홍색 계열로 바꾼다.
* 욕조 타일이나 비누도 분홍색 계통으로 바꾼다.
* 욕조 주변에는 분홍색, 주황색 꽃으로 장식한다.
* 목욕가운은 흰색을 입는다.

## ✦ 15. 행운을 불러오는 풍수 비법

### 가. 돈을 벌어들이는 풍수 비법

* 서쪽을 노란색, 황금색으로 장식한다.
* 북쪽에 장롱(옷장)을 놓고 통장이나 귀금속류는 녹색 천으로 감싸서 놔둔다.
* 동쪽에 빨간색 의류나 문구류를 놓는다.
* 액세서리는 은색 계통을 선택한다.
* 가구는 둥글둥글한 느낌의 것을 선택한다.

### 나. 장사 잘 되는 가게로 만드는 풍수 비법

* 풍수적으로 지기(地氣)가 좋은 터에 위치한 상가(가게)를 찾는다.
* 유동인구가 많은 장소를 선정하고, 출입문은 사람통행이 많은 곳에 배치한다.
* 가게문은 지살, 역마살 방위로 문을 낸다.
* 鬼門方(북동쪽, 남서쪽)에 출입문은 반드시 피한다.
* 취급 품목별로 길 방위로 상품을 배치한다.

### 다. 합격과 승진을 불러오는 풍수 비법

* 집의 방향은 남동쪽이 좋다.
* 대문의 위치는 남쪽이 좋다.
* 방문의 방향은 남동쪽으로 향하게 한다.
* 전화기는 남쪽에 놓는다.

* TV는 남쪽에 두는 것이 좋다.
* 오디오는 남동쪽으로 놓는다.
* 서재의 위치는 동쪽에 둔다.

## 라. 선거를 유리하게 만드는 풍수 비법

* 기존 사무실 기준 : 월살 방위로 이사를 간다.
* 자기 집 기준 : 반안살 방위로 가서 사무실을 잡는다(처음 출마자).
* 선거사무실 책상배치(사무실 중심점 기준) : 천살 또는 반안살 방위에 둔다.

# 제9장. 생활 및 실용풍수

## ✦ 1. 福을 부르는 웰빙 생활풍수

웰빙 생활풍수의 기본원리는 세상만물마다 가지고 있는 기운을 조화롭게 배치해서 좋은 기운을 불러오는 것이다. 이는 풍수지리의 가장 기본이며 풍수지리가 추구하는 목표이기도 하다. 먼저 본인이 거주하고자 하는 집을 구입 시 신중하게 검토 후 매입하고, 현재 사는 집은 간단하게 배치구조만 바꾸는 것만으로도 집에 행운과 복을 불러올 수 있다.

### 1) 삼각형의 터에 집을 짓거나 집을 삼각형으로 지으면 매우 흉하다.

삼각형의 집터는 삼면으로 충하며, 삼각형 건물 또한 삼면으로 충해서 매우 흉하다.

### 2) 단독주택의 경우 대문정면 바로 앞에 전봇대 또는 큰 가로수가 있을 경우에는 좋지 않다.

전봇대로부터 오는 전자파, 큰 나무의 기운이 의해 그 집의 기를 뺏어 간다. 실제로 도로변 전봇대 높이에 있는 3층에 사는 주부는 밤에 잠을 자면 악몽을 꾸고 아침에 일어나도 개운치 않았는데 반대편 방으로 옮긴 뒤에는 좋아졌다. 이런 경우에는 비보 방안으로 대문에 풍경을 걸어 두어 악기(惡氣)가 집으로 들어오는 것을 막는다.

### 3) 막다른 골목 정면 및 과녁빼기에 위치한 집은 좋지 않다.

골목에서 들어오는 바람(골목풍)에 의한 쓰레기, 낙엽 등이 대문 앞에 몰리고, 집에 氣가 모이지 않고 흩어짐으로써 그 집에 사는 사람들의 건강이 나빠지고 재물(돈)이 흩어진다.

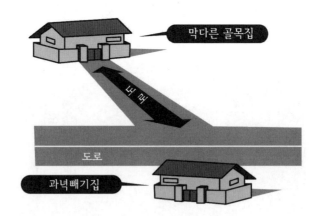

**4) 단독주택은 집 마당의 정중앙에 나무를 심으면 좋지 않으며, 집의 처마보다 키가 큰 나무를 두는 것도 좋지 않다.**

집 마당의 정중앙에 나무를 심으면 집안에 어렵고 곤란한 일이 생기며, 집의 처마보다 큰 나무는 그 집안에 사는 사람을 능압(凌壓)하고 기운을 빼앗아 가서 건강과 재물, 명예운을 나쁘게 한다.

또한 위의 경우처럼 단독주택의 경우, 대문 바로 앞에 큰 나무를 두면 집안의 재물과 명예가 달아나며, 대문에서 현관까지 진입로는 직선보다는 구부러지게 내는 것이 좋다.

**5) 집의 현관 정면(밖에서 대문열고 들어올 때)에 큰 거울을 배치하면 좋지 않다.**

집의 현관은 집안에 복이 들고 나는 곳이다. 문을 열었을 때 밖으로부터 들어오는 복을 내쫓는 이치와 같아서 좋지 않다.

꼭 큰 거울을 달고 싶으면 현관 좌우로 다는 것은 괜찮다. 신발장 내부에 부착하면 오히려 좋다(신발장 내부악취 배출효과).

### 6) 家長보다 키가 더 큰 화초는 좋지 않다.

가장보다 키가 더 큰 화분은 그 집에 거주하는 모든 사람을 능압하며 집의 기운을 빼앗아 가기 때문에 나쁘다. 또한 그 집에 사는 사람들의 승진운과 취업운을 막을뿐더러 그 집에 사는 사람들의 건강까지도 나쁘게 할 수 있다. 왜냐하면 식물은 살아 있는 사물이기 때문에 사람의 기운, 집의 기운까지도 모두 빼앗아 가기 때문이다.

### 7) 집안에 조화는 두지 않는 것이 좋다.

집안에 조화를 두면 나쁜 기운을 불러들여 가족의 건강을 해친다.

### 8) 거실의 소파는 가급적이면 천으로 된 소파를 둔다.

부드럽고 따스한 느낌의 천 소파는 가족을 더욱 화목하게 만들어준다. 당장 바꾸기 어려우면 천으로 만들어진 쿠션 등을 배치하는 것도 한 가지 방법이다. 천 다음으로 좋은 것은 가죽 소파이다. 소파의 틀이 쇠로 된 것은 사용하지 않는 것이 좋다.

### 9) 침실에는 풍경화나 정물화를 두는 것이 좋다.

침실에 어둡고 무거운 분위기의 추상화를 걸어두면 마음이 심각해지고 복이 들어오지 않는다. 부부 사진을 걸어두면 애정운이 상승한다. 가족사진은 침실에 걸지 말고 응접실에 걸어두라.

### 10) 침대와 화장대는 서로 마주보지 않게 배치한다.

침대가 화장대를 마주보면 부부 간 애정운이 나빠지며, 또한 숙면에도 방해된다.

## 11) 침대 머리는 창문 쪽으로 둔다.

물이 흐르는 화장실이나 주방은 사람의 에너지를 빼앗아 가는 곳이다. 그러므로 침대는 가급적 방문을 대각선으로 바라보도록 하고 머리가 창문 쪽을 보도록 배치하는 것이 이상적이다. 이것이 여의치 않을 경우 침대를 창문과 평행하게 두고 사이에 의자나 협탁을 두는 것이 좋다.

## 12) 화장실 변기는 항상 닫아둔다.

변기의 악취가 집안에 퍼지는 것을 방지하고 변기는 풍수에서 건강과 재물이므로 건강과 재물이 밖으로 새어나가는 것을 방지한다. 수세식변기에서 용변 후 물을 내릴 때도 변기 뚜껑을 닫아 변기의 악취가 집안에 퍼지는 것을 방지한다. 풍수적으로 건강운과 재물운이 새는 것을 막는다.

### 13) 현관 정면에서 화장실 문이 보이면 나쁘다.

현관에서 집안을 보았을 때 정면에 화장실이 보이면 복이 달아난다. 손님이 집에 들어서자마자 정면에 화장실이 보이면 그 집에 대한 이미지가 나빠진다. 또한 거주하는 사람들의 건강문제가 발생할 수 있다.

### 14) 냉장고와 전자레인지는 서로 멀리 떨어져 배치하는 것이 좋다.

냉장고와 전자레인지는 음양으로 가까이두면 서로 싸우는 형상이 되어 쓸데없는 지출이 많아진다.

## 15) 식칼은 보이지 않는 곳에 보관한다.

식칼을 보이는 곳에 두면 가족 간에 갈등이 생기고 인간관계가 나빠진다. 또한 자주 쓰지 않는 식칼은 칼집에 보관해야 돈이 모인다.

## 16) 거실에 스탠드를 배치한다.

소파 옆에 큰 스탠드를 두면 주변 사람들과 불화가 생기는 것을 막아준다. 또한 거실 창가에 큰 스탠드를 두면 사회 활동이나 건강에 좋은 영향을 준다.

## 17) 욕실에 작은 화분을 두는 것은 좋다.

욕실은 습기가 많은 곳으로 초록식물이나 붉은색 꽃이 피는 작은 화분을 두면 좋은 기운을 부를 수 있다.

## 18) 잠을 잘 때는 커튼을 닫는다.

잠을 자는 동안 커튼을 열어두면 애정운이 달아나고 숙면에도 나쁘다. 가급적 이중 커튼을 치는 것이 좋다.

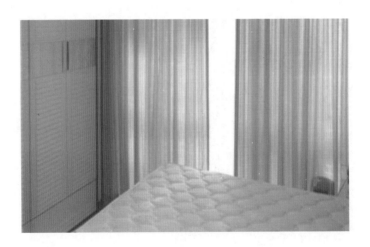

## 19) 큰 베개를 사용하는데 높이는 너무 높지 않는 것이 좋다.

큰 베개를 사용하면 승진운, 직업운이 좋아진다.

## 20) 책상은 방문 가까이에 두며, 방문의 좌우방향에 두는 것이 좋다.

책상은 방문과 가까운 곳에 두며, 방문을 등지지 않고 방문 좌우로 배치하는 것이
좋다. 만약 책상을 방문과 등지게 두면 심리적으로 불안감을 느껴 집중력이 떨어지며
자꾸 방문쪽에 신경이 쓰여 공부를 제대로 할 수 없다.

**21) 침실문과 침대머리가 정면으로 마주하지 않도록 배치한다.**

기의 흐름이 너무 빨라서 불면증, 뇌졸증을 유발한다.

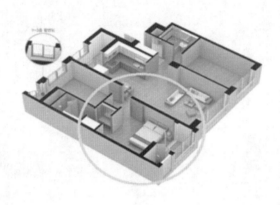

# ✦ 2. 유익한 실용풍수(實用風水)

**1) 택지는 가급적 하천이나 도로가 감싸는 안쪽 지역을 택한다(주택, 상가포함).**

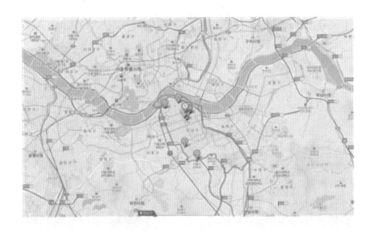

2) 뒤가 높고 앞이 낮은 전저후고(前底後高)의 지형이라야 좋다. 풍수의 원칙은
배산임수(背山臨水)이다.

3) 경사가 심한 도로가 있는 곳은 피한다.
경사가 심하면 물이 곧장 빠져나가서 기가 모이지 않아 재물이 모이지 않는다.

**4) 주변에 높은 건물사이의 작은 집은 좋지 않다. 건강과 재물이 손상된다.**

陽氣(햇볕)를 차단하고 능압(凌壓)을 받고 곡풍(谷風)이 분다.

**5) 단독주택의 마당은 재물을 관장하므로 직사각형이 좋다.**

삼각형으로 모난 부분은 담을 쌓거나 나무를 심어서 비보한다.

## 6) 쌍둥이 건물은 하나는 높고 하나는 낮게 주종관계가 분명해야 좋다.

똑같은 크기로 지으면 경쟁자와 다투거나, 인간관계 다툼을 유발한다.

## 7) 두 건물이 서로 등지는 형상은 매우 흉하다.

인간관계에 배신을 부른다. 아래 건물은 매천사(罵天砂)라 하여 하늘을 보고 서로 욕하는 형상이다.

8) 건물이 양팔을 벌려 고객을 맞듯이 전면이 오목한 건물은 길상이다.

9) 도로를 향해 배를 내민 건물은 고객을 거부하는 모습처럼 보여 흉하다.

10) 도로가 전면을 포진하면서 섬처럼 되어버린 건물은 氣의 유입이 약하다.

11) 상가는 한 면 이상이 도로에 접해있는 것이 좋으며, 도로에 접한 부분에 출입문을 낸다.

출입문은 사람이 많이 왕래하거나 머무는 쪽에 낸다.

12) 상가는 직사각형이 좋으며 도로에 접한 출입문의 면보다 안쪽이 깊어야 장사가 잘된다.

### 13) 한 가게에 두 개 이상의 출입문을 내면 좋지 않다.

기가 한 곳으로 모이지 않고 흩어지므로 서로 다투게 된다.

### 14) 출입문 쪽에 전봇대나 입간판 등의 장애물이 있으면 좋지 않다.

입간판은 옆으로 치우고 전봇대가 있으면 출입문에 풍경을 달아둔다.

**15) 상가나 가게의 입구는 전망이 트인 넓은 마당이나 광장쪽을 택하는 것이 손님 유치에 유리하다.**

건물은 음(陰), 마당은 양(陽)이다. 음양이 조화를 이루어야 돈이 들어온다.

**16) 공간에 비해 창이 너무 크면 좋지 않다.**

기가 안정되지 못하고 흩어진다.

**17) 음식점의 경우 천장이 지나치게 높거나 방이 너무 크고 화려하면 손님을 위축시켜서 좋지 못하다.**

손님을 초라하게 만들어서 다시 오고 싶지 않게 한다.

**18) 업종에 따라 중심이 되는 것을 吉(좋은 방위)에 배치한다.**

* 음식점 : 출입문, 계산대, 주방

* 옷가게 : 출입문, 계산대, 주요취급품목

* 부동산중개사 : 출입문, 사장자리, 상담용 탁자나 소파

19) 공장이나 회사는 좋은 자리에 핵심부서(사장실, 기획실, 마케팅, 생산기계 등)를 배치한다.

같은 대지 안에 사무실, 공장이 같이 있다면, 사무실(최고경영자, 기획실, 마케팅 등)을 먼저 좋은 자리에 배치한 뒤, 다음에 공장의 중요한 기계설비 순으로 좋은 자리를 배치한다.

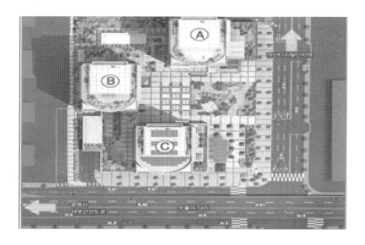

20) 창문 밖으로 고가도로, 송전탑, 터널, 기지국 등이 보이면 흉하다.

보이는 쪽을 칸막이, 커튼, 화분 등으로 가린다.

## 21) 현관문이 정북(子方向)인 집에는 살지 마라.

현관문이 정북인 집에 살면 인생의 부침(浮沈)이 많다.

## 22) 큰 건물(빌딩), 교회, 절 등의 출입문과 가정집(현관문)이 마주보는 집은 매우 흉하다.

풍수적으로 맹호개구(猛虎開口)라 하여 건강과 재물이 손상된다.

## 23) 집 앞에 물이 흘러 소리가 방까지 들릴 정도로 가까우면 재물이 새나간다.

물은 재물이지만 적당히 떨어져서 금성수(金星水)로 감싸고 돌아야 좋다.

## 24) 고가도로가 상가, 가게 앞으로 지나가는 곳은 사업이 부진하다.

풍수에서 겸도살(鎌刀殺)이라 하여 재물, 건강을 손상시킨다.

**25) 필로티(piloties)건물은 지기의 유입이 약해서 좋지 않다.**

필로티란 건축용어로 건물을 지탱하는 기둥이라는 뜻으로 프랑스 건축가 "르코르비치"가 제창한 건축양식이다.

**26) 전원주택의 경우 맥충(脈冲)이나 곡살풍을 피해서 지어야 한다.**

**27) 묘지 바로 밑에 있는 집은 흉하다.**

## 28) 대문(현관문)이 서로 마주보는 집은 좋지 않다.

두 집중 한집은 어려움을 겪는다. 중문을 설치하여 흉함을 피한다.

## 29) 단독주택은 반드시 담을 쌓아서 장풍(藏風)을 하는 것이 좋다.

## 30) 대문 또는 현관문에서 안방문이 정면으로 마주보는 집은 좋지 않다.

사생활이 방문객에게 쉽게 노출되고, 구설에 휘말릴 수 있다.

31) 건물 아래쪽이 위쪽보다 좁고, 위쪽이 아래쪽보다 비대칭으로 넓은, 불안정한 건물은 흉하다.

거주하는 사람들의 삶과 심신이 불안정해진다(관제구설 및 건강문제).

32) 건물 모양이 흉하거나 비스듬하거나 뒤틀린 모습은 풍수적으로 매우 흉하다.

거주하는 사람들의 성격형성에 악영향을 준다.

## 33) 기둥 하나를 기반으로 상층에 건물이 존재하는 불안정한 건물은 흉하다.

거주하는 사람들의 삶과 심신이 불안정해진다(심리적 불안정 유발).

## 34) 노충살(路衝殺)이나 용진처(龍盡處)에 지은 양택은 흉하다.

거주자의 재물운 및 건강이 나빠진다.

# 제10장. 공간에 시간을 도입한 현공풍수

## ✦ 1. 현공풍수법(玄空風水法)이란?

최근(2001년)에 대만, 홍콩에서 한국에 들어온 현공풍수는, 기존의 삼합오행(三合五行)풍수가 공간만을 기준한 반면에, 현공풍수는 풍수라는 공간에 시간의 개념을 도입한 것이 큰 차이점이다. 풍수에 시간을 도입함으로써, 명당이 영원불멸하지 않다는 것을 주장한 것이다. 어떤 땅도 영원불멸하지 않다는 이론으로, 땅의 기운은 기간에 따라서 변한다는 것이 큰 이론의 한줄기이다. 한마디로 시간(時間)과 공간(空間)을 적절하게 조화시킨 것이다.

형기풍수(形氣風水)는 체(體), 즉 공간개념 분야고, 이기풍수(理氣風水)는 용(用), 즉 시간개념 분야이다. 기존의 다른 이기풍수의 이론은 논리나 이치가 고정불변이지만 현공풍수는 운(運), 즉 시기에 따라서 運이 항상 변한다는 점에서 근본적으로 다르다. 이기풍수의 수많은 이론 중에서 운(시간)에 따라 길흉화복이 변화가 된다는 이론은 오직 삼원현공풍수뿐이다.

## ✦ 2. 현공풍수(玄空風水)의 역사(歷史)

현공풍수학(玄空風水學)은 언제 누구에 의해서 창안되었는지에 대한 정확한 기록은 없다. 다만 중국 진(晉)나라 곽박(郭璞, 자는 景純, 276~324)을 현공풍수 학자들은 시조(始祖)로 삼는 것이 일반적이다. 그가 저술한 장서(葬書)는 장경(葬經) 또는 금낭경 (錦囊經)으로 불리우며, 조선시대에는 국가에서 실시하는 과거제도인 잡과(雜科)의 지리학 고시과목으로 중요시하였다.

중국 당나라 양균송(楊均松, 救貧 834~900)은 청낭오어(靑囊奧語)와 천옥경(天玉經)에서 "번천도지대부동 기중밀비현공(翻天倒地對不同 其中密祕玄空)", 즉, "하늘과 땅은 시간에 따라 변한다. 이것이 바로 현공의 비밀이며, 가장 비밀스런 비법은 현공에 있다."라고 서술해 놓았다.

삼원현공풍수학(三元玄空風水學)은 이기풍수의 최고급 이론으로 천년(千年)이 넘도록 극소수의 사제지간(師弟之間)이나 부자지간(父子之間)에만 비밀리에 구전(口傳)으로 전수(專受)되어 온 학문이다.

현공풍수가 세상에 알려진 것은 1925년 중국에서 『심씨현공학(沈氏玄空學)』이라는 현공풍수 관련 풍수서가 발간된 것이 계기가 되었다.

우리나라에는 최근(2001년)에 대만, 홍콩에서 도입되었다.


## ✦ 3. 현공풍수 이해를 위한 구성학 기초


### 가. 구성의 의미

구성기학은 하도(河圖)와 낙서(洛書)의 원리를 기본으로 하며, 구성(九星)이란 하늘의 별자리의 움직임에 따라 삼라만상의 변화가 나타나는데, 이 별자리들의 움직임에 의한 변화를 사람에게 적용하여 인간의 길흉화복(吉凶禍福)과 생로병사(生老病死)를 연구하는 학문이다. 구성은 연반, 월반, 일반, 시반의 명반을 작성하여 구궁의 원리를 이용하여 인간의 운명을 예측하는 것이며, 연월반을 통하여 인간의 타고난 선천적 운명적인 변화, 즉, 평생운을 알아볼 수 있고, 일시반을 통해서는 현실에 당면한 문제가 어떻게 전개될지, 내방객이 찾아온 이유, 문의 내용에 대한 결과(합격, 취업, 당선 등)에 대해 예측해볼 수 있다.

## 나. 하도(河圖)와 낙서(洛書)

상고(上古)시대 태호(太昊) 복희씨(伏羲氏)가 처음으로 용마(龍馬)에 나타난 대로 도시(圖示)한 것이 하도(河圖)라고 전해지며, 그 후 주(周) 문왕(文王)이 낙수강(落水江)을 치수(治水)하면서 강바닥에서 나온 거북의 등에 나타난 대로 도시(圖示)한 것이 낙서(洛書)라고 전해온다.

이후 두 그림에 우주의 자연변화 법칙이 들어 있는 것을 수 천년을 거치며 복희씨, 문왕, 주공(周公), 공자(公子)를 비로소 선현들께서 그 비밀을 밝혀내어 인류의 문화와 생활에 널리 유용하였으니 그것이 바로 주역(周易)이다. 하도에서 낙서로 변화된 시기를 김화교역(金火交易)의 시대라 하며, 역학의 근본은 하도낙서인데 이 낙서는 우왕시대에 우왕이 낙수강(洛水江)에서 잡은 거북의 등위에 새겨진 점선의 그림을 표현해 놓은 것이 낙서가 된 것이다. 우왕으로부터 약 1천년 뒤에 주 문왕이 이 낙서를 기초로 해서 오행(五行)을 만든 것이 역학이며 그것이 오늘날의 주역이다.

아래의 그림의 숫자를 보면 1, 3, 7, 9는 양수로 되었고 2, 4, 6, 8은 음수로 되었다. 중앙의 5는 사방으로 통하고 이중 5를 제외하고 어느 쪽으로 보나 10으로 되어 있으며 5는 중앙에서 팔방을 통솔하고 있다. 역에서는 이를 삼천양지(三千兩地)라 하여 삼양(三陽)과 이음(二陰)으로 구성된 중심수이다.

| 4 | 9 | 2 |
|---|---|---|
| 3 | 5 | 7 |
| 8 | 1 | 6 |

하도(河圖)와 낙서(洛書)를 그림으로 나타내면 다음과 같다.

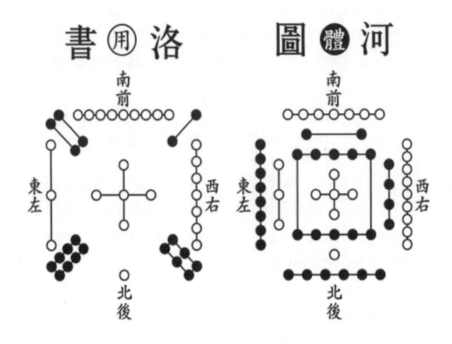

## 1) 하도(河圖)

하도(河圖)는 북방(北方)에 1, 6 水, 남방(南方)에 2, 7 火, 동방(東方)에 3, 8 木, 서방(西方)에 4, 9 金, 중앙(中央)과 둘레에 5, 10 土로 구성되어 있으며, 사정방(四正方)이 표현되었다. 또한 天干의 생성원리가 된다. 河圖의 오행을 시계방향으로 진행하여보면, 즉 처음 1, 6 水에서 시작하여, 그 다음이 3, 8 木이 되고, 그 다음은 2, 7 火, 그 다음은 중앙의 5, 10 土가 되며, 마지막으로 서쪽의 金이 된다. 이것을 오행의 생극원리에 비교하면 수생목(水生木), 목생화(木生火), 화생토(火生土), 토생심(土生金), 김생수(金生水)의 상생원리가 된다.

또 다른 측면으로 보면 음과 양이 모두 順行(시계방향)으로 진행하여 선천(先天)은 서로 돕는 상생(相生)의 시대임을 알려 주고 있다.

## 2) 낙서(洛書)

낙서(洛書)는 하도(河圖) 보다 훨씬 뒤에 낙수(洛水)라는 강에서 신령스런 거북이가 나왔는데, 하나라의 우왕이 그 거북의 등에 새겨진 그림을 보고 그 이치를 전하였다고 한다. 거북의 등에 새겨진 그림을 숫자로 옮기면 다음과 같다.

4정방(正方) 밖에 없던 하도(河圖) 보다는 좀 더 세분화(細分化)되어 4간방(間方)까지 나타나 8방위가 되었다. 낙서에서는 삼천양지(參天兩地)의 원리를 따라 양은 대표수인 3의 원리로 순행하며 차례를 정하고 있고, 대표수인 2의 원리로 역행하며 차례를 정하고 있다. 양은 북방의 1에서 출발하여 순행(시계방향)으로 1*3이니 동방에 3이 위치하고, 다시 3*3 = 9라 남방에 9가 위치하고, 다시 3*9 = 27이라 20은 안 쓰고 끝 단위 7인 서방에 위치함으로써 차례로 배치되어 있다. 음은 서남방의 2에서 출발하여 역행(반시계방향)으로 2*2이니 동남방에 4가 위치하고, 다시 4*2 = 8이라 동방에 8이 위치하고, 다시 8*2 = 16이라 10은 안 쓰고 6이 서북방에 위치함으로써 차례로 배치되었다.

## 다. 구성학의 干支 생성 象意

### 1) 천간(天干)의 생성 상의(象意)

천간은 하늘을 표현한 것이다. 하늘을 관찰하여보면 처음으로 빛나며 움직이는 형상이 어둠속에서 나타난다. 뇌(雷)라고도 하고 용(龍)이라고도 할 수 있다. 이것을 甲이라고 이름 붙인다. 龍雷가 나타난 다음에 그를 타고 공기의 기류가 변동되면서 바람이 나타난다. 이것을 乙이라고 한다. 다음에 찬란하게 광채(光彩)가 떠오른다. 이것이 태양(太陽)이다. 이를 丙이라고 한다. 태양이 저물자 달이 떠오른다. 이것을 丁이라고 한다. 태양의 기운을 받아 땅에서는 습기(濕氣)가 올라와 안개(무=霧)와 같은 현상이 일어난다. 이것을 戊라고 한다. 안개가 모여 구름이 되어 하늘에 떠있다. 뭉게구름이다.

이를 己라고 한다. 안개와 구름이 지나가고 다음에 무수히 반짝이는 별들이 보인다. 이것을 庚이라 한다. 다시 찬바람이 불면서 무수한 흰 별과 같은 것들이 하늘에서 지상으로 떨어진다. 즉 보석 같은 상설(霜雪 : 서리와 눈)이다. 이것을 辛이라고 한다. 그 뒤에 검은 구름이 하늘을 덮어온다. 곧 쏟아질 것 같은 물기이다. 이것을 壬이라고 한다. 다음에는 검은 구름에서 분산(分散)된 물방울이 떨어지고 있다.

이것이 癸이다. 계속 관찰하여 보아도 이 열개가 계속 조화(調化)를 이루고 있다는 것을 알았으며, 이것이 열개로 구성된 하늘의 구성(構成)요소(要素)가 되므로 천간이라 하였다.

## 2) 지지(地支)의 상의(象意)

구성(九星)학에서 구성 다음으로 중요한 것이 지지(地支)이다.

구성(九星)과 구궁(九宮)과 지지(地支)를 방위상에 같이 표현하면 다음과 같다.

|  | 巳 | 午 | 未 |  |
|---|---|---|---|---|
| 辰 | 4綠木星<br>巽宮 | 9紫火星<br>離宮 | 2黑土星<br>坤宮 | 申 |
| 卯 | 3碧木星<br>震宮 | 5黃土星<br>中宮 | 7赤金星<br>兌宮 | 酉 |
| 寅 | 8白土星<br>艮宮 | 1白水星<br>坎宮 | 6白金星<br>乾宮 | 戌 |
|  | 丑 | 子 | 亥 |  |

지지는 천간과 달리 확정된 위치와 시간이 확실하다. 즉 방위, 계절, 시간 등이 구분된 개념이다. 지지는 공전(公轉)의 척도(尺度)로써 일년 중의 12개월을 나타내고, 하루에는 자전(自轉)의 도수인 12시간을 표시하고 있으며 봄, 여름, 가을, 겨울의 4계절도 나타내고 아침, 낮, 저녁, 밤도 표시한다.

또한 크게 두 기세(氣勢)로서 나타난다. 즉, 일년을 크게 구분하면, 子를 기준으로 한, 동지의 한기세(寒氣勢)와 그에 따른 응고성(凝固性)과 午를 기준으로 한, 하지의 서기세(暑氣勢)와 그에 따른 발산성(發散性)이 나타난다.

하루를 기준으로 보면 子를 중심으로 깊은 밤이 있고, 午를 중심하여 밝은 한낮이 있는 것이다. 위 두 개의 기세는 춥고 더움과 밝고 어두움을 나타내고, 발산과 위축이라는 상반된(180도) 위치를 설정하게 된다.

이것이 양둔(陽遁)과 음둔(陰遁)을 가르는 기본(基本)이 된다.

子는 동지(冬至)를 조성하고,

卯는 춘분(春分)을 조성하고,

午는 하지(夏至)를 조성하고,

酉는 추분(秋分)을 조성하면서 만물의 변화를 이끌어간다.

이것을 세월이라 하며 이 운동이 음양의 작용이요, 또한 오행의 작용이라 할 수 있다. 卯의 목기(木氣)는 동방에서 발생을 주도(主導)하고, 午의 화기(火氣)는 南方에서 발산(發散)을 주도하고, 酉의 金氣는 서방(西方)에서 수거(收去)를 주도하고, 子의 수기는 북방에서 수장(收藏)을 주도한다.

만물의 발산과 통일을 이끌면서 계속적으로 회전시키고 변화를 거듭하는 것이다. 발생(發生), 발산(發散), 중재(仲裁), 수거(收去), 수장(收藏)의 변화작용은 오행의 작용, 즉 木(發生), 火(發散), 土(仲裁), 金(收去), 水(收藏)로, 그 변화 운동이 언제나 시(始), 본(本), 말(末)로 변하고 있는 것이다.

## 라. 구성(九星)의 이해

구성학은 하도(河圖)와 낙서(洛書)의 원리를 기본으로 하고 있다. 구성학을 공부하기 위해서는 하도와 낙서의 기본원리와 오행의 변화에 따른 생극관계를 알아야 하고 이를 통해서 인간사의 길흉(吉凶)과 성패(成敗)를 알 수 있는 학문이다.

### 1) 구성도(후천팔괘 기준)

| | | |
|---|---|---|
| 4 巽宮 | 9 離宮 | 2 坤宮 |
| 3 震宮 | 5 中宮 | 7 兌宮 |
| 8 艮宮 | 1 坎宮 | 6 乾宮 |

### 2) 각 구성(九星)별 상의(象意)

다음의 구성별 상의는 구성학에서 사용하는 후천팔괘를 기준으로 서술한다.

### (1) 일백수성(一白水星)

이별은 감(坎)에 해당되는 별이다. 길운에는 지혜로우며 총명하고 아랫사람이나 자식복이 있다. 흉운에는 주색(酒色)으로 패가망신(敗家亡身)할 수 있고 신장, 방광, 생식기병, 귓병 등 신체적 질병이 생긴다.

### (2) 이흑토성(二黑土星)

이 별은 곤(坤)에 해당되는 별이다. 길운에는 사람과 재물이 흥왕하여 재물을 일으

키게 된다. 흉운에는 主하는 일이 안되고 집안에 우환이 다르며 피부병, 위장병 등의
질병이 생긴다.

### (3) 삼벽목성(三碧木星)

이 별은 진(震)에 해당되는 별이다. 길운에는 명예, 명성을 얻거나 새로운 일을 시
작하게 되고 큰아들이 興하게 된다. 흉운에는 시비구설이나 다툼이 생기고 사기당하
는 경우가 생기게 된다.

### (4) 사록목성(四綠木星)

이 별은 손(巽)에 해당되는 별이다. 길운에는 원하는 바를 성취하게 되고 학문에 능
하게 된다. 흉운에는 음란 방탕하게 되고 유행성 질병으로 고생하게 된다.

### (5) 오황토성(五黃土星)

이 별은 중앙에 위치하여 중정지위(中正地位)에 있는 별이다. 길운에는 귀인의 도움
으로 그 위엄(威嚴)이 사방에 떨치게 된다. 흉운(凶運)에는 모든 일이 최악의 상태가 되
며 잘못하면 죽음에 이를 수 있다.

### (6) 육백금성(六白金星)

이 별은 건(乾)에 해당되는 별이다. 길운에는 큰 발전을 이루어 원하는 바를 성취하
게 되고 권력과 재물이 흥왕한다. 흉운에는 패가망신(敗家亡身)하고 형처극자(刑妻剋
子)하며, 큰 사고를 당하게 된다.

### (7) 칠적금성(七赤金星)

이 별은 태(兌)에 해당되는 별이다. 길운에는 재물이 흥왕하고 매사가 즐거우며 큰
복을 받는다. 흉운에는 시비구설과 송사가 생기고 재물 손실로 가정이 어려워지며 화
재나 질병으로 고생한다.

### (8) 팔백토성(八白土星)

이 별은 간(艮)에 해당되는 별이다. 길운에는 가업을 이어 받게 되고 재물이 늘어나

며 부귀공명한다. 흉운에는 금전적 손실이나 갑작스런 어려움으로 곤경에 처하게 되고 허리병이나 관절염 등의 질병으로 고생한다.

### (9) 구자화성(九紫火星)

이 별은 이(離)에 해당되는 별이다. 길운에는 명예, 명성을 얻고 재물이 흥왕하며 하는 일이 잘되어 큰 복을 얻는다. 흉운에는 이별수가 있으며 문서로 인한 고난에 처하게 되고 심장이나 정신적 이상의 질병 등으로 고생한다.

## 마. 구궁의 이해

### 1) 구성(九星)의 기본 의미

① 1은 坎宮에 속하고 水(물)이며 中男을 의미한다.

② 2는 坤宮에 속하고 土(들판 흙)이며 母親을 의미한다.

③ 3은 震宮에 속하고 木(초목)이며 長男를 의미한다.

④ 4는 巽宮에 속하고 木(큰 나무)이며 長女를 의미한다.

⑤ 5는 中宮에 속하고 土(썩은 흙)이며 天心을 의미한다.

⑥ 6은 乾宮에 속하고 金(큰 쇳덩이)이며 父親을 의미한다.

⑦ 7은 兌宮에 속하고 金(작은 쇠, 보석)이고 小女을 의미한다.

⑧ 8은 艮宮에 속하고 土(산 흙)이고 小男을 의미한다.

⑨ 9는 離宮에 속하고 火(불)이고 中女를 의미한다.

### 2) 정위반과 구궁의 순서

### (1) 구성 정위반(正位盤)

| 4 巽 木 辰巳<br>사업궁, 대인궁, 신용궁, 결혼궁 | 9 離 火 午<br>문서궁, 명예궁, 탄로궁, 이별궁 | 2 坤 土 未申<br>가정궁, 직업궁, 부모궁, 처궁 |
|---|---|---|
| 3 震 木 卯<br>계획궁, 명성궁, 시작궁, 사기궁 | 5 中 土 戊己<br>욕심궁, 부패궁, 고질궁, 문제궁 | 7 兌 金 酉<br>재물궁, 소비궁, 연애궁, 구설궁 |
| 8 艮 土 丑寅<br>부동산궁, 변화궁, 현제궁 | 1 坎 水 子<br>자식궁, 부하궁, 이성궁, 고난궁 | 6 乾 金 戌亥<br>발전궁, 종교궁, 부모궁, 법규궁 |

**(2) 구궁의 변화순서(경사, 동회, 피동회시 상수의 움직임)**

| | | |
|---|---|---|
| 9 | 5 | 7 |
| 8 | 1 | 3 |
| 4 | 6 | 2 |

## ✦ 4. 삼원구운(三元九運) 180년

현공풍수에서는 시기에 따라서 운이 변화되는데 먼저 20년이 1주기가 되며 삼원은 180년이 되며, 매 1개운의 기간은 20년이다.

* 1運, 2運, 3運 60년간을 上元運 이라 하고,

* 4運, 5運, 6運 60년간을 中元運이라 하고,

* 7運, 8運, 9運 60년간을 下元運이라 한다.

이를 60갑자로 이해하기 쉽게 설명하면,

1운, 4운, 7운은 甲子년부터 癸未년까지 20년이며,

2운, 5운, 8운은 甲申년부터 癸卯년까지 20년이며,

3운, 6운, 9운은 甲辰년부터 癸亥년가지 20년이다.

매운(每運)은 입춘을 기준으로 운이 바뀐다. 그 이유는 우주(宇宙)의 기운은 양력도 음력도 아닌 절기(節氣)를 기준하여 바뀌기 때문이다. 따라서 현공풍수에서 땅의 기운은 20년을 주기로 항상 지운(地運)이 바뀐다.

〈 20년 주기설에 대한 설명 〉

1운에서 9운까지 각운을 20년을 주기로 삼는 이유는 다음과 같다.

태양의 주위를 도는 위성은 총9개(수, 금, 지, 화, 목, 토, 천, 해, 명)이다. 이중 지구에 가장 영향을 많이 미치는 목성과 토성의 주기와 관련된다. 목성이 태양의 주위를 도는 주기는 11.86년이고, 토성이 태양의 주위를 도는 주기는 29.46년이다. 이를 1년 360도로 계산하면,

* 목성은 매년 360/11.86＝30.354131도를 이동하며,

* 토성은 매년 360/29.46＝12. 219959도를 이동한다.

* 따라서 토성은 목성보다 18.134172도가 매년 느리게 이동한다.

* 목성과 토성이 만날 수 있는 최소공배수를 찾으면, 360/18.134172 = 19.852023 년이므로, 토성과 목성이 1차로 만날 수 있다는 확률이다. 이것이 20년 주기설이며, 이 것은 1개의 운이고 삼원9운(180년) 동안 목성과 토성은 총 9번 지구와 일직선으로 만 나는데 이것은 180년이다.

대략적으로 계산하면 목성의 공전주기가 12년, 토성의 공전주기가 30년이며, 이들 의 최소공배수는 60년이다. 따라서 상원갑자, 중원갑자, 하원갑자의 주기는 각각 60 년씩이 된다.


# ✦ 5. 24좌의 음양과 순역(順逆)

또한 현공풍수지리에서 방위는 팔괘에 따라 8개의 궁(宮)으로 나누고, 1개 궁을 지 원룡(地元龍), 천원룡(天元龍), 인원룡(人元龍)이라 하여, 다시 3개 방위로 나누어 모두 24개 방위로 구분한다.

현공풍수에서는 24개의 좌(坐)는 각기 비성(飛星)에 따른 특별한 음양이 있는데, 1 개 궁에서 〈天元과 人元〉은 음양(陰陽)이 항상 같고, 〈地元과 天元〉, 〈地元과 人元〉은 음양이 서로 항상 서로 다르다.

* 천원룡 : 삼원중 기본이 되므로, 일명 부모괘(父母卦)라고도 함
* 인원룡 : 천원과 음양이 동일하므로, 일명 순자괘(順子卦)라고도 함
* 지원룡 : 천원과 음양이 다르기 때문에, 일명 역자괘(逆子卦)라고도 함

또한, 선천8괘에 따른 구궁도의 숫자의 음양에 따라서 구궁의 진행방향이 순행(+) 과 역행(-)으로 바뀌게 되며, 아래 표와 같다.

| 용 | 지원룡<br>(地元龍) | 천원룡<br>(天元龍) | 인원룡<br>(人元龍) |
|---|---|---|---|
| 홀수 | + | - | - |
| 짝수 | - | + | + |

* 지원룡, 천원룡은 항상 음양이 다르다.
* 천원룡, 인원룡은 항상 음양이 같다.

* 중궁의 산성수는 좌궁의 운반수이다.

* 중궁의 향성수는 향궁의 운반수이다.

* 중궁에 5자가 들어오면 해당 운으로 간주한다.

- 예1) 8운에서는 중궁에 5자 들어오면 8로 간주하여 음양을 정한다.

- 예2) 9운에서는 중궁에 5자 들어오면 9로 간주하여 음양을 정한다.


## ✦ 6. 하괘(下卦)와 체계(替卦)

나경 360도를 8괘로 나누면 한 괘당 45도씩이고, 한 괘에는 세 개의 坐가 배속되므로 한 좌는 15도씩이다.

| 坎(45도) | | | | | | | | | |
|---|---|---|---|---|---|---|---|---|---|
| 癸(15도) | | | 子(15도) | | | | | 壬(15도) | |
| 庚子 | | 丙子 | 壬子 | 庚子 | 戊子 | 丙子 | 甲子 | 辛亥 | 丁亥 |

한 개의 좌는 5개의 분금(分金)으로 나뉜다. 이를 5격(格)이라 한다. 분금에서 분(分)은 나눈다는 말이고, 금(金)은 선(線) 또는 하늘을 뜻하는 건(乾)인즉, 하늘을 세분화한다는 뜻이다. 다시 말하자면 풍수에서는 좌향을 결정하는 것은 360도를 세밀하게 나누어서 결정한다는 말이다.

4층 지반정침 자(子)는 오른쪽부터 갑자(甲子), 병자(丙子), 무자(戊子), 경자(庚子), 임자(壬子) 순으로 나뉘며, 1개분금은 3도씩이다.

좌향을 놓는 1개좌는 하괘(下卦), 체괘(替卦), 소공망(小空亡)이나 대공망(大空亡)으로 나누어지는데, 하계와 체괘, 체괘와 대소공망 등은 호리지차(毫釐之差) 차이로 길흉화복이 다르게 나타난다.

현공풍수에서는 지반정침만 사용하여 24개 모든 좌를 하괘와 체괘로 구분한다.

하괘는 1개좌, 15도 중에서 중앙에 丙子, 戊子, 庚子 9도 범위다. 체괘는 하괘를 제외한 양쪽 끝을 말한다. 고전(古典)에서는 겸괘(謙卦)라고도 한다. 겸하는 괘라는 뜻이다.

또한 글자의 뜻을 보면 체(替)는 쇠퇴하다, 쓸모없게 되다, 버리다 등의 뜻을 가지고 있다. 하괘가 정격(政格)이라면 체괘는 변격(變格)이다.

1운에서 9운까지 총 216局(9운 24좌) 중에서 하괘와 동일한 비성반을 제외하면, 체괘는 138국이 있다. 같은 운의 같은 좌향이라도 하괘와 체괘의 비성반은 같을 때도 있고 다를 때도 있다. 24개 모든 좌는 하괘든 체괘이든 합국이 된 곳에 사용하면 길(吉)한 좌가 되고, 불합국이 되면 흉(凶)한 좌(坐)가 된다.

그러나 체괘는 음, 양택 용사시(用事時)에는 가급적 사용하지 말고 감평용으로만 참고할 것을 권한다. 그 이유는 아래와 같다.


① 첫째는 공망과 겹친다. 넓은 의미로 체계는 공망이다. 좁은 의미로 보면 한 좌의 양끝 3도중 공망에 속하지 않는 1~2도를 이용한다. 가용 범위가 좁고, 흉한 공망이 포함되어 있다.

② 정밀한 측정이 필요하다. 단 1도만 착오나면 공망에 빠진다.

③ 체계합국이라도 인정(人丁)에는 불리할 수 있다.

④ 체괘는 당운 입수(入囚)가 있다. 인장묘절(寅葬卯絶)이 나올 수 있다.

⑤ 하괘와 체괘가 서로 같으면 吉한 때는 체계가 하괘보다 못하고, 흉할 때는 더욱 흉하다. 그러므로 용사(用事)시에는 활용하지 말고 감평용(監評用)으로만 사용하며, 그것도 하괘로 감평이 불가능한 경우에만 지극히 제한적으로 사용해야 한다.

## 가. 하괘 산출법(下卦 算出法)

1에서 9까지의 낙서(洛書) 수를 위주로 애성법(挨星法) 또는 비성법(飛星法)이라고도 하는 구궁도의 運에 따라서 길흉화복(吉凶禍福)을 점친다.


① 운반은 해당 운이 바로 중궁수가 된다.

② 좌향의 숫자를 중궁에 넣고 양순역(兩順逆)으로 애성(挨星)시킨다.

그러나 동일한 좌향이라도 하괘와 체괘에 따라서 애성반(挨星盤)이 같은 경우도 있지만 전혀 다른 경우도 있다. 이에 따라 길흉화복(吉凶禍福)이 다르게 나타난다. 하괘가 정법(正法)이라면, 체괘는 편법(便法)이므로 특별한 경우 이외에는 사용하지 않는 것이 좋다. 특히 초심자는 절대 사용하면 안 된다.

## 나. 애성반

예) : 8運 乾坐巽向(160년)

| 巽 | 巳 | 午 | 未 | 坤 |
|---|---|---|---|---|
| 辰 | 1  8<br>七 | 5  3<br>三 | 3  1<br>五 | 申 |
| 卯 | 2  9<br>六 | -9  -7<br>八 | 7  5<br>一 | 酉 |
| 寅 | 6  4<br>二 | 4  2<br>四 | 8  6<br>九 | 戌 |
| 艮 | 丑 | 子 | 亥 | **乾** |

　* 이 국은 旺山旺向이며, 같은 왕산왕향이라도 8운의 왕산왕향은 음, 양택 모두 특별히 길하다. 이유는 향궁과 좌궁이 모두 1, 6, 8 삼길수(三吉數)이기 때문이다. 다만 中宮이 9, 7로 되어 양택의 경우 화재를 조심하고 9운에 산성이 입수된다는 단점이 있으나 合局일 때는 문제되지 않는다.

　地運 : 160년(7운 入囚)


## ✦ 7. 四局의 이해

　시기와 좌향에 따라 비성반은 왕산왕향(旺山旺向), 상산하수(上山下水), 쌍성회향(雙星回向), 쌍성회좌(雙星會坐)의 4개 局으로 나누어진다. 4국은 中宮의 陰陽에 따라서 쉽게 구별할 수 있다.

| 산성 | 향성 | 구궁도의 애성반(비성반) | 4국 |
|---|---|---|---|
| - | - | 산성수, 향성수 모두 역행 | 왕산왕향 |
| + | - | 향성수만 역행 | 쌍성회향 |
| - | + | 산성수만 역행 | 쌍성회좌 |
| + | + | 산성수, 향성수 모두 순행 | 상산하수 |

## 가. 왕산왕향(旺山旺向)

왕산왕향이란 좌궁의 산성에 왕기수(旺氣數)가 들어오고, 향궁의 향성에 왕기수(旺氣數)가 들어오는 것을 말한다. 旺氣數란 當運에 해당되는 숫자를 의미하며, 8운(2004~2023)에는 8자를 뜻한다. 왕산왕향은 지형이 합국(合局)이 되면 정재양왕(丁財兩旺)하고 4국 중에서 제일 좋은 국이 된다.

왕산왕향은 1~9운 24좌 중 총 48국이 있으며, 1운과 9운에는 왕산왕향이 없다. 8운에 왕산왕향이 되는 좌향은 축좌미향(丑坐未向), 손좌건향(巽坐乾向), 사좌해향(巳坐亥向), 미좌축향(未坐丑向), 건좌손향(乾坐巽向), 해좌사향(亥坐巳向)의 6개이다.

### 1) 왕산왕향이 되는 합국조건도

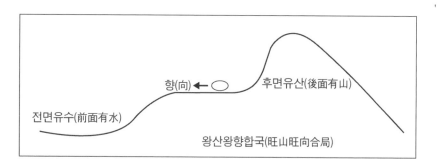

### 2) 8운 丑坐未向 왕산왕향 애성반(지운120년)

| 巽 | 巳 | 午 | 未 | 坤 |
|---|---|---|---|---|
| 辰 | 3  6<br>七 | 7  1<br>三 | 5  8<br>五 | 申 |
| 卯 | 4  7<br>六 | -2  -5<br>八 | 9  3<br>一 | 酉 |
| 寅 | 8  2<br>二 | 6  9<br>四 | 1  4<br>九 | 戌 |
| 艮 | 丑 | 子 | 亥 | 乾 |

중궁의 산성과 향성의 부호가 모두 - 이므로 왕산왕향이다. 坐쪽에 산이 있어 높고,
향쪽에 물이 있어 낮은 배산임수 지형이면 왕산왕향 합국이다.

## 나. 쌍성회향(雙星回向)

### 1) 쌍성회향(雙星回向)이 되는 합국조건도

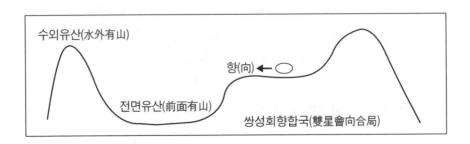

### 2) 8운 子坐午向 쌍성회향 애성반(지운160년)

| 巽 | 巳 | 午 | 未 | 坤 |
|---|---|---|---|---|
| 辰 | 3 4<br>七 | 8 8<br>三 | 1 6<br>五 | 申 |
| 卯 | 2 5<br>六 | +4 -3<br>八 | 6 1<br>一 | 酉 |
| 寅 | 7 9<br>二 | 9 7<br>四 | 5 2<br>九 | 戌 |
| 艮 | 丑 | 子 | 亥 | 乾 |

〈8, 8〉이 향궁에 동궁하므로 쌍성회향이라고 부른다. 쌍성회향은 묘나 집을 기준
으로 전면이 낮아 물이 있고 물 뒤로 산이 있으면 합국이다.

## 다. 쌍성회좌(雙星會坐)

### 1) 쌍성회좌(雙星會坐)가 되는 합국조건도

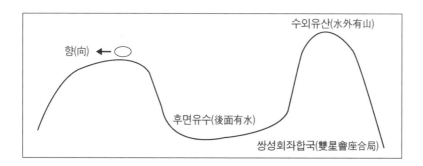

### 2) 8운 壬坐丙向 쌍성회좌 애성반(지운80년)

| 巽 | 巳 | 丙 午 丁 | 未 | 坤 |
|---|---|---|---|---|
| 辰 | 5  2<br>七 | 9  7<br>三 | 7  9<br>五 | 申 |
| 卯 | 6  1<br>六 | -4  +3<br>八 | 2  5<br>一 | 酉 |
| 寅 | 1  6<br>二 | 8  8<br>四 | 3  4<br>九 | 戌 |
| 艮 | 丑 | 癸 子 壬 | 亥 | 乾 |

배산임수 지형이라면, 산은 왕산(旺山)이 되어 인정(人丁)은 좋지만, 향은 상산(上山)이 되어 재물은 손해본다. 지형이 배산임수인 경우에 쌍성회향은 재물은 좋으나 인물은 떨어지고, 쌍성회좌는 인물은 좋으나 재물은 인연이 없다.

## 라. 상산하수(上山下水)

산의 용신(旺氣山星)이 좌궁에 있지 않고 향궁에 있으면, 下水라고 한다. 물의 용신(旺氣向星)이 향궁에 없고 좌궁에 있으면 上山이라고 한다. 따라서 상산하수를 산전수도(山顚水倒)라고도 부른다. 즉(顚 : 꼭대기전, 정수리전), 산이 있어야 할 장소에 물이 있다는 뜻이다. 배산임수 지형에서 상산하수국은 산과 물이 있어야 할 장소에 있지

앉고 반대편에 있기 때문에 凶한 局이 된다.

## 1) 상산하수(上山下水)가 되는 합국조건

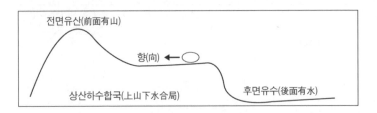

## 2) 8운 戌坐辰向 상산하수 애성반(지운160년)

| 巽 | 巳 | 丙午丁 | 未 | 坤 |
|---|---|---|---|---|
| 辰 | 8 6<br>七 | 4 2<br>三 | 6 4<br>五 | 申 |
| 卯 | 7 5<br>六 | +9 +7<br>八 | 2 9<br>一 | 酉 |
| 寅 | 3 1<br>二 | 5 3<br>四 | 1 8<br>九 | 戌 |
| 艮 | 丑 | 癸子壬 | 亥 | 乾 |

- 8운에 戌坐辰向은 산성 8이 향궁에 있고 향성 8은 좌궁에 있다.

- 배산임수 지형이라면 정재양패(丁財兩敗)하는 대흉국(大凶局)이다.

- 합국이 되려면 배산임수(背山臨水)의 반대 즉, 역배산임수국이 되어야 한다. 뒤는 낮거나 물이 있고 앞은 높아서 산이 있어야 한다.


## ✦ 8. 기국(奇局 : 합십국, 연주삼반괘, 부모삼반괘)

4국외에도 구궁의 숫자조합이 기묘한 국을 이룬 경우가 종종 있다. 이를 기국(奇局)이라고 하는데 기국의 종류에는 합십국(合十局), 연주삼반괘(連珠三盤卦), 부모삼반괘(父母三盤卦)의 3가지 종류가 있다.

# 가. 합십국(合十局)

합십국은 9궁 전체의 향성수(向星數)와 운반수(運盤數) 또는 산성수(山星數)와 운반수(運盤數)의 수를 더하여 10이 되는 경우를 말한다. 다만 향성수와 산성수의 합이 십이 되는 것은 기국이 아니니 착오 없길 바란다. 합십은 본래 부부합십(夫婦合十)에서 나온 말이다. 따라서 합십이 되는 집에서 살면 부부불화가 사라지고 좋은 인연이 생기게 된다.

합십에는 〈1, 9〉, 〈2, 8〉, 〈3, 7〉, 〈4, 6〉, 〈5, 5〉가 있다. 합십은 완성을 의미한다. 부족한 부분을 채워준다. 귀인의 도움을 받는다 등의 여러 의미를 가지며, 합십국은 모든 일들이 원하는 대로 되고 곳곳에서 귀인이 도와줄 뿐만 아니라 흉을 만나도 오히려 길하게 변하는 아주 좋은 국으로 고서에는 왕산왕향에 버금간다. 다만, 8운에는 합십 중에서 〈1, 9〉, 〈2, 8〉 합십이 좋다. 왜냐하면 8운에 길수(吉數)는 8(旺氣), 9(生氣), 1(進氣)이기 때문이다. 각운에 해당되는 숫자들이 들어간 합십이어야 그 운에 좋다. 당운(當運)에 해당되는 숫자가 없는 합십은 특별히 좋은 것이 없다. 반드시 당운(當運)에 해당되는 숫자가 들어가야 한다.

합십국에는 향성합십국과 산성합십국이 있는데, 향성합십국은 9궁전체가 향성과 운반의 숫자를 더하여 합십이 되어 재물(財物)로 대성한다.

산성합십국은 산성수와 운반수의 수가 합십이 되어 인물(人物)로 대성(大成)한다. 다만, 기국이라도 형기(形氣)가 합국이 되어야 제대로 발복한다. 산이 있어야 할 곳에 산이 있고 물이 있어야 할 곳에 물이 있어야 제대로 발복하는 것이다.

8운에 丑坐未向(하괘, 체괘)과 未坐丑向(하괘, 체괘)은 왕산왕향에 전반합십이 되는 아주 귀한 奇局이 된다. 또한 왕산왕향은 아니지만 8운에 子坐午向(체괘), 午坐子向(체괘), 癸坐丁向(체괘), 丁坐癸向(체괘)은 합십국이 된다.

전반합십국(全盤合十局)은 9궁이 모두 합십이다. 반면에 1개의 궁만 합십이 되는 경우도 있는데, 이를 부분합십(部粉合十)이라고 한다. 부분합십일 때는 해당 궁만 길하다고 풀이한다.

| 巽 | 巳 | 丙午丁 | 未 | 坤 |
|---|---|---|---|---|
| 辰 | 3 6<br>七 | 7 1<br>三 | 5 8<br>五 | 申 |
| 卯 | 4 7<br>六 | -2 -5<br>八 | 9 3<br>一 | 酉 |
| 寅 | 8 2<br>二 | 6 9<br>四 | 1 4<br>九 | 戌 |
| 艮 | 丑 | 癸子壬 | 亥 | 乾 |

* 8운에 축좌미향(丑坐未向)은 왕산왕향에 산성합십이 되어 정재양왕(丁財兩旺)하는 대길한 局이다. 이 국에 반대 좌향인 미좌축향(未坐丑向)도 왕산왕향에 향성합십국이 된다. 그리고 2운과 8운에만 왕산왕향에 합십국이 되는 운이 있는 아주 귀한 국이다. 향궁, 좌궁, 중궁의 성요(星曜)가 모두 2土, 5土, 8土로 구성되어 많은 부동산을 소유하는 운을 가지고 있다.

## 나. 연주삼반괘(連珠三盤卦)

연주삼반괘(連珠三盤卦)는 연여격(連茹格)이라고도 하는데, 구궁 전체의 향성, 산성, 운반수 3개의 숫자가 〈123〉, 〈234〉, 〈345〉, 〈456〉, 〈567〉, 〈678〉, 〈789〉, 〈891〉, 〈912〉와 같이 연속적으로 되어 있다.

연주삼반괘는 1~9운 중에 하괘에 16국과 체괘에 2국으로 총 18국이 있다. 연주삼반괘가 되면 인간관계가 원활하고 귀인이 곳곳에서 도와주는 격이 되기 때문에 생각하지도 못한 좋은 일이 생기고, 흉함을 만나도 오히려 길하게 되는 특별한 비법이다. 흉한 복음(伏吟)과 반음(反吟)의 화도 합국이 된다면 풀어주는 아주 길한 국이다. 반면에 불합국일 때는 흉사가 계속 이어져 더욱 흉하게 된다.

주의해야 할 사항은 연주삼반괘가 하괘16국이 모두 上山下水이기 때문에 반드시 지형이 평양지(平洋地=平地)에 좌공조만(坐空朝滿=뒤가 낮고 앞이 높음)의 형기적(形氣的)인 조건을 만족하는 경우에만 가능하며, 삼반괘의 효능이 비로소 발휘된다. 삼반괘가 된다 하더라도 지세와 합국이 되어야 하므로 앞이 높고 뒤가 낮은 평양지대의 양택에서만 가능하고, 산에 있는 음택은 사용할 수가 없다. 연주삼반괘라도 局에 맞는 지형이어야 효력이 발생하는데, 하괘 上山下水局이라, 좌공조만(坐空朝滿)해야 하고, 체괘(替卦) 왕산왕향국(旺山旺向局)이라면 좌실조공(坐實朝空)해야 한다.

◆ 8운 辰坐戌向(하괘) : 상산하수 +연주삼반괘 ◆

| 巽 | 巳 | 丙午丁 | 未 | 坤 |
|---|---|---|---|---|
| 辰 | 6 8<br>七 | 2 4<br>三 | 4 6<br>五 | 申 |
| 卯 | 5 7<br>六 | +7 +9<br>八 | 9 2<br>一 | 酉 |
| 寅 | 1 3<br>二 | 3 5<br>四 | 8 1<br>九 | 戌 |
| 艮 | 丑 | 癸子壬 | 亥 | 乾 |

* 하괘 상산하수국(上山下水局)이라 합국이 되어 연주삼반괘의 기국(奇局)이 되어 大吉한 局이 되었다. 다만 삼반괘가 되어 일시적으로 좋으나 오래되면 패국(敗局)이 된다. 그런데 하괘와 달리 진좌체괘(辰坐替卦)를 사용하면 왕산왕향이 되어 대길한 국이 된다. 그리고 7운에 입수하여 160년이나 되는 길한 국이 된다. 그러나 체괘(替卦)는 위험부담이 크기 때문에 감명할 때만 사용하고 가급적 사용하지 않는 것이 좋다.

## 다. 부모삼반괘(父母三般卦)

부모삼반괘(父母三般卦)는 구궁 전체의 모든 궁의 조합이 〈147〉, 〈258〉, 〈369〉 세 숫자로만 되어 있어 지속적인 발복을 받게 된다. 이들 숫자가 향성, 산성, 운반의 어디에 있든 상관없다.

2, 4, 5, 6, 8운에만 있고 1, 3, 7, 9운에는 없다. 2, 5, 8운에는 간좌(艮坐), 인좌(寅坐), 곤좌(坤坐), 신좌(申坐)로 4국, 그리고 4, 6운에는 축좌(丑坐), 미좌(未坐) 2국이 있다. 180년 동안 16국이 나타난다. 체계에는 부모삼반괘가 없다.

부모삼반괘의 효력은 연주삼반괘와 마찬가지로 인간관계가 원활하고 귀인이 곳곳에서 도와주며 생각지도 못한 좋은 일이 생기고, 봉흉화길(逢凶化吉 : 禍를 만나도 吉하게 됨)하고 복음, 반음의 흉도 풀어주는 아주 좋은 괘가 된다.

그러나 조심해야 할 사항은, 9운동안 부모삼반괘가 되는 하괘16국 모두가 상산하수로 되기 때문에 반드시 상산하수 합국이어야만 사용가능하다. 평양국(平洋局)에 수전현무(水纏玄武 : 물이 뒤를 돌아감)하고 좌공조만(坐空朝滿 : 상산하수)하는 형기(形氣) 조건을 충족할 때에만 효력을 발생한다.

## ✦ 9. 성문결(城門訣)

### 가. 성문결이란?

성문결은 현공풍수에서 수법(水法)에 관한 중요한 부분으로 성문결에 해당되는 방위에 성문(合水나 水口)이 있으면 금상첨화(錦上添花)하고 설중송탄(雪中送炭)하는 길상이 된다. 성문결에는 정성문과 부성문이 있는데 정성문은 효력이 강하고 부성문은 비교적 약하다.

### 나. 정성문(正城門)과 부성문(副城門)

성문은 향궁의 좌우편에 있는 宮이 해당된다. 이 두개의 宮에서 향궁과 합성이 되는 宮, 즉 1과 6, 2와 7, 3과 8, 4와 9가 되는 宮은 정성궁(正城宮)이 되고 합성이 되지 않는 궁은 부성궁(副城宮)이 된다.

궁의 3개 방향에서도 동원(同元)이 되는 1개 방위만 성문이 된다. 예를 들면 임좌병향(壬坐丙向)이라면 向宮(9離)의 좌우에 있는 巽宮(4)과 坤宮(2)이 성문이 되는 데 이중에서 향궁(9離)과 합성이 되는 손궁(巽宮)(4)이 정성궁이 되고, 곤궁(2)는 부성궁이 된다.

다음에 손궁(4)에 배속된 진방(辰方), 손방(巽方), 사방(巳方) 중에서도 동원(同元)인 辰方은 정성문이 되고 곤궁(2)에 배속된 未, 坤, 申방위 중에서도 未方은 부성문이 된다. 임좌(壬坐)는 지원(地元)이므로 같은 地元에 해당되는 辰方과 未方만이 성문에 해당된다.

| 4 | 9 | 2 |
|---|---|---|
| 3 | 5 | 7 |
| 8 | 1 | 6 |

## 다. 성문결 찾기

성문이 될지라도 성문결에 해당되는 방위를 다시 찾아야 한다. 운반수(運盤數)를 입궁시켜서 정성궁과 부성궁의 숫자를 중궁에 넣고 해당 숫자가 음이면 역행하고 양이면 순행시켜서 성문궁에 이르는 숫자가 당운(當運)과 동일하면 성문결에 해당되고 숫자가 동일하지 않으면 성문결에 해당되지 않는다.

### ◆ 8운 乾坐巽向의 성문결 방위 ◆

| 巽 | 巳 | 丙 午 丁 (정성문) | 未 | 坤 |
|---|---|---|---|---|
| 辰 | 7 | 3 | 5 | 申 |
| 卯 (부성문) | 6 | 8 運 | 1 | 酉 |
| 寅 | 2 | 4 | 9 | 戌 |
| 艮 | 丑 | 癸 子 壬 | 亥 | 乾 |

* 향궁인 손궁(4)과 이궁(9)은 합성이 되므로 정성궁이 되고, 합성이 되지 않는 진궁(3)은 부성궁이 된다. 정성궁인 이궁(丙, 午, 丁)에서도 동원(乾坐는 天元)인 오방(午方)만 정성문이 되고, 부성궁인 震方(甲, 卯, 乙)에서도 동원(乾坐는 天元)인 묘방(卯方)만 부성문이 된다.

# ✦ 10. 득령(得令)과 실령(失令)

## 가. 득령과 실령

현공풍수에서 득운(得運)은 득령(得令)이라고도 하며, 실운(失運)은 실령(失令)이라고도 한다. 득운(得運)은 운을 얻었다는 뜻이고, 실운(失運)은 운를 얻지 못했다는 뜻이다. 득령(得令)은 좋은 때를 얻었다는 말이며 실령(失令)이란 시기가 적당하지 못하거나 때를 만나지 못했다는 의미이기도 하다.

* 좌향(坐向)과 시운(時運)에 따른 사국(四局)이 합국이면 득령한 것이고 불합국이면 실령한 것이다. 사국이 합국되었다는 것은 山水의 형국(形局)이 애성반(挨星盤)과 합국된 것이다.

* 당운(當運)에 애성(挨星)이 왕기(旺氣), 생기(生氣), 차생기(次生氣), 보좌기(補佐氣)에 해당되면 득령이고, 퇴기(退氣), 사기(死氣), 살기(殺氣)에 해당되면 실령(失令)이다.

모든 운에는 흥망성쇠가 있다. 감평을 할 때 가장 중요한 것은 당운(當運)에 왕(旺)한 기운인지 쇠(衰)한 기운인지를 구분하는 것이 최우선이다. 8운에 8, 9, 1처럼 왕기, 생기, 차생기이면 득령했다고 본다. 8운에 7은 퇴기, 6은 쇠기, 2는 사기, 3, 4, 5는 살기로 모두 실령하였다.

현공풍수에서 2, 5, 7, 9는 체(體)로 보면 살성(殺星)이므로 좋지 않다. 그러나 2, 5, 7, 9가 시운에 따라서 왕기, 생기, 차생기로 득령(得令)하면 길성이 되고, 실령(失令)하면 쇠기, 사기, 살기가 되어 흉성이 된다. 이렇게 時運에 따라서 길성이 되기도 하고 흉성이 되기도 하는 것은 用의 쓰임새이다.

5黃은 5運을 제외하고는 어떤 방위에 들어가든 흉하다. 5가 흉한 것은 체(體)이고 5運에는 5자가 득령(得令)하여 왕기(旺氣)가 되는 것은 용(用)이다.

또한 1, 6, 8은 三吉數이다. 1은 上元, 6은 中元, 8은 下元을 대표하는 숫자이기 때문이다. 그러나 1이라도 2운에는 퇴기(退氣)가 되어 실령하므로 흉성이 된다. 역시 시운(時運)이 가장 중요하다.

## 나. 1~9운별 왕쇠표

| 氣運 | | 退氣 | 吉氣 | | | 凶氣 | | | 補佐氣 | 統氣 |
|---|---|---|---|---|---|---|---|---|---|---|
| | | | 旺氣 | 生氣 | 次生氣 | 衰氣 | 死氣 | 殺氣 | | |
| | | | 大吉 | 吉 | 平 | 小凶 | 大凶 | 大凶 | | |
| 上元 | 1운 | 9 | 1 | 2 | 3.4 | 7 | 6 | 5.7 | 8 | 1 |
| | 2운 | 1 | 2 | 3 | 4 | 9 | 6 | 5.7 | 8 | |
| | 3운 | 2 | 3 | 4 | 5 | 1 | 6 | 7.9 | 8 | |
| 中元 | 4운 | 3 | 4 | 5 | 6 | 2 | 8 | 7.9 | 1.8 | 6 |
| | 5운 | 4 | 5 | 6 | 7 | 3 | 2 | 9 | 1.8 | |
| | 6운 | 5 | 6 | 7 | 8 | 4 | 9 | 2.3 | 1.8 | |
| 下元 | 7운 | 6 | 7 | 8 | 9 | 5 | 4 | 2.3 | 1 | 8 |
| | **8운** | 7 | **8** | 9 | **1** | 6 | 2 | 3.4 5 | **1** | |
| | 9운 | 8 | 9 | 1 | 2 | 7 | 6 | 3.4 5 | 1 | |

## 다. 8運 氣에 따른 활용법

| 8運 | 氣 | 氣에 따른 활용법 |
|---|---|---|
| 8 | 旺氣 | 대문, 현관으로 활용 |
| 9 | 生氣 | 왕기의 차선책으로 활용 |
| 1 | 次生氣 | 생기의 차선책으로 활용, 조합수에 따라 길흉이 나누어짐 |
| 7 | 退氣 | 기본적으로 길흉이 없으나 흉수와 조합되면 흉 |
| 6, 2, 3, 4, 5 | 衰氣, 殺氣, 死氣 | 흉 |
| 1 | 補佐氣 | 후문, 창문, 계단, 침대, 탁자 등 배치하면 길상이 됨 |

# ✦ 11. 지운법(地運法)

## 가. 지운법이란?

땅의 길흉이 언제 시작되고 언제 소멸하는지를 가늠하는 계산법이다. 만물은 생장소멸의 주기를 가지고 끊임없이 그 형체를 변화시켜 간다. 이세상의 모든 것은 시간의 흐름에 따라 변한다. 명당도 예외는 아니다. 지운법으로 특히 명당이 언제 발복할지 그 시기를 알 수 있다. 지운이 끝나는 시기가 되면 입수(入囚)되었다고 말한다.

입수가 되면 지기(地氣)가 휴식상태이므로 정재양패(丁財兩敗)가 되는데 그 정도는 상산하수(上山下水)의 피해보다 더 크다고 볼 수 있다.

입수(入囚)란 중궁이라는 감옥에 갇히게 된다는 뜻이다. 산성이 입수되면 人丁에 불리하여 자손이 적어지거나 건강이 나빠진다. 승진이 잘 안되고 출세에 지장이 오게된다. 그러나 향성(向星)이 입수되면 해당운(該當運)의 지기는 결정적으로 소멸된다.

## 나. 소지(小地)의 지운(地運) 계산법

### 1) 왕산왕향국(旺山旺向局), 쌍성회좌국(雙星會坐局), 상산하수국(上山下水局)

입수는 향성으로 논하는데, 입수되는 시점은 중궁의 향성 숫자를 보고 안다. 향성이 중궁으로 들어가면 지운이 끝난다. 비유하면 중궁에 물이 있어서 묘나, 건축물이 물속에 잠긴다는 뜻이다. 중궁의 운반수(運盤數)에서 중궁의 향성수(向星數) 직전까지가 지운이다.

예) 임자병향 쌍성회좌 지운(壬子丙向 雙星會坐 地運)

| 5  2<br>七 | 9  7<br>三 | 7  9<br>五 |
|---|---|---|
| 6  1<br>六 | -4 +3<br>八 | 2  5<br>一 |
| 1  6<br>二 | 8  8<br>四 | 3  4<br>九 |

(해설)

8운에 壬坐丙向은 쌍성회좌국(雙星會坐局)이므로 지운은 중궁의 운반수 八부터 시작하여 중궁의 향성수 3이 되기 직전인 2운까지이며, 3운에 입수된다. 즉, 8→9→1→2운까지 4개運 동안 운기(運氣)가 지속된다. 8운 첫해에 건택조장(建宅造葬)하였다면 지운의 최대 기간은 80년이다.

## 2) 쌍성회향국(雙星會向局)의 지운 계산법

향궁(向宮)의 향성(向星)이 좌궁(坐宮)의 향성(向星)에 이르면 입수(入囚)된다.

예) 자좌오향 쌍성회향(子坐午向 雙星會向)

| | | |
|---|---|---|
| 3 4<br>七 | 8 8<br>三 | 1 6<br>五 |
| 2 5<br>六 | +4 -3<br>八 | 6 1<br>一 |
| 7 9<br>二 | 9 7<br>四 | 5 2<br>九 |

(해설)

8운에 子坐午向은 쌍성회향국(雙星會向局)이다. 지운은 향궁의 향성 8에서 시작하여 좌궁의 향성인 7운 직전인 6운까지이며, 7운에 입수된다. 즉, 8운 → 9운 → 1운 → 2운 → 3운 → 4운 → 5운 → 6운까지이며, 8운 첫해에 건택조장(建宅造葬)하였다면 지운의 최대 기간은 160년이다.

## 다. 대지(大地)의 지운(地運) 계산법

형기풍수(形氣風水)로 대명당(大明堂)일 경우는 지운 계산법이 달라진다. 지운이 추가로 180년씩 연장된다. 내룡(來龍)이 장원(長遠)하며 진혈(眞穴)이 되고 합십이 되는 등 형기와 이기의 모든 면에서 조건에 합당하면 540년(180년×3회)이 갈 수도 있고, 더 좋은 땅은 1,080년(540년×2회)도 될 수 있다. 발복기간의 장단(長短)은 형기법(形氣法)상으로는 순수국(順水局)은 발복기간이 짧고 역수국(逆水局)은 길다. 이기법(理氣法)으로는 좌향(坐向)과 시기(時期)에 따라서 각각 다르다.

## ✦ 12. 수부주(囚不住), 복음(伏吟), 북두칠성타겁(北斗七星打劫)

### 가. 수부주(囚不住)

수부주(囚不住)는 入囚되지 않는다는 말이다. 즉, "중궁이라는 감옥에 가서 머무르지 않는다"는 말이니, 입수되는 운이 와도 조건이 맞으면 땅의 地氣가 지속된다는 뜻이며, 수부주(囚不住)의 조건은 다음과 같다.

① 쌍성회향(雙星會向)에서 좌궁(坐宮)에 물이 있거나 넓고 광활하게 트여 있거나 도로가 있을 때

② 향궁(向宮)의 향성수(向星數)가 5黃이고 향궁(向宮)에 물이 있거나 광활하게 트여 있거나 도로가 있을 때

③ 중궁의 향성수가 5黃이고 향궁에 물이 있거나 광활하게 트여 있거나 도로가 있을 때

④ 왕산왕향 양택은 전방에 도로가 있거나 공광(空曠:확트인 벌판)하고 탁 트여 있으며 입수되지 않고, 음택에서는 전방에 물이 있으면 입수되지 않는다.

⑤ 기타 용진혈적(龍眞穴的)하고 현공이기법(玄空理氣法)에 맞으면, 수부주(囚不住)하고 삼원불패(三元不敗)한다.

### 나. 복음(伏吟)

복음(伏吟)이란 中宮에 산성이나 향성의 숫자가 5가 되어 순행하면 9궁 전체가 원단반(元旦盤 : 洛書數와 동일)과 같은데, 이런 경우는 만반복음(滿盤伏吟)이라고 하여 매우 흉하여 가파인망(家破人亡)하게 된다.

복음(伏吟)이 되면 원단반과 숫자가 동일하여 변화가 없기 때문에 일명 사국(死局)이라고도 한다. 아주 특별한 경우를 제외하고는 망하지 않는 집안이 없을 정도로 복음(伏吟)은 大凶하다.

참고로 현재 운인 8運을 살펴보면, 복음이 되는 좌로는 艮坐(하괘, 체괘), 寅坐(하괘), 坤坐(하계, 체계), 申坐(하괘) 총 4개의 좌, 6개局이 복음에 걸리므로 8운을 용사(用事)할 때는 매우 조심해야 한다.

| 巽 | 巳 | 午 | 未 | **坤** |
|---|---|---|---|---|
| 辰 | 1  4<br>七 | 6  9<br>三 | 8  2<br>五 | 申 |
| 卯 | 9  3<br>六 | 2  5<br>八 | 4  7<br>一 | 酉 |
| 寅 | 5  8<br>二 | 7  1<br>四 | 3  6<br>九 | 戌 |
| **艮** | 丑 | 子 | 亥 | 乾 |

8운에 간좌곤향(艮坐坤向)은 중궁에 향성 5가 入中되어 순행하므로 만반복음(滿盤伏吟)에 걸렸다.

그런데 구궁전반(九宮全盤)의 애성(挨星)이 147, 258, 369로 구성되어 부모삼반괘가 되고 형기적(形氣的)으로 합국이 되면 피해가 없고 오히려 전화위복(轉禍爲福)이 된다. 그러나 좌실조공(坐實朝空 : 배산임수)의 지형으로 불합국이 되면, 복음으로 대흉하니 절대로 사용해서는 안 되는 좌향이다.

## 다. 북두칠성타겁(北斗七星打劫)

타겁(打劫)의 본래 뜻은, 미래의 길운(吉運)을 지금 미리 빼앗아 나의 것으로 만드는 비법을 말한다. 실제로 북두칠성타겁(北斗七星打劫)은 현공풍수학에서 최고의 비법(祕法)으로 자식이나 특별한 제자에게만 비밀리에 전수하였다.

이 비법을 활용하면 금시발복(今時發福)을 하게 되는 아주 신묘(神妙)한 기법(奇法)이다.

칠성타겁의 이론은 천옥경(天玉經)에 "북두타겁이궁요상합(北斗打劫離宮要相合)"이 바로 북두타겁(北斗打劫)에 관한 구절인데 여기서 이궁(離宮)이란 "양록병행(兩鹿竝行)", "근위이(近爲離), 원위별(遠爲別)"이란 뜻이며 이궁(離宮)은 양궁(兩宮), 근궁(近宮)이고 합이란 동(同), 배(配)라는 뜻이다.

타겁법은 심씨현공학(沈氏玄空學)에서 沈선생이 이궁상합(離宮相合, 일명 : 眞打劫) 24국과 감궁상합(坎宮相合, 일명 : 假打劫) 24국, 즉 도합 48개의 局이 타겁법(打劫法)

이 된다고 설명하였다. 대개의 중국의 현공풍수가들은 沈선생의 칠성타겁법(七星打劫法) 이론을 따르나, 대만 현공풍수의 大家인 종의명(鐘義明)선생이나 한국의 현공풍수 대가들도 북두칠성타겁(北斗七星打劫)이 오류라는 주장을 하고 있어 앞으로 후학들의 많은 연구가 필요한 부분이다.

## ✦ 13. 구성배속 및 1~9運別 興하는 직업(職業)

### 가. 구성도(後天八卦)

| 4綠木星<br>巽宮 | 9紫火星<br>離宮 | 2黑土星<br>坤宮 |
|---|---|---|
| 3碧木星<br>震宮 | 5黃土星<br>中宮 | 7赤金星<br>兌宮 |
| 8白土星<br>艮宮 | 1白水星<br>坎宮 | 6白金星<br>乾宮 |

* 최근의 가까운 시대를 상원, 중원, 하원갑자 연대로 알아보면, 상원갑자 : 1864~1923년, 중원갑자 : 1924~1983년, 하원갑자 : 1984~2043년이며, 현공풍수에서는 20년 단위로 운이 변하기 때문에 상원갑자(1~3운), 중원갑자(4~6운), 하원갑자(7~9운)로 배속된다.

현재는 8運(2004~2023년)에 속한다. 다음은 9운(2024~2043년)이다. 9운이 끝나면 다시 1운부터 시작하니, 앞으로 다가올 1운은 2044~2063년이 된다.

## 나. 구성 배속표

| 팔괘 | 구성 | 오행 | 구궁 | 24좌 | 인물 | 방위 | 동물 | 속성 | 인체 | 오장육부 | 질병 | 득령합국 | 실령불합 |
|---|---|---|---|---|---|---|---|---|---|---|---|---|---|
| 감괘 | 탐랑 | 수 | 坎 | 壬子癸 | 中男 | 북 | 猪저 | 陷함 | 귀 | 신장,자궁,혈 | 신장,귓병,혈병 | 牙笏胎神 | 淫佚음일 |
| 곤괘 | 거문 | 토 | 坤 | 未坤申 | 老母 | 남서 | 牛우 | 順순 | 배 | 비장,피부 | 위장,피부 | 天醫 | 病符병부寡婦과부 |
| 진괘 | 녹존 | 목 | 震 | 甲卯乙 | 長男 | 동 | 龍용 | 動동 | 발 | 쓸개,모발,근육 | 간담,족상,신경 | 諸侯 | 치우(蚩尤)적성(賊星) |
| 손괘 | 문곡 | 목 | 巽 | 震巽巳 | 長女 | 남동 | 鷄계 | 入입 | 넓적다리 | 간,유방 | 간담,풍질,신경 | 文星 | 음탕(淫蕩) |
| 5黃 | 염정 | 토 | 中宮 | | 중앙 | 중앙 | | | 신경 | 내장 | 독창,절증,암증 | 巨富 | 온역(溫疫) |
| 건괘 | 무곡 | 금 | 乾 | 戌乾亥 | 老父 | 북서 | 馬마 | 建건 | 머리 | 폐,뇌,뼈 | 폐,두질,뇌질,입-폐까지 | 官星靑龍 | 환부(鰥夫) |
| 태괘 | 파군 | 금 | 兌 | 庚酉辛 | 小女 | 서 | 羊양 | 悅열 | 구연(침) | 입술,이,대장 | 호흡기,설창 | 天喜 | 형요(刑曜) |
| 간괘 | 좌보 | 토 | 艮 | 丑艮寅 | 少男 | 북동 | 拘구 | 止지 | 손 | 위,배,코 | 위장,척추,콧병 | 魁星 | 선요(善曜) |
| 이괘 | 우필 | 화 | 離 | 丙午丁 | 中女 | 남 | 雉치 | 附부 | 눈 | 심장,소장 | 눈병,심장,화상 | 紅鸞 | 곡읍(哭泣) |

## 다. 1~9운별(運別) 흥(興)하는 직업(職業)

### 1) 일백수성(一白水星) : 사고(思考), 연구(硏究), 관도(管道), 유통(流通)

철학, 종교, 경제, 역사 등의 학자, 보험, 은행, 외교, 기업부문, 연구원, 음식점, 술집, 반점(飯店), 커피점, 빨래방, 욕실, 온천, 석유, 등유, 도료(塗料), 인쇄, 지하철, 지하관리업, 야간공작(夜間工作), 유치원, 보육교사, 초등교사, 음악교사, 아동(兒童)독서물, 완구, 교재, 소방, 방화기 등

### 2) 이흑토성(二黑土星) : 봉록(俸祿), 생장(生長)

토목건축, 부동산, 농업, 산부인과, 보모, 영양사, 조리사, 수공업, 골동품, 잡곡상, 양재(洋裁), 재봉사, 포의(布衣:포목상), 가구, 분업, 도자기, 복무(服務)원, 교사, 노력실간형적인(努力實幹型的人:열심히 일하는 사람)

### 3) 삼벽목성(三碧木星) : 명랑(明朗), 전진(前進)

신문, 잡지, 방송, 악단(樂團), 성악, 가창, 전화, 번역가, 음반, 음향, 악기점, 통신, 전기공사, 전기통신, TV, 무대, 소형차, 삽화(揷花), 원화, 청과상, 해태(김), 보도문학, 전기문학, 역사소설, 향고(香菇), 특기(特技) 등

　* 고(菇) : 쥐참외고, 버섯고

### 4) 사록목성(四綠木星) : 신용(信用), 화해(和諧)

화장품, 광고, 미용사, 지업(紙業), 원예, 분재, 목이버섯, 균류(菌類), 향료(香料), 이발, 미용원, 예술, 문학, 실내설계, 공사경리, 신탁, 비행기, 선박업무, 조류관련업, 우유제품업, 여행사, 우유제품, 내의점(속옷) 등

### 5) 오황토성(五黃土星) : 권세(權勢), 통치(統治)

정치인, 법관, 우두머리, 관제중심, 저승관련업, 흙과 관련된 업, 순수 미술, 음악

### 6) 육백금성(六白金星) : 활력(活力), 결단(決斷)

공무원, 머리 쓰는 업종(S/W개발 등), 천문, 항공, 연구, 컴퓨터, 별에 대한 연구, 법

률, 정치, 핵개발, 원자(原子), 경위(警衛 : 경비경호), 금속공업, 석탄, 석유, 광업, 유리, 보석가공, 보석, 대형자동차, 운동, 건재기계, 정밀공업기기제조, 버스관리, 보험, 방도업(防盗業 : 방범업), 증권

## 7) 칠적금성(七赤金星) : 백력(魄力), 교제(交際)

판사, 검사, 변호사, 법률고문, 금융업, 은행원, 판촉사원, 번역원, 의류, 주류, 외과의사, 치과, 커피숍, 오락, 연예인, 정밀염색예술품, 언어학교, 신(神),무속(巫俗) 등

## 8) 팔백토성(八白土星) : 저축(貯蓄), 개혁(改革), 유통(流通)

여관, 보석광(寶石鑛), 호텔, 아파트, 백화점, 슈퍼마켓, 육류, 피혁, 경리업무, 공공관계, 중간상, 소개소, 화물업, 창고, 물류창고업, 교육, 개혁, 상향평준화 등

## 9) 구자화성(九紫火星) : 명예(名譽), 감정(感情)

교육계, 교사, 변호사, 법관, 경정(警政 : 방호업무), 의료부문, 신조예술(新潮藝術), 기자, 신문사업, 인쇄업, 심리학, 화장(化粧), 미용, 사진촬영, 비디오촬영, 편집, 설계, 비행기, 비행기관련사업, 드론사업, 군사무기, 종교, 철학, 역학, 명리, 풍수

# 제11장. 부록

## ✦ 1. 나경(패철) 구조도(9층 패철)

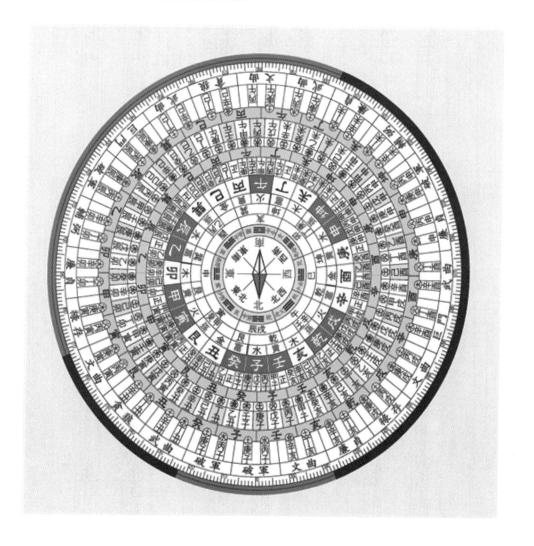

# ✦ 2. 중심점 잡기

## 가. 단독주택, 사무실

단독주택

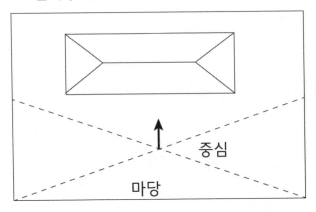

중심

마당

사무실

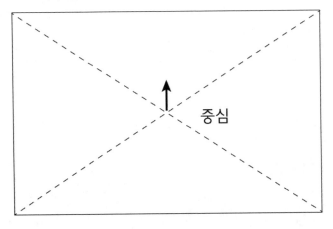

중심

# 나. 복잡한 구조

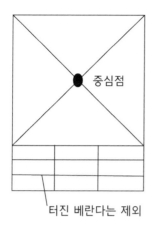

중심점

터진 베란다는 제외

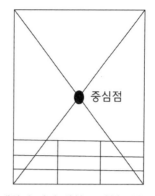

중심점

베란다 샤시 설치로 인해 전용공간
BOX구조가 되어 있을 경우 중심점

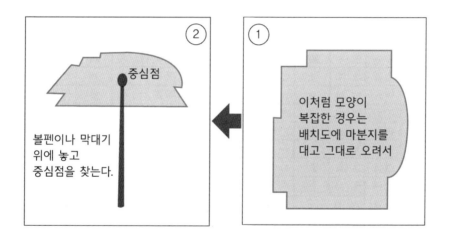

② 중심점

볼펜이나 막대기
위에 놓고
중심점을 찾는다.

① 이처럼 모양이
복잡한 경우는
배치도에 마분지를
대고 그대로 오려서

✦ 3. 출생년도별 본명성

## 가. 중원갑자(1924~1983년)

출생년도별 본명궁(出生年度別 本命宮)

<중원갑자(中元甲子) : 西紀 1924年-1983年 生>

| 出生年度 | | 男子本命宮 | | 女子本命宮 | | 出生年度 | | 男子本命宮 | | 女子本命宮 | |
|---|---|---|---|---|---|---|---|---|---|---|---|
| 西紀 | 干支 | 宮位 | 四宅 | 宮位 | 四宅 | 西紀 | 干支 | 宮位 | 四宅 | 宮位 | 四宅 |
| 1924 | 甲子 | 四綠 | 東 | 二坤 | 西 | 1954 | 甲午 | 一坎 | 東 | 五艮 | 西 |
| 1925 | 乙丑 | 三震 | 東 | 三震 | 東 | 1955 | 乙未 | 九離 | 東 | 六乾 | 西 |
| 1926 | 丙寅 | 二坤 | 西 | 四綠 | 東 | 1956 | 丙申 | 八艮 | 西 | 七兌 | 西 |
| 1927 | 丁卯 | 一坎 | 東 | 五艮 | 西 | 1957 | 丁酉 | 七兌 | 西 | 八艮 | 西 |
| 1928 | 戊辰 | 九離 | 東 | 六乾 | 西 | 1958 | 戊戌 | 六乾 | 西 | 九離 | 東 |
| 1929 | 己巳 | 八艮 | 西 | 七兌 | 西 | 1959 | 己亥 | 五坤 | 西 | 一坎 | 東 |
| 1930 | 庚午 | 七兌 | 西 | 八艮 | 西 | 1960 | 庚子 | 四綠 | 東 | 二坤 | 西 |
| 1931 | 辛未 | 六乾 | 西 | 九離 | 東 | 1961 | 辛丑 | 三震 | 東 | 三震 | 東 |
| 1932 | 壬申 | 五坤 | 西 | 一坎 | 東 | 1962 | 壬寅 | 二坤 | 西 | 四綠 | 東 |
| 1933 | 癸酉 | 四綠 | 東 | 二坤 | 西 | 1963 | 癸卯 | 一坎 | 東 | 五艮 | 西 |
| 1934 | 甲戌 | 三震 | 東 | 三震 | 東 | 1964 | 甲辰 | 九離 | 東 | 六乾 | 西 |
| 1935 | 乙亥 | 二坤 | 西 | 四綠 | 東 | 1965 | 乙巳 | 八艮 | 西 | 七兌 | 西 |
| 1936 | 丙子 | 一坎 | 東 | 五艮 | 西 | 1966 | 丙午 | 七兌 | 西 | 八艮 | 西 |
| 1937 | 丁丑 | 九離 | 東 | 六乾 | 西 | 1967 | 丁未 | 六乾 | 西 | 九離 | 東 |
| 1938 | 戊寅 | 八艮 | 西 | 七兌 | 西 | 1968 | 戊申 | 五坤 | 西 | 一坎 | 東 |
| 1939 | 己卯 | 七兌 | 西 | 八艮 | 西 | 1969 | 己酉 | 四綠 | 東 | 二坤 | 西 |
| 1940 | 庚辰 | 六乾 | 西 | 九離 | 東 | 1970 | 庚戌 | 三震 | 東 | 三震 | 東 |
| 1941 | 辛巳 | 五坤 | 西 | 一坎 | 東 | 1971 | 辛亥 | 二坤 | 西 | 四綠 | 東 |
| 1942 | 壬午 | 四綠 | 東 | 二坤 | 西 | 1972 | 壬子 | 一坎 | 東 | 五艮 | 西 |
| 1943 | 癸未 | 三震 | 東 | 三震 | 東 | 1973 | 癸丑 | 九離 | 東 | 六乾 | 西 |
| 1944 | 甲申 | 二坤 | 西 | 四綠 | 東 | 1974 | 甲寅 | 八艮 | 西 | 七兌 | 西 |
| 1945 | 乙酉 | 一坎 | 東 | 五艮 | 西 | 1975 | 乙卯 | 七兌 | 西 | 八艮 | 西 |
| 1946 | 丙戌 | 九離 | 東 | 六乾 | 西 | 1976 | 丙辰 | 六乾 | 西 | 九離 | 東 |
| 1947 | 丁亥 | 八艮 | 西 | 七兌 | 西 | 1977 | 丁巳 | 五坤 | 西 | 一坎 | 東 |
| 1948 | 戊子 | 七兌 | 西 | 八艮 | 西 | 1978 | 戊午 | 四綠 | 東 | 二坤 | 西 |
| 1949 | 己丑 | 六乾 | 西 | 九離 | 東 | 1979 | 己未 | 三震 | 東 | 三震 | 東 |
| 1950 | 庚寅 | 五坤 | 西 | 一坎 | 東 | 1980 | 庚申 | 二坤 | 西 | 四綠 | 東 |
| 1951 | 辛卯 | 四綠 | 東 | 二坤 | 西 | 1981 | 辛酉 | 一坎 | 東 | 五艮 | 西 |
| 1952 | 壬辰 | 三震 | 東 | 三震 | 東 | 1982 | 壬戌 | 九離 | 東 | 六乾 | 西 |
| 1953 | 癸巳 | 二坤 | 西 | 四綠 | 東 | 1983 | 癸亥 | 八艮 | 西 | 七兌 | 西 |

## 나. 하원갑자(1984~2043년)

### 출생년도별 본명궁(出生年度別 本命宮)

<하원갑자(下元甲子) : 西紀 1984年-2043年 生>

| 出生年度 | | 男子本命宮 | | 女子本命宮 | | 出生年度 | | 男子本命宮 | | 女子本命宮 | |
|---|---|---|---|---|---|---|---|---|---|---|---|
| 西紀 | 干支 | 宮位 | 四宅 | 宮位 | 四宅 | 西紀 | 干支 | 宮位 | 四宅 | 宮位 | 四宅 |
| 1984 | 甲子 | 七兌 | 西 | 八艮 | 西 | 2014 | 甲午 | 四巽 | 東 | 二坤 | 西 |
| 1985 | 乙丑 | 六乾 | 西 | 九離 | 東 | 2015 | 乙未 | 三震 | 東 | 三震 | 東 |
| 1986 | 丙寅 | 五坤 | 西 | 一坎 | 東 | 2016 | 丙申 | 二坤 | 西 | 四巽 | 東 |
| 1987 | 丁卯 | 四巽 | 東 | 二坤 | 西 | 2017 | 丁酉 | 一坎 | 東 | 五艮 | 西 |
| 1988 | 戊辰 | 三震 | 東 | 三震 | 東 | 2018 | 戊戌 | 九離 | 東 | 六乾 | 西 |
| 1989 | 己巳 | 二坤 | 西 | 四巽 | 東 | 2019 | 己亥 | 八艮 | 西 | 七兌 | 西 |
| 1990 | 庚午 | 一坎 | 東 | 五艮 | 西 | 2020 | 庚子 | 七兌 | 西 | 八艮 | 西 |
| 1991 | 辛未 | 九離 | 東 | 六乾 | 西 | 2021 | 辛丑 | 六乾 | 西 | 九離 | 東 |
| 1992 | 壬申 | 八艮 | 西 | 七兌 | 西 | 2022 | 壬寅 | 五坤 | 西 | 一坎 | 東 |
| 1993 | 癸酉 | 七兌 | 西 | 八艮 | 西 | 2023 | 癸卯 | 四巽 | 東 | 二坤 | 西 |
| 1994 | 甲戌 | 六乾 | 西 | 九離 | 東 | 2024 | 甲辰 | 三震 | 東 | 三震 | 東 |
| 1995 | 乙亥 | 五坤 | 西 | 一坎 | 東 | 2025 | 乙巳 | 二坤 | 西 | 四巽 | 東 |
| 1996 | 丙子 | 四巽 | 東 | 二坤 | 西 | 2026 | 丙午 | 一坎 | 東 | 五艮 | 西 |
| 1997 | 丁丑 | 三震 | 東 | 三震 | 東 | 2027 | 丁未 | 九離 | 東 | 六乾 | 西 |
| 1998 | 戊寅 | 二坤 | 西 | 四巽 | 東 | 2028 | 戊申 | 八艮 | 西 | 七兌 | 西 |
| 1999 | 己卯 | 一坎 | 東 | 五艮 | 西 | 2029 | 己酉 | 七兌 | 西 | 八艮 | 西 |
| 2000 | 庚辰 | 九離 | 東 | 六乾 | 西 | 2030 | 庚戌 | 六乾 | 西 | 九離 | 東 |
| 2001 | 辛巳 | 八艮 | 西 | 七兌 | 西 | 2031 | 辛亥 | 五坤 | 西 | 一坎 | 東 |
| 2002 | 壬午 | 七兌 | 西 | 八艮 | 西 | 2032 | 壬子 | 四巽 | 東 | 二坤 | 西 |
| 2003 | 癸未 | 六乾 | 西 | 九離 | 東 | 2033 | 癸丑 | 三震 | 東 | 三震 | 東 |
| 2004 | 甲申 | 五坤 | 西 | 一坎 | 東 | 2034 | 甲寅 | 二坤 | 西 | 四巽 | 東 |
| 2005 | 乙酉 | 四巽 | 東 | 二坤 | 西 | 2035 | 乙卯 | 一坎 | 東 | 五艮 | 西 |
| 2006 | 丙戌 | 三震 | 東 | 三震 | 東 | 2036 | 丙辰 | 九離 | 東 | 六乾 | 西 |
| 2007 | 丁亥 | 二坤 | 西 | 四巽 | 東 | 2037 | 丁巳 | 八艮 | 西 | 七兌 | 西 |
| 2008 | 戊子 | 一坎 | 東 | 五艮 | 西 | 2038 | 戊午 | 七兌 | 西 | 八艮 | 西 |
| 2009 | 己丑 | 九離 | 東 | 六乾 | 西 | 2039 | 己未 | 六乾 | 西 | 九離 | 東 |
| 2010 | 庚寅 | 八艮 | 西 | 七兌 | 西 | 2040 | 庚申 | 五坤 | 西 | 一坎 | 東 |
| 2011 | 辛卯 | 七兌 | 西 | 八艮 | 西 | 2041 | 辛酉 | 四巽 | 東 | 二坤 | 西 |
| 2012 | 壬辰 | 六乾 | 西 | 九離 | 東 | 2042 | 壬戌 | 三震 | 東 | 三震 | 東 |
| 2013 | 癸巳 | 五坤 | 西 | 一坎 | 東 | 2043 | 癸亥 | 二坤 | 西 | 四巽 | 東 |

# ✦ 4. 주택의 풍수적 길흉 평가 요령

## 1) 해당 주택 입지의 용맥 및 지세 파악

해당 주택의 입지가 들어선 택지의 용맥 등 지세를 파악한다.

## 2) 해당 주택의 입지 주변의 주위환경

주위를 살펴서 흉한 요소가 없는지(흉한지형지물 : 채석장, 흉물스런 바위나 물체, 고압선철탑 등)를 살핀다.

## 3) 해당 주택의 입지 주변의 대중교통 편의성

해당 주택 주변의 대중교통 편리성과 접근성을 살핀다.

## 4) 해당 주택의 가상

주택은 풍수상 흉함 없이 길해야 되며, 지나치게 디자인이나 미술적 표현에 치중하면 흉상이 될 확률이 높다. 불균형된 주택모습, 모서리나 벽면이 날카롭게 찌르는 형상은 나쁘다.

## 5) 해당 주택의 좌향

지세에 순응하면서 좌향이 흉 방위가 아니어야 한다. 지세를 무시하고 남향집을 고집하여 지세에 역배(逆背)하게 배치하면 매우 흉하다. 자연경관에 치우쳐 흉 방위로 좌향해서도 안 된다.

## 6) 내부공간 배치시 양택삼요(門, 住, 灶) 준용여부

## 7) 해당 주택에 사는 대주(大住)의 사택(동사택, 서사택)이 부합되는지 검토

### 8) 각 항목별 세부사항을 만들어서 감정평가

90점 이상(1등급)은 매우적극권장, 80~89점(2등급)은 적극권장, 70~79점(3등급)은 권장(구입해도 무난), 60~69점(4등급)은 비보를 통한 보완여부 검토 후 결정, 50~59점(5등급)은 흉으로 구입만류, 50점 이하(등외)는 대흉으로 평가하며 구입을 만류한다.

60점~69점(4등급)은 풍수적 결함을 비보를 통해서 중대한 결함에 대한 보완가능여부를 확인한 뒤, 보완이 가능하면 구입하고, 보완이 불가능하면 구입을 포기하는 것이 좋다.

## ✦ 5. 이장택일(移葬擇日)

이장택일은 초상 때와 달리 복잡하고 어렵다. 모든 내용 소개는 어렵고 복잡하니, 간편한 몇 가지만 소개한다.

### 1) 동총운법(動塚運法)

묘(墓)의 이장(移葬), 사초(莎草), 석물(石物)등을 설치시 묘의 좌향과 세운(歲運)에 따른 길흉을 판단하는 것이다.

| 구분 年 | 大 利(吉) 運 | 小 利(平) 運 | 重 喪(不利) 運 |
|---|---|---|---|
| 子午卯酉 年 | 艮寅甲卯坤申庚酉 坐 | 壬子癸丑丙午丁未 坐 | 乙辰巽巳辛戌乾亥 坐 |
| 辰戌丑未 年 | 壬子癸丑丙午丁未 坐 | 乙辰巽巳辛戌乾亥 坐 | 艮寅甲卯坤申庚酉 坐 |
| 寅申巳亥 年 | 乙辰巽巳辛戌乾亥 坐 | 艮寅甲卯坤申庚酉 坐 | 壬子癸丑丙午丁未 坐 |

## ◆ 동총운 활용법 ◆

| 구분 | 조건 | 비고 |
|---|---|---|
| 대길 | 대리운(동총운)＋대주(大住)의 생기,<br>천의, 복덕일 | 사용가능 |
| 소길 | 소리운(동총운)＋대주(大住)의 생기,<br>천의, 복덕일 | 사용가능 |
| 소흉 | 중상운(동총운)＋대주(大住)의 절체,<br>유혼, 귀혼일 | 사용불가 |
| 대흉 | 중상운(동총운)＋대주(大住)의 화해,<br>절명일 | 절대불가 |

## 2) 개총법(開塚法)

甲乙日 : 辛戌乾亥 坐는 헐지 않는다(또 申酉 時도 피한다).

丙丁日 : 坤申庚酉 坐는 헐지 않는다(또 丑午申戌 時도 피한다).

戊己日 : 辰戌酉 坐는 헐지 않는다(또 辰戌酉 時도 피한다).

庚辛日 : 艮寅甲卯 坐는 헐지 않는다(또 丑辰巳 時도 피한다).

壬癸日 : 乙辰巽巳 坐는 헐지 않는다(또는 丑未 時도 피한다).

## 3) 입지공망(立地空亡)

| 日子 | 亡命 | 비고 |
|---|---|---|
| 庚午 | 甲己 | 日과 亡命을 피하여 장사 지낸다 |
| 庚辰 | 乙庚 | 〃 |
| 庚寅 | 丙辛 | 〃 |
| 庚戌 | 丁壬 | 〃 |
| 庚申 | 戊癸 | 〃 |

## 4) 제신상천(諸神上天)

한식, 청명일과 대한 후 5일부터 입춘 전 3일까지이다. 한식과 청명일은 모든 신들이 조회하려 상천(上天)하므로 무방하고, 대한 후 5일부터 입춘 3일 전까지는 신구신(新舊神)이 임무 교대를 하는 기간이므로 달리 날을 받지 않고 이장해도 무방하다.

## 5) 천상천하대공망일(天上天下大空亡日)

구묘의 坐를 모르거나 시일이 급박할 때 巳, 亥日(重複日)만 제외하고 아래 공망일을 사용함이 무방하다.

乙丑, 甲戌, 乙亥, 癸未, 甲申, 乙酉, 壬辰, 癸巳, 甲午, 壬寅, 癸卯, 壬子日

## 6) 주마육임(走馬六壬)

주마육임법(走馬六壬法)은 간단해도 효과는 크다. 즉 陽山에 陽年月日時를 陰山에 陰年月日時를 사용하는 법이다.

陽山 : 壬子, 艮寅, 乙辰, 丙午, 坤申, 辛戌, 年月日時를 다 맞추면 吉

陰山 : 癸丑, 甲卯, 巽巳, 丁未, 庚酉, 乾亥, 年月日時를 다 맞추면 吉

## 7) 자백구성(紫白九星)

坐에 年月日時가 모두 紫白(九紫, 一白, 六白, 八白)에 해당하면 大吉하다. 구성에서 중궁에 연월일시가 모두 같은 숫자가 들어가는 날은 대길하며, 그 중에서도, 특별히 三吉數(1, 6, 8) 또는 9가 연월일시 모두 같은 숫자가 중궁에 들어가는 날은 특별히 大吉하다.

## ✦ 6. 회두극(回頭剋) 좌향(坐向)

| 辰巽巳坐<br>戌乾亥向<br><br>巽宮(남동)<br><br>丁戊己庚辛壬<br>巳申亥寅巳申 | 丙午丁坐<br>壬子癸向<br><br>離(남)<br><br>壬癸甲乙丙丁戊<br>戌丑辰未戌丑辰 | 未坤申坐<br>丑艮寅向<br><br>坤(남서)<br><br>乙丙丁戊己庚<br>卯午酉子卯午 |
|---|---|---|
| 甲卯乙坐<br>庚酉辛向<br><br>震(동)<br><br>丙丁戊己庚辛<br>辰未戌丑辰未 | 中宮<br><br><br>甲戊己庚辛壬癸<br>子午酉子卯午酉 | 庚酉辛坐<br>甲卯乙向<br><br>兌(서)<br><br>庚辛壬癸甲乙丙<br>申亥寅巳申亥寅 |
| 丑艮寅坐<br>未坤申向<br><br>艮(북동)<br><br>辛壬癸甲乙丙丁<br>酉子卯午酉子卯 | 壬子癸坐<br>丙午丁向<br><br>坎(북)<br><br>癸甲乙丙丁戊己<br>亥寅巳申亥寅巳 | 戌乾亥坐<br>辰巽巳向<br><br>乾(북서)<br><br>己庚辛壬癸甲乙<br>未戌丑辰未戌丑 |

## ✦ 7. 현장상담 길흉 판단법

① 지세(地勢)를 무시하고 배산임수에 역행하여 무리하게 남향이나 동향으로 지은 아파트나 집에 살면 육체건강, 정신건강에 모두 해롭다.

② 도로 배면(背面)에 지은 집은 노충살(路衝殺)을 받아서 재물이 손상되고 건강이 나빠진다.

③ 급경사에 있는 건물은 재물이 흘러가는 형상이라 재물운이 나쁘다.

④ 경매에 나온 집이나 건물의 80~90%는 풍수적으로 문제가 있는 물건들이다.

⑤ 상가에서 수구(水口)가 보이면 재물이 나가고, 출입문이 두개이면 기(氣)가 머물지 못하고 빠져나가니 좋지 못하다.

⑥ 같은 골목에서도 장사 잘되는 집과 안 되는 집을 알아보기 위해서는 상가나 가게는 물길(財物)을 먼저보고 바람길, 좌향을 본다.

⑦ 아파트 응접실(발코니)에서 보았을 때 물이 나가는 수구(水口)가 보이면 재물이

나간다.

⑧ 산 아래 입지한 아파트단지 매입(買入)시는 곡풍(谷風)과 물길을 잘 살펴서 동, 호수를 선택하여야 한다.

⑨ 전원주택은 뒷산으로부터 좋은 기를 받는 곳에 입지(立地)해야 지기(地氣)가 좋다. 다만, 용진처(龍盡處)나 맥충(脈沖)을 받는 곳은 피해야 하며, 주변보다 다소 높은 곳에 집을 지을 때는 반드시 담을 쌓아서 장풍(臟風)이 필요하다.

⑩ 풍수적 길흉을 감정할 때는 원칠근삼(遠七近三)의 원칙을 철저히 지킨다. 즉 입지한 주택지에 들어오는 지기를 먼저 살핀 뒤에 집의 좌향을 살펴야 한다.


# ✦ 8. 풍수고서(靑烏經, 錦囊經)해설

## 가. 청오경(靑烏經) 원문 및 해석

盤古渾淪, 氣萌大朴. 分陰分陽 爲淸爲濁,

반고혼윤, 기맹대박. 분음분양 위청위탁,

生老病死 誰實主之, 無其始也. 無有議焉, 不能無也.

생로병사 수실주지, 무기시야. 무유의언, 불능무야.

曷如其無, 何惡其有. 藏於杳冥, 實關休咎.

갈여기무, 하오기유. 장어묘명, 실관휴구.

以言諭人, 似若非是, 其於末也, 一無外此.

이언유인, 사약비시, 기어말야, 일무외차.

其若可忽, 何假於予, 辭之廂矣, 理無越斯.

기약가홀, 하가어여, 사지상의, 이무월사.


(해석)

옛날 옛적에 혼돈 상태에서, 기(氣)가 생겨나서 크게 밑바탕이 되었다. 이것이 음양으로 나뉘어, 청(淸)함과 탁(濁)함으로 분별되며, 생로병사(生老病死)가 이루어졌는데, 누가 이를 실로 주관(主管)했겠는가, 그 처음이라는 것이 없다. 그 처음이 있는지 없는지를 여기서 의논해 본다면, 없다고 하는 것은 불가능한 것이니, 길흉(吉凶)은 여기에 형상이 있는 것이다. 어찌 보면 그것이 없는 것 같으면서도 있고, 있는 것 같으면서도 없으니, 있다, 없다, 감히 한마디로 표현할 수 있겠는가.

장사(葬事) 지내는 일은 땅속 깊고 어두운 곳에 묻는 것인데, 실로 휴구(休咎 : 길흉)에 관계되는 것이다. 이를 말로 사람들에게 비유하여 설명하면, 비시(非是 : 시비)가 있을 것이지만, 그것의 끝(結末 : 결말)은 있는 것이니, 하나의 차이도 없다. 추가로 설명을 덧붙이면, 묘지의 길흉화복에 대해서는 풍수사에 따라 해석의 차이가 있을 수 있지만 결국 길흉(吉凶)은 분명 존재하며 머리털만큼의 작은 차이도 없다. 그것을 만약 소홀히 한다면, 자기 자신을 속이는 이치가 될 것이다. 말의 군더더기 일 뿐이요. 이치는 이를 넘지 못할 것이다.

山川融結, 峙流不絶, 雙眸若無, 烏乎其別.
산천융결, 치유불절, 쌍모약무, 오호기별.
福厚之地, 雍容不迫, 四合周顧, 卜其主客.
복후지지, 옹용불박, 사합주고, 변기주객.
山欲其迎, 水欲其澄. 山來水回, 逼貴豊財.
산욕기영, 수욕기징. 산내수회, 핍귀풍재.
山囚水流, 虜王滅侯. 山頓水曲, 子孫千億.
산수수유, 노왕멸후. 산돈수곡, 자손천억.
山走水直, 從人寄食. 水過西東, 財寶無窮,
산주수직, 종인기식. 수과서동, 재보무궁,
三橫四直, 官職彌崇.
삼횡사직, 관직미숭.
九曲委蛇, 準擬沙堤, 重重交鎖, 極品官資.
구곡위사, 준의사제, 중중교쇄, 극품관자.
氣乘風散, 脈遇水止, 藏隱蜿蜒, 富貴之地.
기승풍산, 맥우수지, 장은완연, 부귀지지.

(해석)

산천(山川)이 융합하여 맺히고, 산맥이 봉우리를 이루어 끊어지지 않았는데, 두 눈동자가 없는 것과 같다면, 어찌 그것을 구별할 수 있겠는가. 복(福)되고 후덕(厚德)한 땅은 모습이 온화하여 궁색하지 않고, 사방의 산들은 두루 합하여 둘러 감싸주니, 그 주(主)와 객(客)이 서로 조화롭다.

산은 맞이하는 것을 좋아하고, 물은 맑음을 좋아하니, 산이 오고 물이 돌면, 귀(貴)가 가까이 있고 재물(財物)이 풍족(豐足)하다. 산이 갇히고 물이 흘러가면 왕(王)은 붙잡혀 포로가 되고 제후(諸侯)는 망할 것이다. 산들이 조아리며 모이고 물이 구불구불하면 자손은 수천 수억까지 번창할 것이다.

산이 달아나고 물이 똑바르게 앞으로 진행하면, 종이 되어 남의 집살이(寄食)할 것이다. 물이 동서로 과할 정도로 풍부하면, 재산과 보물이 무궁하고, 세 번 옆으로 가르고 네 번 직선으로 흐르면 높은 관직까지 오를 것이다.

여러 골짜기에서 나온 물들이 뱀처럼 구불구불하게 흐르고, 모래사장과 같이 평평하고, 거듭거듭 감싸 서로 자물쇠처럼 교쇄하면, 더 높은 관직에 오를 것이다. 기(氣)는 바람을 만나면 흩어지고, 맥(脈)은 물을 만나면 멈추는 것이니, 때로는 감추어지고 때로는 숨은 용(龍)이 꿈틀대는 것처럼 된 것이, 부귀(富貴)를 이룰 수 있는 땅이다.


不蓄之穴 是爲腐骨, 不及之穴 生人絶滅, 騰漏之穴 飜棺敗槨,

불축지혈 시위부골, 부급지혈 생인절멸, 등누지혈 번관패곽,

背囚之穴, 寒泉滴瀝, 其爲可畏, 可不愼乎.

배수지혈, 한천적역, 기위가외, 가불신호.

百年幻化, 離形歸眞, 精神入門, 骨骸反根, 吉氣感應, 累福及人.

백년환화, 이형귀진, 정신입문, 골해반근, 길기감응, 누복급인.

東山吐焰, 西山起雲, 穴吉而溫, 富貴延綿. 其或反是, 子孫孤貧.

동산토염, 서산기운, 혈길이온, 부귀연면. 기혹반시, 자손고빈.

童斷與石 過獨逼側 能生新凶, 能消已福.

동단여석 과독핍측 능생신흉, 능소이복.

(해석)

혈(穴)에 생기(生氣)가 모이지 않는 땅은 뼈가 썩을 것이고, 생기(生氣)가 이르지 못한 혈(穴)은 살아있는 사람이 모두 죽을 것이고, 생기가 날아가고 기(氣)가 새는 혈(穴)은 관(棺)이 뒤집히고 관을 담는 곽(槨)이 손상될 것이며, 생기가 배신(背信)하고 막힌 혈은 찬 샘물이 혈 주변을 축축하게 적실 것이다. 그것이 바로 두려운 것이니, 어찌 가히 조심하지 않겠는가.

사람은 백년이 되면 죽음에 이르러 형체(形體)를 떠나 참된 나(眞我 : 자연)로 돌아가, 혼비백산(魂飛魄散 : 영혼은 하늘로 오르고 체백(體魄)은 땅에 묻히니)하니, 혼은 하늘로 오르고, 뼈와 해골은 땅속으로 되돌아가는데, 길한 기운(氣運)이 감응(感應)하면, 많은 복(福)을 사람에게 미치게 한다.

동쪽 산에서 불꽃을 토하면, 서쪽 산에서 구름이 일어나는 것이니, 혈이 온화하여 길하면, 부귀(富貴)가 오랫동안 이어질 것이다. 혹여 이와 반대로 된다면, 자손이 외롭고 가난할 것이다.

동산(童山 : 민둥산), 단산(斷山 : 맥이 끊긴 산), 석산(石山 : 돌산)과 함께, 용이 멈추지 않고 그냥 지나가는 과산(過山), 홀로 있는 독산(獨山)을 가까이 하면, 능히 새로운 재앙(災殃)이 생길 것이고, 능히 이미 있는 복(福)도 소멸시킬 것이다.


貴氣相資, 本原不脫, 前後區衛, 有主有客. 水行不流, 外狹內闊,

귀기상자, 본원불탈, 전후구위, 유주유객. 수행불유, 외협내활,

大地平洋 杳茫莫測.

대지평양 묘망막측.

沼沚池湖, 眞龍憩息 情當內求 愼莫外覓, 形勢彎趨, 享用五福.

소지지호, 진용게식 정당내구 신막외멱, 형세만추, 향용오복.

勢止形昂, 前澗後岡, 位至侯王. 形止勢縮, 前案回曲, 金穀璧玉.

세지형앙, 전간후강, 위지후왕. 형지세축, 전안회곡, 금곡벽옥.

山隨水著, 超超來路, 相而注之, 穴須回顧. 天光下臨, 百川同歸,

산수수저, 초초내로, 상이주지, 혈수회고. 천광하임, 백천동귀,

眞龍所泊 孰卜玄微.

진용소박 숙변현미.

(해석)

귀(貴)한 기운을 서로 취하는 자리란, 본래 근원(龍脈 : 용맥)으로부터 이탈하지 않고, 전후를 호위(護衛)하듯이 잘 감싸주는 곳으로, 주산(主山)이 있고 객산(客山 : 주변 사격)이 있는 곳이다. 물은 흐르나 흐르지 않는 것처럼 보이고, 바깥(水口)은 좁으나 안(四神砂 내의 保國)은 넓으며, 명당 안의 들판(大地)은 바다와 같이 평평하며, 아늑하고 그 넓이를 헤아리기가 어려울 만큼 넓어야 좋다.

늪(沼), 물가(沚), 연못(池), 호수(湖)는, 진용(眞龍)의 행룡(行龍)을 멈추어 쉬게 하는 곳이니, 마땅히 그 안에서 구해야 하며, 심사숙고하여 밖에서 찾는 일은 없어야 한다. 수형세(水形勢)가 굽어 감싸주는 것을 취하고 있다면, 오복(五福)을 누리게 된다.

용세(龍勢)가 멈추면서 혈(穴)이 머리를 들어 우뚝하고, 앞에는 계곡 물이 있고 뒤에는 산이 받쳐주면, 그 지위(地位)가 제후(諸侯)나 왕(王)에 이를 것이다. 용세(龍勢)가 멈추면서 혈(穴)을 맺고 바르고, 앞으로 안산이 휘어 돌아서 감싸주고 있으면, 황금(黃金)과 곡식(穀)과 벽옥(璧玉 : 아름다운 보석)이 가득할 것이다.

산 따라 물이 흐르는데, 물(水)이 멀리서부터 와서, 산과 물이 서로 주시하면, 혈은 반드시 돌아본다(혈을 맺음). 하늘의 기운이 땅에 비추고, 모든 하천이 하나로 모여 있으면, 진용(眞龍)은 자리를 잡아 행용(行龍)을 멈추는 것이니, 감히 누가 현묘(玄妙)하고 미묘(微妙)한 이치를 분별할 수 있겠는가.


鷄鳴犬吠, 鬧市烟村, 隆隆隱隱, 孰探其原.

계명견폐, 요시연촌, 융융은은, 숙탐기원.

若乃, 斷而復續, 去而復留, 奇形異相, 千金難求.

약내, 단이복속, 거이복유, 기형이상, 천금난구.

**折藕貫珠 眞機落莫 臨穴坦然 誠難捫摸.**

절우관주 진기낙막 임혈탄연 성난문모.

障空補缺, 天造地設, 留與至人, 先賢難說.

장공보결, 천조지설, 유여지인, 선현난설.


(해석)

닭이 울고 개가 짖는 마을, 번잡한 시장과 밥 짓는 연기가 나는 마을은 용맥(龍脈)
이 높이 솟아 융성하고 때로는 숨어 감추니, 그 근원을 찾기가 어렵다.

이와 같이, 용맥(龍脈)이 끊긴듯하다가 다시 이어지고, 가다가 다시 머무는, 기이한
형상(形相)은, 천금(千金)을 주고도 구하기 어려운 곳이다.

자른 연뿌리는 구슬을 꿴 듯하고, 진짜 틀(刑象)은 떨어져 없어졌는데, 혈(穴)에 임
하여 평평해졌으니, 정말로 어루만져 찾기 어려운 것이다.

허한 곳을 막아주고 부족한 곳을 보완하여, 하늘이 만들고 땅이 세운 것을, 베푼자(살
아생전 德을 쌓은 자)에게 남겨놓았으니, 선현(先賢)이라도 설명하기 어렵다.


草木鬱茂, 吉氣相隨, 內外表裏, 或然或爲.

초목울무, 길기상수, 내외표이, 혹연혹위.

三岡全氣, 八方會勢, 前遮後擁, 諸祥畢至.

삼강전기, 팔방회세, 전차후옹, 제상필지.

地貴平夷, 土貴有支, 穴取安止 水取超遞.

지귀평이, 토귀유지, 혈취안지 수취초체.

向定陰陽, 切莫乖戾. 差以毫釐, 繆以千里.

향정음양, 절막괴려. 차이호리, 무이천이.


(해석)

풀과 나무는 울창하며 무성하고, 길(吉)한 기운이 서로 함께하면, 내외(內外)와 표리
(表裏)가, 혹 자연(自然)일 수 있고 혹은 인위(人爲)일 수 있다.

삼강(三岡 : 玄武, 靑龍, 白虎 세 줄기 산)의 기(氣)가 온전하면, 팔방에서 세(勢)가 모
이고, 앞산은 막아주고 뒷산이 끌어 안아주면, 제상(諸祥 : 모든 상서로운 것)이 모두
모여든다. 땅이 귀한 것은 평탄하고 완만한 것이고, 흙이 귀한 것은 오랜 시간 지탱되

고 있는 것이니, 혈은 안정되게 멈춘 곳에서 취(取)할 것이며, 물은 멀리서 흘러 보내 온 것을 취(取)해야 한다.

　음양(陰陽)으로 향(向)을 정함에 있어서, 절대로 이치(理致)에 어긋나도록 정하지 말라. 차이호리(差以毫釐 : 그 차이가 털끝만큼)만 생겨도, 어그러짐은 천리(千里)를 간다.


　　擇術盡善, 對都立縣, 一或非宜, 法主貧賤.
　　택술진선, 대도입현, 일혹비의, 법주빈천.
　　公侯之地, 龍馬騰起 面對玉圭 所而首銳, 更遇本方 不學而至.
　　공후지지, 용마등기 면대옥규 소이수예, 경우본방 불학이지.
　　宰相之地, 繡格伊邇, 大水洋潮, 無上至貴.
　　재상지지, 수격이이, 대수양조, 무상지귀.
　　外臺之地, 焊門高峙, 屯踏排迎. 周圍數里, 筆大橫椽, 是名判死,
　　외대지지, 한문고치, 둔답배영. 주위수리, 필대횡연, 시명판사,
　　此昂彼低, 誠難推擬.
　　차앙피저, 성난추의.
　　官貴之地, 文筆插耳. 魚袋雙聯, 庚金之位, 南火東木, 北水鄙伎.
　　관귀지지, 문필삽이. 어대쌍연, 경금지위, 남화동목, 북수비기.


(해석)

　땅을 택(擇)하는 술수(術數)에 최선을 다하면, 도읍을 정하고 고을(縣)까지도 세울 수 있지만, 만약 하나라도 마땅치 않으면, 그 술법(術法)은 가난하고 천함을 불러온다.

　공작(公爵)이나 후작(侯爵)이 나는 땅은, 용맥(龍脈)이 하늘로 오르는 듯 하고, 앞에는 옥규봉(玉圭峰)이 있으며, 앞이 날카롭게 위치하고, 본 방위를 제대로 만나면, 배움이 없어도 공후(公侯)에 이른다.

　재상(宰相)이 나는 땅은, 봉우리들이 수놓은 듯 얽혀서 가까이 있고, 큰물이 밀려오는 바다와 같아 보이면, 더 이상 귀할 것이 없다.

　외대(外臺 : 높은 벼슬)에 오르는 땅은, 수구처(水口處) 양쪽에 있는 바위, 즉 한문(焊門)이 높이 솟아 있고, 주변 산들이 둔(屯)을 치고 배치(配置)되어 있는 듯해야 한다. 주

변 수리(數里 : 몇 리 안의 가까운 곳)에, 필봉(筆峰)들이 크게 횡으로 서까래처럼 연결되어 있으면, 이를 죽음을 판단하는 판사(判死)라 부르는 데, 이곳은 높고 저곳은 낮으니, 실로 추측하여 헤아리기가 어려운 것이다.

벼슬이 높고 귀함이 나는 땅은, 문필봉(文筆峰)이 귀를 쫑긋 세우듯 우뚝하게 솟아 있다. 어대봉(魚袋峰)이 쌍으로 연속되어 있고, 경(庚)방위에 있으면 관귀(官貴)가 나오고, 남쪽과 동쪽에 있거나, 북쪽에 있으면 비기(鄙伎 : 비천한 재주)가 나온다.

地有佳氣, 隨土所起, 山有吉氣, 因方所主.
지유가기, 수토소기, 산유길기, 인방소주.
文筆之地, 筆尖以細, 諸福不隨, 虛馳才藝.
문필지지, 필첨이세, 제복불수, 허치재예.
大富之地, 圓峯金櫃, 貝寶沓來, 如川之至. 貧賤之地, 亂如散蟻.
대부지지, 원봉금궤, 패보답내, 여천지지. 빈천지지, 난여산의.
達人大觀, 如示諸指, 幽陰之宮, 神靈所主, 葬不斬草, 名曰盜葬.
달인대관, 여시제지, 유음지궁, 신영소주, 장불참초, 명왈도장.
葬近祖墳, 殃及兒孫. 一墳榮盛, 一墳孤貧. 穴吉葬凶, 與棄屍同.
장근조분, 앙급아손. 일분영성, 일분고빈. 혈길장흉, 여기시동.

(해석)
땅에 좋은 기(氣)가 있으면, 흙에 따라 기(氣)가 모이는 곳이 있으며, 산이 있고 길(吉)한 기운(氣運)이 있으면, 각각에 방위별(方位別)로 거기에 맞는 주인이 있다.

문필지지(文筆之地 : 글과 문장이 나는 땅)는, 필봉(筆鋒)이 가늘고 뾰족하면 복이 따르지 않고 재주(才韓)나 기예(技藝)는 헛된다.

큰 부자가 나는 땅은, 둥글게 생긴 봉우리가 금궤(金櫃)처럼 하고, 패보(貝寶 : 패물과 보석)가 넘치도록 들어오는 것이, 마치 냇물이 흘러 들어오는 것과 같다. 빈천지지(貧賤之地 : 가난과 천함이 나는 땅)는, 산세(山勢)가 어지러워 마치 개미가 흩어지는 모습과 같다.

달인(達人 : 통달한 사람)이 크게 보면, 마치 손가락으로 가르치는 것과 같은 것으로,

묘지에서는, 신령이 주관하여 자리를 잡는 것이며, 장사(葬事)에 풀을 베지 않는 것은 도장(盜葬 : 몰래 장사를 치름)이라고 하였다.

　장근조분(葬近祖墳 : 조상 산소 가까이에 장사지냄)은, 재앙이 어린 손자에게까지 미칠 것이다. 어떤 산소는 번영하고 융성하는데, 어떤 산소는 고독하고 가난하다. 혈 자리는 좋은데 흉하게 장사지내면, 마치 시체를 버리는 것과 똑같다.


　陰陽符合, 天地交通, 內氣萌生, 外氣成形. 內外相乘, 風水自成.
　음양부합, 천지교통, 내기맹생, 외기성형. 내외상승, 풍수자성.
　察以眼界, 會以性情, 若能悟此, 天下橫行.
　찰이안계, 회이성정, 약능오차, 천하횡행.


(해석)
　음양(陰陽)이 부합하여, 천지(天地)가 서로 통하면, 내기(內氣)는 생명을 싹트게 하고, 외기(外氣)는 형상을 이룬다. 안과 밖이 서로 기를 타면서, 내기와 외기가 서로 어우러지면, 풍수는 스스로 이루어지는 것이다.

　찰이안계(察以眼界 : 눈으로 자세히 살핌)하며, 회이성정(會以性情 : 정성스럽게 마음을 모음)하면, 능히 이를 깨달아 터득할 수 있으며, 천하(天下)를 멋대로 하는 것이다.

## 나. 금낭경(錦囊經) 상권(上卷)

### 1) 금낭경 상권(錦囊經 上券)

### (1) 제1 기감편(氣感編)

　葬者乘生氣也. 五氣行乎地中. 人受體於父母, 本骸得氣, 遺體受蔭.
　장자승생기야. 오기행호지중. 인수체어부모, 본해득기, 유체수음.


(해석)
　땅에 묻힌 시신(葬者)은 생기(生氣)를 받아야 한다. 오기(五氣)는 땅속으로 흐른다. 사람은 부모로부터 몸을 받고, 본해(本骸 : 부모의 유골)가 기(氣)를 얻으면, 유체(遺體 : 자식)는 음덕(蔭德 : 조상의 덕)을 받는다.

經曰 氣感而應 鬼福及人. 是而銅山西崩 靈鐘東應. 木華於春 粟芽於室.

경왈 기감이응 귀복급인. 시이동산서붕 영종동응. 목화어춘 속아어실.

毫釐之差 禍福千里.

호리지차 화복천리.


(해석)

경(經)에 이르기를 기(氣)가 감응(感應)하면 길흉(吉凶)이 사람에게 미친다고 하였다. 이는 서쪽에 있는 동산(銅山)이 붕괴(崩壞)하면, 동쪽에 있는 신령한 종(鐘)이 응하여 울리는 거와 같다. 나무는 봄에 꽃이 피고, 오곡(粟, 속)은 실내(室內)에서 싹이 튼다. 머리털만한 차이가 나도 화복(禍福)은 천리(千里)차이로 벌어진다.



經曰 地有四勢, 氣從八方.

경왈 지유사세, 기종팔방.

夫陰陽之氣 噫而爲風 升而爲雲 降而爲雨 行乎地中 則而爲生氣.

부음양지기 희이위풍 승이위운 강이위우 행호지중 즉이위생기.


(해석)

경(經)에 이르기를 땅에는 사세(四勢)가 있고, 기(氣)는 팔방을 따른다고 하였다.

무릇 음양(陰陽)의 기(氣)는 바람이 되고, 오르면 구름이 되고, 내리면 비가 되고, 땅 속으로 흘러 돌아다니면, 곧바로 생기(生氣)가 된다.



經曰 氣乘風則散 界水則止. 古人聚之使不散, 行之使有止 故謂之風水.

경왈 기승풍칙산 계수즉지. 고인취지사불산, 행지사유지 고위지풍수.


(해석)

경(經)에 이르기를 기(氣)가 바람을 받으면 흩어지고, 물을 만나면 멈춘다고 하였다. 옛사람들은 기(氣)가 모이고 흩어지지 않는 곳, 기(氣)가 행하다가 멈춘 곳을, 옛부터 말하기를 풍수(風水)라고 이름하였다.


風水之法 得水爲上 藏風次之.
풍수지법 득수위상 장풍차지.


(해석)
풍수의 법은 첫째로 득수(得水)이고, 장풍(藏風)은 그 다음이다.


何以言之氣之盛, 雖流行 而其餘者猶有止. 雖零散 而其深者猶有聚.
하이언지기지성, 수유행 이기여자유유지. 수영산 이기심자유유취.


(해석)
어찌 말로 기(氣)의 성(盛)함을 표현할 수 있겠는지요, 비록 흘러 다니지만 오히려 유지(有止 : 머무름)에 있고. 비록 흩어지는 것이지만 그 깊은 곳에는 오히려 유취(有聚 : 모임)에 있는 것이다.


故藏於涸燥者宜淺, 藏於坦夷者宜深. 經曰 淺深得乘, 風水自成.
고장어학조자의천, 장어탄이자의심. 경왈 천심득승, 풍수자성.


(해석)
학조(涸燥 : 수분 없이 메마르고 건조한 곳)에 장사지낼 때는 마땅히 얇게 파야하고, 탄이(坦夷 : 평탄하고 평이한 곳)에 장사지낼 때는 깊게 파야 한다.
경(經)에 이르기를 천심(淺深 : 낮고 깊음)을 알고, 기(氣)를 받으면, 풍수(風水)는 저절로 이루어진다.

夫土者氣之體, 有土斯有氣. 氣者水之母 有氣斯有水.
부토자기지체, 유토사유기. 기자수지모 유기사유수.


(해석)
무릇 흙이란 것은 기(氣)의 체(體)이므로, 흙이 있으면 곧 기(氣)가 있는 것이다. 기(氣)는 물의 근본이므로, 기(氣)가 있으면 곧 물(水)이 있는 것이다.


經曰 外氣橫形, 內氣止生 蓋言此也.
경왈 외기횡형, 내기지생 개언차야.


(해석)
경(經)에 이르기를, 외기(外氣)가 횡행(橫行)하여 형(形)을 만들고, 내기(內氣)가 멈추어 생(生)한다는 것은 대개 이런 것을 말하는 것이다.


邱壟之骨, 岡阜之支, 氣之所隨.
구농지골, 강부지지, 기지소수.


(해석)
구농(邱壟 : 高山)의 골(骨 : 石)이든지, 강부(岡阜 : 脊土)의 지(支 : 無石)이든지, 기(氣)는 지맥(地脈)을 따라 흐른다.


經曰 土形氣行, 物因以生.
경왈 토형기행, 물인이생.


(해석)
경(經)에 이르기를 흙이 형상(形象)을 이루어 기(氣)가 돌아다니면, 만물(萬物)은 이로 인하여 생명(生命)을 얻는 것이다.


蓋生者氣之聚, 凝結者成骨. 骨者人之生氣, 死而獨留.
개생자기지취, 응결자성골. 골자인지생기, 사이독유.


(해석)

대체적으로 생(生)이라는 것은 기(氣)가 모인 것이고, 응결되어 이룬 것이 골(骨)이다. 골(骨)은 사람의 생기로서, 죽으면 오직 뼈(骨 : 골)만 남는다.


故葬者 反氣納骨 以蔭所生之法也.
고장자 반기납골 이음소생지법야.


(해석)

유골(遺骨 : 죽은 자의 뼈)은 기를 반응(反應)시켜 뼈에 들게 함으로서, 소생(所生 : 살아있는 사람)들에게 음덕(蔭德)을 입히는 법이다.


## (2) 제2 인세편(因勢編)

五氣行於地中, 發而生乎萬物. 其行也 因地之勢, 其聚也 因勢之止.
오기행어지중, 발이생호만물. 기행야 인지지세, 기취야 인세지지.
葬者原其起, 乘其止.
장자원기기, 승기지.


(해석)

오기(五氣 : 木火土金水)가 땅속을 흘러 돌아다니다가, 이것이 발동(發動)하여 만물(萬物)을 생성한다. 오기(五氣)의 흐름은 땅의 형세(形勢)에 의한 것이고, 그 응취(凝聚)는 형세(形勢)가 멈춤에서 기인(起因)한다.

장사(葬事)를 지낼 때는 기(氣)가 일어나는 곳을 근원(根源)으로 하여, 기(氣)가 멈추는 곳에다 묻어야(乘) 한다.


寅申巳亥 四勢也. 衰旺繫乎形應.
인신사해 사세야. 쇠왕계호형응.

(해석)

인방(寅方 : 오행火), 신방(申方: 오행水), 사방(巳方 : 오행金), 해방(亥方 : 오행木)은 사세(四勢)다. 쇠(衰)하고 왕(旺)하는 것은 그 형세(形勢)가 응(應)하는 것에 달려 있다.


震離坎兌乾坤艮巽 八方也. 來止迹乎岡阜.
진이감태건곤간손 팔방야. 내지적호강부.

(해석)

진(震 : 동쪽), 이(離 : 남쪽), 감(坎 : 북쪽), 태(兌 : 서쪽), 건(乾 : 북서), 곤(坤 : 남서), 간(艮 : 북동), 손(巽 : 남동)은 팔 방위다. 오기(五氣)가 흘러오거나 멈추는 것은 강부(岡阜 : 산과 언덕)을 따라 이루어지는 것이다.


地勢原脈, 山勢原骨. 委蛇東西, 或爲南北. 千尺爲勢, 百尺爲形.
지세원맥, 산세원골. 위사동서, 혹위남북. 천척위세, 백척위형.

(해석)

지세(地勢)는 맥(脈)을 근원으로 하고, 산세(山勢)는 골(骨 : 산의 높이와 형태)을 근원으로 한다. 뱀처럼 구불구불하게 동서로, 혹은 남북으로 가야 한다.

천척(千尺 : 길고 크면)이면 세(勢)를 이루고, 백척(百尺 : 짧고 작으면)이면 형(形 : 혈장)을 이룬다.

勢來形止 是謂全氣. 全氣之地 當葬其止.

세내형지 시위전기. 전기지지 당장기지.

全氣之地 宛委自復, 回還重復.

전기지지 완위자복, 회환중복.


(해석)

용세(龍勢)로 와서 형(形 : 혈장)에 멈추는 것을 완전한 기(氣)라고 한다. 전기지지
(全氣之地 : 온전히 기를 갖춘 땅)는 당연히 그 기(氣)가 멈춘 곳에 장사(葬事)를 지내야
한다.

전기지지(全氣之地)는 굴곡하면서 스스로 돌며, 휘돌아 환포(環抱)하는 것을 계속 중
복(重複)한다.



若踞而候也, 若攬而有也. 欲進而却, 欲止而深. 來積止聚, 沖陽和陰.

약거이후야, 약남이유야. 욕진이각, 욕지이심. 내적지취, 충양화음.


(해석)

氣가 뭉쳐 있는 땅(全氣之地 : 전기지지)은 웅크리고 있으면서 무엇을 기다리는 것
같고, 마치 잡아 당겨서 그곳에 있도록 하는 것과 같다. 나가고 싶은 것을 물리쳐야
하며, 멈추고자 하면 깊어야 한다. 기(氣)가 와서 쌓이고 멈추어 모이면, 음양의 조화
(調和)가 일어난다.



土膏水深, 鬱草茂林, 貴若千乘, 富如萬金.

토고수심, 울초무림, 귀약천승, 부여만금.

經曰 形止氣蓄, 化生萬物, 爲上地也.

경왈 형지기축, 화생만물, 위상지야.

(해석)

흙은 기름지고 물은 깊으며, 풀은 울창하고 숲이 무성하면, 그 귀(貴)함이 천승(千乘 : 諸侯를 뜻함)에 오르고, 부(富)는 만금(萬金)에 이를 것이다.

경(經)에 이르기를 형(形 : 혈장)이 멈추어 기를 축적하면, 만물을 생(生)하게 하고 변화하게 하니, 이런 곳을 좋은 땅(上地 : 상지)이라 한다.


### (3) 제3 평지편(平支編)

地貴平夷, 土貴有支. 支之所起 氣隨而始, 支之所終 氣隨而鍾.

지귀평이, 토귀유지. 지지소기 기수이시, 지지소종 기수이종.


(해석)

땅의 귀함은 평이(平夷 : 평평하고 편안한 곳)에 있고, 흙의 귀함은 지(支 : 지맥)에 있다. 지(支 : 지맥)의 일어남은 기(氣)를 따라 시작되고, 지(支 : 지맥)의 끝남은 기를 따라 뭉친 곳(鍾)이다.


觀支之法, 隱隱隆隆, 微妙玄通, 吉在其中.

관지지법, 은은융융, 미묘현통, 길재기중.


(해석)

지(支 : 지맥)를 보는 관법(觀法)은, 은은융융(隱隱隆隆 : 숨었다 나타나기를 반복함)하고, 미묘(微妙)하고 현통(玄通)한 것인데, 길(吉)함은 그 가운데에 있다.


經曰 地有吉氣 隨土而起, 支有止氣 隨水而比.

경왈 지유길기 수토이기, 지유지기 수수이비.


(해석)

경(經)에 이르기를 땅속에 吉한 氣가 있으면 흙을 따라 일어나고, 지(支 : 지맥)에 길

(吉)한 기(氣)가 있으면 물을 따라 나란히 간다.


其法以勢 順形而動, 回復終始, 法葬其中 永吉無凶.
기법이세 순형이동, 회복종시, 법장기중 영길무흉.


(해석)

이 법에 있어서 세(勢 : 용세)는 순하게 진행하며, 형(形 : 혈장)은 물이 동(動)하여, 회복종시(回復終始 : 시작과 끝이 휘돌아 돌아옴)하니, 이런 곳에 법을 맞추어 장사를 지내면 길(吉)함은 영원하고 흉(凶)은 없다.


### (4) 제4 산세편(山勢編)

山者 勢險而有也. 法葬其所會. 乘其所來. 審其所廢. 擇其所相. 避其所害.
산자 세험이유야. 법장기소회. 승기소내. 심기소폐. 택기소상. 피기소해.


(해석)

산이란 세(勢)가 험하고 높지만 혈(穴)은 있다. 이치에 맞는 장사(葬事)는 그 산세에 기(氣)가 모여드는 곳에 하여야 한다. 장사(葬事)는 그 기(氣)가 모이는 곳에 하여야 한다. 폐소(廢所 : 氣가 없는 곳)는 자세히 살펴야 한다. 상소(相所 : 서로 잘 어우러진 산세 좋은 곳)한 곳을 선택한다. 그 해(害)가 있는 곳은 피한다.


禍福不旋日, 是以君子 奪神工改天命.
화복불선일, 시이군자 탈신공개천명.


(해석)

화복(禍福)은 지나간 날들을 되돌릴 수 없으므로, 여기서 군자(君子)라면 신(神)이 할 수 있는 것을 빼앗고 하늘이 정한 운명을 바꿀 수 있어야 한다.

經曰 葬山之法, 若呼谷中, 言應速也.
경왈 장산지법, 약호곡중, 언응속야.

(해석)

경(經)에 이르기를 산에 장사(葬事)를 지내는 법은, 마치 산골짜기 가운데서 소리를 치면, 메아리(言應 : 언응)가 빠르게 돌아오는 것과 같다고 하였다. 즉, 정확한 혈(穴)자리에 장사(葬事)를 지내면 그 발복이 매우 빠르다.

是故 四勢之山 生八方之龍, 四勢行氣 八龍旋生. 一得其宅 吉慶榮貴.
시고 사세지산 생팔방지룡, 사세행기 팔룡선생. 일득기택 길경영귀.

(해석)

그런고로 사세지산(四勢之山 : 좌청룡, 우백호, 전주산, 후현무)은 팔방에 있는 용을 생하는데, 사세(四勢)에 기(氣)가 흘러 다니면, 팔방(八方)에 있는 용(龍)은 생기(生氣)를 머금은 생용(生龍)이 된다. 그 자리에서 하나를 얻으면, 길(吉)하고 경사(慶事)가 생기고 번영(繁榮)하고 귀(貴)하게 된다.

山之不可葬者五, 氣因土行 而石山不可葬也. 氣因形來 而斷山不可葬也.
산지불가장자오, 기인토행 이석산불가장야. 기인형내 이단산불가장야.
氣以勢止 而過山不可葬也. 氣以龍會 而獨山不可葬也.
기이세지 이과산불가장야. 기이용회 이독산불가장야.
氣以生和 而童山不可葬也.
기이생화 이동산불가장야.
經曰 童斷石過獨 生新凶, 消已福.
경왈 동단석과독 생신흉, 소이복.

(해석)

산에 장사(葬事)를 지내면 안 되는 5가지가 있는데, 기는 흙으로 흘러 다니는 것이므로 석산(石山 : 돌산)에는 장사를 지내지 못한다. 기는 형(形 : 혈장)을 따라 오는 것이니 단산(斷山 : 맥이 끊긴 산)에는 장사를 지내지 못한다.

기는 세(勢)를 멈추어야 하는 것이므로 과산(過山 : 지나가는 용맥)에는 장사를 지내지 못한다. 기는 용(龍)이 모여야 하는 것이므로 독산(獨山 : 홀로 떨어진 산)에는 장사를 지낼 수 없다.

기는 생화(生化 : 땅에서 만물이 생기고 자라는 것)를 하여야 하는 것이므로 동산(童山 : 민둥산)에는 장사를 지낼 수 없다.

경(經)에 이르기를 동산(童山), 단산(斷山), 석산(石山), 과산(過山), 독산(獨山)은 새로이 흉(凶)을 생기게 하고, 이미 있는 복(福)도 소멸(消滅)시킨다고 하였다.


占山之法, 以勢爲難, 而形次之, 方又次之.
점산지법, 이세위난, 이형차지, 방우차지.


(해석)

산에 혈을 정하는 법(占山法)은, 세(勢, 용세)로 하는 것이 가장 어렵고, 형(形)으로 하는 것이 다음이며, 방위로 하는 것은 또 그 다음으로 어렵다.


上地之山 若伏若連 其原自天.
상지지산 약복약연 기원자천.


(해석)

좋은 땅이 있는 산은 엎드린 듯 이어진 듯 하는 데 그 근원은 하늘로부터 온다.

若水之波, 若馬之馳, 其來若奔, 其止若尸.
약수지파, 약마지치, 기내약분, 기지약시.

(해석)

마치 물결과 같고, 마치 달리는 말과 같으며, 그것(山 : 龍脈)이 오는 것은 마치 말이 달리는 것과 같으며, 그것이 멈추는 것은 마치 시체(屍體)처럼 움직이지 않는다.

若懷萬寶而燕息, 若具萬饍而潔齊, 若橐之鼓, 若器之貯,
약회만보이연식, 약구만선이결제, 약탁지고, 약기지저,
若龍若鸞, 或騰或盤. 禽伏獸蹲, 若萬乘之尊也.
약용약난, 혹등혹반. 금복수준, 약만승지존야.

(해석)

마치 만보(萬寶 : 만 가지 보물)을 안고 편히 쉬는 듯 하고, 마치 만선(萬饍 : 만 가지 반찬)을 구비하여 깨끗하고 단정하게 차린 것과 같고, 마치 가득 찬 전대 자루를 두드리는 것과 같으며, 마치 그릇을 쌓아 놓은 것 같고, 마치 용 같고 난새(鸞 : 천자를 상징하는 봉황) 같아서, 혹은 높은 곳으로 오르고, 혹은 또아리를 뜨는 것처럼 밑바닥에 서려있기도 한다.

날짐승은 엎드리고 길짐승은 웅크리는 것이, 마치 만승(萬乘 : 天子)의 존엄함과 같다.

天光發新, 朝海拱辰, 四勢端明, 五害不親. 十一不具, 是謂其次.
천광발신, 조해공진, 사세단명, 오해불친. 십일불구, 시위기차.

(해석)

하늘의 빛이 새롭게 비치고, 바닷물은 별들을 껴안은듯하니, 사세(四勢 : 四神砂)가 단정하고 밝아, 오해(五害 : 童山, 斷産, 石山, 過山, 獨山)가 가까이 할 수 없다. 열중에 한 가지만 갖추지 않았다면, 이는 그 다음이라 일컫는다.

## (5) 제5 사세편(四勢編)

夫葬 以左爲靑龍, 右爲白虎, 前爲朱雀, 後爲玄武.

부장 이좌위청용, 우위백호, 전위주작, 후위현무.

玄武垂頭, 朱雀翔舞, 靑龍宛然, 白虎馴俯.

현무수두, 주작상무, 청용완연, 백호순부.

### (해석)

무릇 장사(葬事)를 지내는데, 좌측은 청룡(靑龍)을 삼고, 우측은 백호(白虎)를 삼으며, 앞은 주작(朱雀)을 삼고, 뒤는 현무(玄武)로 삼는다.

현무는 머리를 똑바로 드리우고, 주작은 날며 춤추듯 하고, 청룡은 용이 꿈틀거리며 가는 듯 하고, 백호는 두 무릎을 세우고 웅크린 듯 하여야 한다.

形勢反此, 法當破死. 故虎繞 謂之啣尸, 龍踞 謂之嫉主,

형세반차, 법당파사. 고호요 위지함시, 용거 위지질주,

玄武不垂者 拒尸, 朱雀不翔舞者 騰去.

현무불수자 거시, 주작불상무자 등거.

### (해석)

형세(形勢)가 이와 반대면(反此 : 반차), 당연히 후손이 망하고 죽음을 당하는 법이다. 그러므로 백호(白虎)가 두르고 있는 것은 시신(屍身)을 물어뜯기 위한 것이고, 청룡(靑龍)이 웅크리고 있으면 주인을 시기(猜忌)함이며, 현무(玄武)가 똑바로 드리우지 않는 것은 시신(屍身)을 거부하는 것이며, 주작(朱雀)이 날며 춤추듯 하지 않으면 날아가 버린 것이다.

夫以水爲朱雀者, 忌夫湍激, 謂之悲泣.

부이수위주작자, 기부단격, 위지비읍.

以支爲龍虎者, 要若肘臂, 謂之回抱.

이지위용호자, 요약주비, 위지회포.

朱雀源於生氣, 派於已盛, 朝於大旺.

주작원어생기, 파어이성, 조어대왕.


(해석)

무릇 물(水)로서 주작(朱雀)을 삼을 경우는, 여울이 격렬하게 부딪쳐 흐르면서 소리를 내는 곳은 피하여야 하는데, 비읍(悲泣 : 슬픈 울음 즉, 집안의 초상)을 가리키는 것이다.

지룡(支龍)으로 청룡과 백호로 삼은 것들의 중요함은 팔꿈치나 팔뚝과 같아서 이를 회포(回抱 : 둥글게 감싸서 안는 모습)라고 부른다.

주작(朱雀)은 생기(生氣)에 근원을 두고 있는 것이니, 나누어지면 성(盛)함이 끝나는 것이며, 모이면 크게 왕성(旺盛)한다.


澤於將衰, 流於囚謝. 以返不絶, 法每一折, 貯而後泄.

택어장쇠, 유어수사. 이반부절, 법매일절, 저이후설.

洋洋悠悠, 顧我欲留. 其來無源, 其去無流.

양양유유, 고아욕유. 기내무원, 기거무유.


(해석)

연못의 고인 물은 장차 탁(濁)해지며, 흐르는 물은 가둔 다음에 흘러야 한다. 돌아옴은 끊어짐이 없으니, 매번 한번 꺾이는 것이 법이며, 일단 고여 모인 뒤에 나중에 세어 나가듯 흘러가야 한다. 양양(洋洋)하고 유유(悠悠)하게 넘치듯 가득 차서 멀리 흘러가면서도, 나를 돌아보고 머물고 싶어한다. 그 오는 것은 근원이 없고, 나가는 물은 수구(水口)가 보이지 않아야 한다.


經曰 山來水回, 貴壽而財. 山囚水流, 虜王滅侯.

경왈 산내수회, 귀수이재. 산수수유, 노왕멸후.

(해석)

경(經)에 이르기를 산이 오고 물이 돌면, 귀(貴)하게 되고 장수(長壽)하고 부자(富者)가 된다고 했다. 산이 갇히고 물이 흐르면, 왕(王)은 포로(捕虜)가 되고 제후(諸侯)는 멸망하게 되는 것이다.


## 2) 금낭경 하권(錦囊經 下券)
### (1) 제6 귀혈편(貴穴編)

夫外氣所以聚內氣, 過水所以止來龍.

부외기소이취내기, 과수소이지내용.

千尺之勢, 宛委頓息, 外無以聚, 內氣散於地中.

천척지세, 완위돈식, 외무이취, 내기산어지중.


(해석)

무릇 외기(外氣)는 내기(內氣)를 모이게 하고, 과수(過水)란 머무는 곳에서 내룡(來龍)이 된다. 천척(千尺 : 길고 힘이 셈을 의미)의 강력한 기세(氣勢)로, 구불거리고 조아리며 먼 거리를 와 그치더라도, 외기(外氣)가 모이지 않으면, 내기(內氣)는 땅속에서 흩어지는 것이다.


經曰 不蓄之穴, 腐骨之藏也.

경왈 불축지혈, 부골지장야.


(해석)

경(經)에 이르기를 기(氣)가 축적(蓄積)되지 않은 혈(穴)은, 장사지낸 땅속에서 뼈가 썩는다.


夫噫氣爲風, 能散生氣, 龍虎所以衛區穴.

부희기위풍, 능산생기, 용호소이위구혈.

(해석)

　무릇 氣가 내뿜어지면 바람이 되는데, 능히 생기(生氣)를 흩어지게 하니, 청룡과 백호는 구혈(區穴, 혈장)을 호위하는데 소용이 있다.


　疊疊中阜, 左空右缺, 前曠後折, 生氣散於飄風.
　첩첩중부, 좌공우결, 전광후절, 생기산어표풍.

(해석)

　중부(中阜 : 산)들이 첩첩으로 있어도, 좌우가 비거나 허약하고, 혈장 앞이 툭 터져 넓고 뒤가 끊겨 있으면, 생기는 회오리바람에 흩어지고 마는 것이다.


　經曰 騰漏之穴, 敗槨之藏也.
　경왈 등누지혈, 패곽지장야.

(해석)

　경(經)에 이르기를 기가 설기(洩氣)되어 위로 올라가는 혈에 장사를 지내면 곽(槨)을 썩히는 장사(葬事)라고 말했다.


　夫土欲細而堅, 潤而不澤, 裁肪切玉, 備具五色.
　부토욕세이견, 윤이불택, 재방절옥, 비구오색.

(해석)

　무릇 흙은 미세하면서도 단단해야 하며, 윤택하나 습(濕)하지 않고, 비계를 자른 듯, 옥(玉)을 자른 듯 하며, 오색(木, 火, 土, 金, 水)을 갖추어야 한다.

夫乾如聚粟, 濕如刲肉, 水泉沙礫, 皆爲凶宅.

부건여취속, 습여규육, 수천사역, 개위흉택.

(해석)

무릇 흙은 건조하기가 조(粟)를 모아 놓은 것과 같고, 습하기가 살코기를 베어 놓은 것 같으며, 샘물이 나오거나 모래와 자갈이 섞여 있으면, 모두 흉택(凶宅)이다.

皆穴有三吉, 葬有六凶. 天光下臨, 地德上載, 藏神合朔, 神迎鬼避, 一吉也.

개혈유삼길, 장유육흉. 천광하임, 지덕상재, 장신합삭, 신영귀피, 일길야.

陰陽沖和, 五土四備, 已穴而溫, 二吉也.

음양충화, 오토사비, 이혈이온, 이길야.

目力之巧, 工力之具, 趨全避闕, 增高益下, 三吉也.

목역지교, 공역지구, 추전피궐, 증고익하, 삼길야.

(해석)

대개 혈(穴)에는 3가지의 길(三吉)한 것이 있고, 장사(葬事)를 지내는데 6가지 흉(凶)한 것이 있다. 하늘의 빛(天光)은 내려와 비치고, 지덕(地德)은 올라가 실리고, 신(神)이 감추어지고 삭(朔)이 합할 것이다(무덤에 있는 귀신이 좋은날과 합되는 날). 이런 날 장사하면 좋은 신(神)을 맞아들이고 나쁜 귀신(鬼神)은 피하는 것이니, 이것이 첫 번째 길한 것이다.

음양이 충화(沖和, 조화)하고, 오색토(五色土)중 네 가지가 구비(具備)되면, 이미 穴은 온화(溫和)할 것이니, 이것이 두 번째 길한 것이다.

눈으로 잘 살피고, 인부들의 공력(工力)으로 묘지를 잘 꾸미며, 완전함을 쫓고 부족함을 피하고, 높은 곳은 넓혀주고 낮은 곳은 보태어 주는 것이, 세 번째 길한 것이다.

陰陽差錯爲一凶, 歲時之乖爲二凶, 力小圖大爲三凶, 憑富恃勢爲四凶,

음양차착위일흉, 세시지괴위이흉, 역소도대위삼흉, 빙부시세위사흉,

僭上乏下爲五凶, 變應怪見爲六凶.
참상핍하위오흉, 변응괴견위육흉.
經曰 穴吉葬凶, 與棄屍同.
경왈 혈길장흉, 여기시동.


(해석)

음양이 어긋나 차이가 생기면 일흉(一凶)이요, 장사지내는 시간(歲時)이 어긋나면 이흉(二凶)이며, 힘은 적게 들이고 큰 것(大穴)을 도모하는 것은 삼흉(三凶)이고, 복(福)에만 의지하고 권세만 믿는 것은 사흉(四凶)이며, 참상(僭上 : 신분이 낮은 자가 화려한 격식을 갖추어 묘지를 꾸미는 것)이나 핍하(乏下 : 자기 조상의 묘지를 좋게 하기 위해 타인의 묘지를 음해하는 것)는 오흉(五凶)이고, 변응(變應 : 정법에 따르지 않고 아무렇게나 묘지를 조성하는 것)과 괴견(怪見 : 괴이한 현상이 나타나는 것)은 육흉(六凶)이다.

경(經)에 이르기를 "혈(穴)은 좋은데 장사(葬事) 지내는 것이 흉(凶)하면, 시신을 버리는 것과 같다"라고 하였다.


## (2) 제7 형세편(形勢編)

經曰 勢止形昂, 前澗後岡, 龍首之藏.
경왈 세지형앙, 전간후강, 용수지장.


(해석)

경(經)에 이르기를 세(勢)가 그치고 형(形 : 혈장)이 원만하고 둥글게 쳐들어 있고, 앞에는 물이 흐르고 뒤에 산이 있으면, 장사를 지낼 수 있는 진용(眞龍)의 머리, 즉 혈이다.


鼻顙吉昌, 角目滅亡, 耳致侯王, 脣死兵傷.
비상길창, 각목멸망, 이치후왕, 순사병상.

(해석)

용의 코와 이마에 해당되는 곳에 장사지내면 길(吉)하고 번창(繁昌)하고, 뿔과 눈에 해당되는 곳은 멸망(滅亡)하며, 귀에 해당되는 곳은 왕후(王侯)가 날 것이고, 입술에 해당되는 곳은 죽거나 전쟁에 나가 상해를 입을 것이다.


宛而中蓄, 曰之龍腹. 其臍深曲, 必世後福, 金穀璧玉.

완이중축, 왈지용복. 기제심곡, 필세후복, 금곡벽옥.

(해석)

구불구불하게 내려와 중앙에 쌓인 것을 용의 배(腹 : 복)라고 부른다. 굽어오던 용이 중앙에 혈장(穴場)을 만들어 기를 응축하면 배꼽이 된다. 그 배꼽은 깊고 움푹 들어가 있는데, 그곳에 혈을 쓰면, 필시 후세에 복을 받아, 금(金)과 곡식(穀食)과 벽옥(璧玉)이 가득가득 넘치게 될 것이다.


傷其胸脇, 朝穴暮哭, 其法滅族.

상기흉협, 조혈모곡, 기법멸족.

(해석)

용의 가슴이나 갈비뼈를 훼손시켜, 그곳에 장사지내면, 아침에 혈(穴)을 쓰고 저녁에 곡(哭 : 초상난다)소리가 날 것이니, 그 장법(葬法)은 가족을 멸망(滅亡)시킬 것이다.


夫古人之葬, 蓋亦難矣. 岡壟之辨, 眩目惑心, 禍福之差 侯虜有間.

부고인지장, 개역난의. 강롱지변, 현목혹심, 화복지차 후노유간.

(해석)

무릇 고인(古人)의 장법은 대체로 어렵다. 강롱(岡壟)을 분별하려면, 눈을 현혹시키고 마음을 의심케 할 것이니, 그 화복(禍福)의 차이는 제후(帝侯)와 포로(虜)의 차이가 있다.

故山勢盡而, 擧者爲尾, 而占首有疑. 其法在耳角目之具.
고산세진이, 거자위미, 이점수유의. 기법재이각목지구.

(해석)
산세(山勢)가 다하여, 불끈 솟은 것이 꼬리이니, 머리에 점혈(占穴)하고자 할 때는 헤아림이 있어야 한다. 그 법(法 : 머리에 쓰는 법)은 귀, 뿔, 눈, 코를 갖추어 존재한다.

耳角之辨, 百尺之山, 十尺相邇. 以坎爲首, 甲角震耳.
이각지변, 백척지산, 십척상이. 이감위수, 갑각진이.

(해석)
귀와 뿔의 분별은, 백 척의 산에서, 열 척 정도의 거리를 보다 상세히 구분하는 것이다. 감산(坎山)으로 머리를 삼았다면, 갑(甲) 방향에 뿔이 있고 진(震) 방향에 귀가 있다.

八山對求, 乾角在癸, 龍目宛然 直離之申. 兌以坎爲鼻, 艮坎爲脣.
팔산대구, 건각재계, 용목완연 직이지신. 태이감위비, 간감위순.
土圭測其方位, 玉尺度其遠邇.
토규측기방위, 옥척도기원이.

(해석)
여덟 곳의 산(八山)에서 짝을 구함에 있어서, 건산(乾山)의 뿔은 계(癸)에 있고, 용의 눈은 완연히 이산(離山)의 신(申)에 위치한다. 태산(兌山)에서는 감(坎) 방향으로 코를 삼고, 간산(艮山)에서는 감(坎) 방향으로 입술을 삼는다.

토규(土圭 : 옛날 패철)로는 그 방위를 측정하고, 옥척(玉尺 : 자)은 멀고 가까운 거리를 측정한다.


乘金相水穴土印木. 外藏八風, 內祕五行. 龍虎抱衛, 主客相迎.
승금상수혈토인목. 외장팔풍, 내비오행. 용호포위, 주객상영.

(해석)

올라타는 것이 금(金)이면, 돕는 것이 수(水)이어야 하며, 혈(穴)이 토(土)이면 채워주는 것은 목(木)이어야 한다. 밖으로 팔풍(八風)을 가두어 갈무리하면, 안에서는 오행(五行)의 생기(生氣)를 간직한다. 청룡과 백호가 다정하게 안아 감싸서 호위해주고 주산(主山)과 객산(客山)은 서로 영접(迎接)해야 한다.


微妙在智, 觸類而長. 玄通陰陽 功奪造化.
미묘재지, 촉유이장. 현통음양 공탈조화.

(해석)

미묘(微妙)한 지혜(知慧)가 있으려면, 오랫동안 여러 가지 유형의 혈장을 접촉하여야 한다. 음양의 이치에 통달(通達)하여 현통(玄通)하면, 공덕(功德)으로 자연조화(自然造花)의 힘을 빼앗는 것이다.


辨方定向, 量山步水. 非智者 莫能造其玄微也.
변방정향, 양산보수. 비지자 막능조기현미야.

(해석)

방위를 분별하고 향(向)을 정할 때는(좌향을 정함), 산을 헤아리고 물이 어떻게 처하여 있는지를 살펴야 한다. 비지자(非智者 : 지혜 없는 자)는 조장(造葬 : 장사지내는 일)하는데 그 현미(玄微 : 깊고 미묘한 이치)를 능히 알지 못한다.


夫葬乾者, 勢欲起伏而長, 形欲闊厚而方.
부장건자, 세욕기복이장, 형욕활후이방.

(해석)
무릇 건산(乾山 : 戌乾亥 龍)에 장사지내고자 하면, 용세(龍勢)는 기복(起伏)하면서 멀리 행룡(行龍)해야 하고, 형국(形局)은 넓고 넉넉하면서 반듯해야 한다.


葬坤者, 勢欲連袤而不傾, 形欲廣厚而長平.
장곤자, 세욕연무이불경, 형욕광후이장평.

(해석)
곤산(坤山 : 未坤申 龍)에 장사지내고자 하면, 용세(龍勢)는 연달아 길게 뻗쳐 행룡(行龍)하되 기울어서는 안 된다. 형국(形局)은 넓고 넉넉하고 후덕(厚德)하면서 장평(長平 : 널리 평평함)해야 한다.


葬艮者 勢欲委蛇而順, 形欲高峙而峻.
장간자 세욕위사이순, 형욕고치이준.

(해석)
간산(艮山 : 丑艮寅 龍)에 장사지내고자 할 때는, 용세(龍勢)는 뱀처럼(委蛇) 거스름 없이 순행(順行)하고, 형국(形局)은 고치(高峙 : 높게 우뚝 솟음)하고 준엄(峻嚴 : 엄격)해야 한다.

葬震者 勢欲蟠而和, 形欲聳而峨.
장진자 세욕반이화, 형욕용이아.

(해석)

진산(震山 : 甲卯乙 龍)에 장사지내고자 할 때는, 용세(龍勢)는 반(蟠 : 뱀이 몸을 감고 엎드려 있는 형상)으로 행용(行龍)해야 하며, 조화(調和)가 이루어져야 한다. 형국은 높이 솟아 있고 높아야 한다.


葬巽者, 勢欲峻而秀, 形欲銳而雄.
장손자, 세욕준이수, 형욕예이웅.

(해석)

손산(巽山 : 辰巽巳 龍)에 장사지내고자 할 때는, 용세(龍勢)는 높고 엄하며 빼어나게 수려(秀麗)하게 행룡해야 한다. 형국(形局)은 날카롭게 기세가 있으며 웅장해야 한다.


葬離者, 勢欲馳而穹, 形欲起而崇.
장이자, 세욕치이궁, 형욕기이숭.

(해석)

이산(離山 : 丙午丁 龍)에 장사지내고자 할 때는, 용세(龍勢)는 빠르게 달리는듯하고 크게 행룡(行龍)해야 한다. 형국(形局)은 우뚝 솟아 높아야 한다.

葬兌者, 勢欲大來而坡垂, 形欲方廣而平夷.
장태자, 세욕대래이파수, 형욕방광이평이.

**(해석)**

태산(兌山 : 庚酉辛 龍)에 장사지내고자 할 때는, 용세(龍勢)는 크게 달려와 고개를 드리우는 모습으로, 즉 과협(過峽)하면서 행룡(行龍)한다. 형국(形局)은 반듯하게 넓고 평평하면서 온화하다.


葬坎者, 勢欲曲折而長, 形欲秀直而昂.
장감자, 세욕곡절이장, 형욕수직이앙.

**(해석)**

감산(坎山 : 壬子癸 龍)에 장사하고자 할 때는, 용세(龍勢)는 굴곡하고 꺾어지며 길게 행룡(行龍)해야 한다. 형국(形局)은 수려(秀麗)하면서 바르고 높아야 한다.


此八山之龍, 宜先乎勢, 次求其形.
차팔산지룡, 의선호세, 차구기형.

**(해석)**

이 팔산(八山)의 용(龍)은 마땅히 용세(龍勢)를 우선하고, 그 다음에 그에 맞는 형국(形局)을 구해야 한다.


夫牛臥馬馳, 鸞舞鳳飛, 騰蛇委蛇, 鼂黿龜鰲, 以水別之.
부우와마치, 난무봉비, 등사위사, 원타구별, 이수별지.
牛富鳳貴, 騰蛇凶危.
우부봉귀, 등사흉위.

形類百動, 葬皆非宜. 四應前案, 法同忌之.
형유백동, 장개비의. 사응전안, 법동기지.


(해석)

무릇 우와(牛臥 : 소가 누운 듯)하고, 마치(馬馳 : 말이 달리는 듯)하며, 난무(鸞舞 : 난세가 춤을 추듯)하고, 봉비(鳳飛 : 봉황이 날아오르는 듯)하며, 등사(騰蛇 : 뱀이 위로 오르는 듯)하고, 위사(委蛇 : 뱀이 좌우로 구불구불 진행하는 모습)하며, 원(黿 : 자라 원), 타(鼉 : 악어 타), 구(龜 : 거북 구), 별(鱉 : 금계 별) 등은, 물로서 이를 구분한다.

소는 부(富)를, 봉황은 귀(貴)를 뜻하고, 죽은 뱀과 같이 직선으로 뻗은 등사(騰蛇)는 흉악한 것이다.

물형(物形)이 백 가지인데 이것이 난동하듯이 움직이면, 장사는 모두 합당치 않다. 사방에 응(應)하는 산과 앞에 있는 안산(案山)도 난동(亂動)하듯이 어지러우면 기(氣)가 모이지 않고 흩어지므로, 똑같은 이치로 장사(葬事)를 하지 말아야 하는 것이다.


## (3) 제8 취류편(取類編)
夫重岡疊阜, 群壟衆支, 當擇其特, 情如伏尸. 大則特小, 小則特大.
부중강첩부, 군농중지, 당택기특, 정여복시. 대칙특소, 소칙특대.


(해석)

무릇 중강(重岡)과 첩부(疊阜 : 언덕)가 중첩(重疊)하고, 산룡(山壟)과 지룡(支龍 : 평양룡)이 무리를 지어 있어도, 그 중에서 당연히 특이한 것을 택하여, 시신(屍身)을 묻어야 정(情)이 있다. 산이 크면 작은 것이 특이한 곳이고, 작으면 큰 곳이 특이한 곳이다.



參形雜勢, 主客同情, 所不葬也.
참형잡세, 주객동정, 소불장야.


(해석)

용맥의 형세(形勢)가 불규칙하고 번거로우며, 주산(主山)과 객산(客山)이 특이하지 않고 대고(大小)가 똑같으면, 장사(葬事) 지낼 수 없는 장소다.


夫支欲起於地中, 壟欲峙於地上. 支壟之前, 平夷如掌.
부지욕기어지중, 농욕치어지상. 지농지전, 평이여장.
故支葬其巓壟葬其麓. 卜支如首, 卜壟如足.
고지장기전농장기록. 복지여수, 복농여족.

(해석)
무릇 지룡(支龍 : 평양룡)은 땅 속에서 융기(隆起)하여야 하고, 산룡(山壟)은 지상에서 높이 솟아야 한다. 지룡(支龍)이나 산룡(山壟)의 앞은, 손바닥처럼 평탄하고 아늑해야 한다. 즉, 용의 바로 앞은 행용(行龍)이 끝나는 진룡처(龍盡處)다. 즉, 기를 모아 혈을 맺으려면 평탄하고 아늑해야 한다.

그러므로 지룡(支龍 : 평양룡)에 장사지낼 때는 그 꼭대기 부분 머리(首)에 하고, 산룡(山壟)에 장사지낼 때는 그 산기슭(麓 : 록)에 한다. 지룡(支龍)에서 혈을 쓸 때는 머리 부분에 하고, 산룡(山龍)에서 혈을 쓸 때는 족(足)부분인 산기슭(麓 : 록)에 한다.


形勢不經, 氣脫如逐. 形如仰刀, 凶禍伏逃. 形如臥劍, 誅夷逼僭.
형세불경, 기탈여축. 형여앙도, 흉화복도. 형여와검, 주이핍참.

(해석)
형세(形勢)가 경(經)에 맞지 않으면, 기(氣)는 축출(逐出)되듯이 이탈(離脫)한다. 형세가 마치 칼날을 위로 보도록 세워놓은 것 같이 등(脊)이 좁고 날카로우면, 흉화(凶禍)를 당하거나 복도(伏逃 : 숨어 달아남)의 일이 생긴다. 형세가 눕혀놓은 긴 칼과 같이 좁고 길면, 주륙(誅戮 : 처참한 죽임)을 당하거나 핍참(逼僭 : 참담한 일을 당함)함을 겪는다.

形如橫几, 子滅孫死. 形如覆舟, 女病男囚. 形如灰囊, 災舍焚倉.

형여횡궤, 자멸손사. 형여복주, 여병남수. 형여회낭, 재사문창.

(해석)

형세(形勢)가 마치 횡궤(橫几 : 제사 때 옆으로 가로놓은 제사상)같이 맥이 잘리면, 자손이 멸망하고 죽는 화(禍)를 당한다. 형세(形勢)가 마치 뒤집혀져 있는 배 같으면, 여자는 병이 들고 남자는 감옥에 갇히는 일이 생긴다. 형세(形勢)가 재를 담는 주머니 같으면, 집이 불타고 창고가 잿더미가 되는 화(禍)를 입는다.


形如投算, 百事昏亂. 形如亂衣, 妬女淫妻.

형여투산, 백사혼난. 형여난의, 투여음처.

形如植冠, 永昌且歡. 形如覆釜, 其巓可富.

형여식관, 영창차환. 형여복부, 기전가부.

(해석)

형세가 마치 대나무 가지를 이리저리 흩어놓은 것 같으면, 모든 일이 혼란에 빠져 어지럽게 된다. 형세가 마치 어지러워진 옷과 같으면 투기하는 여자나 음란(淫亂)한 아내가 있게 된다.

형세가 마치 관모(冠帽)를 단정하게 쓰고 있는 것 같으면, 영원히 창성(昌盛)하고 또한 기쁠 것이다. 형세가 마치 엎어놓은 가마솥 같고, 그 꼭대기 부분에 장사지내면 가히 부자가 될 것이다.


形如負扆, 有壟中峙, 法葬其止, 王侯堀起.

형여부의, 유농중치, 법장기지, 왕후굴기.

(해석)

형세가 마치 둘러 쳐놓은 병풍(負扆 : 부의)같은데, 높이 솟은 산봉우리에서 내려온 산룡(山龍)이 있으며, 그것이 그쳐 멈추는 곳에 장법(葬法)에 맞추어 장사(葬事)를 지내면, 왕후(王侯)와 같이 우뚝 솟아 일어난 인물이 나온다.


龍遶虎踞, 前案如戶, 貴不可露. 形如燕巢, 法葬其凹, 胙土分茅.
용요호거, 전안여호, 귀불가로. 형여연소, 법장기요, 조토분모.


(해석)

청룡이 두른 듯 감싸 안아주고 백호는 웅크린 듯 하며, 앞에 안산은 집과 같으면, 귀(貴)는 이슬 맞는 일(명예가 실추되거나 벼슬에서 쫓겨나는 일)이 없을 것이다. 형세(形勢)가 연소(燕巢 : 제비집)같은데, 그 오목한 부분(窩 : 와)에 장법(葬法)에 맞추어 장사를 지내면, 조토분모(胙土分茅 : 토지로 녹을 받고 집을 분배받음)할 것이다. 즉, 제후(諸侯)가 될 것이다.


形如側罍, 後岡遠來, 前應曲回, 九棘三槐.
형여측뇌, 후강원내, 전응곡회, 구극삼괴.


(해석)

형세(形勢)가 마치 술독이나 대야를 옆에 놓은 것 같고, 뒤의 용맥은 장원(長遠 : 용맥이 멀리서 달려옴)하고, 앞에는 안산(案山)과 조산(朝山)이 응(應)하여 돌아 굽어주면, 물이 곡선으로 둘러 감싸 안아주면서 응대하면, 구극(九卿)과 삼괴(三槐)가 배출된다 (귀하고 높은 벼슬이 난다).


勢如萬馬, 自天而下, 其葬王者. 勢如巨浪, 重嶺疊障, 千乘之葬.
세여만마, 자천이하, 기장왕자. 세여거낭, 중영첩장, 천승지장.


(해석)

형세(形勢)가 일만 마리의 말들이, 하늘에서 내려오는 것 같으면, 그 묘 터는 왕(王)

이 나는 곳이다. 산세가 거대한 파도와 같고, 잇달아 뻗어 있는 산봉우리들이 중첩(重疊)으로 가로막아 감싸 보호해주면, 천승(千乘)의 제후(諸侯)가 날 혈지(穴地)이다.


勢如降龍, 水遶雲從, 爵祿三公. 勢如雲從, 璧立雙峯, 翰墨詞鋒.
세여강용, 수요운종, 작록삼공. 세여운종, 벽입쌍봉, 한묵사봉.

(해석)
형세(形勢)가 하늘에서 힘차게 내려오는 용(龍)같고, 물이 에워 감싸주고 주변 산들의 모습이 마치 구름이 용을 따르듯 하면, 작록(爵祿 : 벼슬과 녹봉)이 삼공(三公)에 이른다. 산세가 구름이 따르는 것 같고, 두 개의 봉우리가 옥(玉)처럼 아름답게 서 있으면, 한묵(翰墨 : 글 잘 하는 사람)과 사봉(飼鋒 : 名筆 : 사간원 같은, 직언을 아끼지 않는 충신)이 나온다.


勢如重屋, 茂草喬木, 開府建國.
세여중옥, 무초교목, 개부건국.

(해석)
형세(形勢)가 마치 많은 집들을 겹쳐놓은 것 같고, 풀이 무성하고 나무가 곧고 높이 자라는 곳이면, 나라의 관청을 만들거나 나라를 세울 수 있는 곳이다(한 나라를 세울 수 있는 큰 인물이 나오는 땅이다).


勢如驚蛇, 屈曲徐斜, 滅國亡家. 勢如戈矛, 兵死刑囚.
세여경사, 굴곡서사, 멸국망가. 세여과모, 병사형수.
勢如流水, 生人皆鬼.
세여유수, 생인개귀.

(해석)

형세(形勢)가 마치 경사(驚蛇 : 놀란 뱀)처럼, 이리저리 삐뚤어지면서 서서히 기울어져 있으면, 국가도 멸망시키고 집안도 멸망시킨다. 산세가 과모(戈矛 : 창이나 주살) 같으면, 전쟁에서 죽거나, 형벌(刑罰)로 죄수(罪囚)가 된다.

형세(形勢)가 무정하게 흐르는 물과 같으면, 산 사람이 모두 귀(鬼)가 된다.


夫勢與形順者吉, 勢與形逆者凶.

부세여형순자길, 세여형역자흉.

勢凶形吉, 百福希一, 勢吉形凶, 禍不旋日.

세흉형길, 백복희일, 세길형흉, 화불선일.


(해석)

세(勢)와 형(形)이 같이 순(順 : 이치에 맞으면)하면 길(吉)한 것이고, 세(勢)와 형(形)이 서로 역(逆 : 이치에 맞지 않으면)하면 흉(凶)한 것이다.

세(勢)는 흉(凶)한데 형(形)이 길(吉)하면, 백복희일(百福希一 : 백가지 복 중에서 오직 하나만 좋음)하고, 세(勢)는 길(吉)하고 형(形)이 흉(凶)하면, 화(禍)가 날(日 : 歲月)을 되돌리지 않으니(즉, 지난날을 되돌리지 않음), 화(禍)가 매우 빠르게 닥친다.


# ✦ 9. 현공풍수 7운 24좌향별 길흉 감평(통변)

## 가. 7운 감평시 알아야 할 주요점

현공풍수에서 일반적인 감평 요령 이외에 7운에 한해서 특별히 알아 두어야 할 사항들을 추가하면 다음과 같다.

① 7운에는 7이 旺氣星이므로 7이 중요하다.

② 7운에는 旺氣인 7, 生氣인 8, 次生氣인 9가 있는 곳을 살펴서 그곳에 山이나, 水가 있는지, 크기, 모양 등을 살핀다.

③ 7운에는 旺氣인 7이 가장 우선이고, 다음은 生氣인 8, 그 다음은 次生氣이자 補佐氣인 9이다.

④ 애성반은 7운이 되기 전에 용사한 陰陽宅은 원래 해당하는 운의 애성반으로 작성하여 왕기7, 생기8, 차생기9가 어디에 있는지 살핀다. 형기적으로 이곳에 山과 水가 있으면 7운이 되기 전보다 7운이 되고나서 더 좋아졌다고 감평한다.

⑤ 7운의 사회적 현상

* 7兌金宮運 : 1984~2003년 20년간이며, 태괘(兌卦)가 주도한다.

* 7兌金은 七赤金星으로 교제(交際)가 주기운(主氣運)이며, 율사, 변화, 법률고문, 금융업, 은행원, 판촉사원, 번역원, 의류, 주류, 외과, 의사, 치과, 커피숍, 오락, 연예인, 정밀염색예술업, 언어학교, 무속 등에 해당된다.

* 7兌金은 젊은 소녀들의 사회적 활동이 두드러지며, 대궁(對宮)인 진궁(震宮 : 장남), 즉 연상남과의 결혼이 증가하고, 상대적으로 중년남자들의 활약이 위축되는 시기이다.


## 1) 7운 壬坐丙向

| 巽 | 巳 | 丙 午 丁 | 未 | 坤 |
|---|---|---|---|---|
| 辰 | 2 3<br>六 | 7 7<br>二 | 9 5<br>四 | 申 |
| 乙<br>卯<br>甲 | 1 4<br>五 | +3 -2<br>七 | 5 9<br>九 | 庚<br>酉<br>辛 |
| 寅 | 6 8<br>一 | 8 6<br>三 | 4 1<br>八 | 戌 |
| 艮 | 丑 | 癸 子 壬 | 亥 | 乾 |

(해석)

– 쌍성회향국(雙星回向局)으로 앞에 물이 있고 물 뒤에 산이 있으면 재정양왕(財丁兩旺)하지만, 人丁 보다는 주로 財物이 旺한다고 감평한다.

- 지운(地運)은 6운에 입수(入囚)되며 최대 160년간 유지(維持)된다.

이 局은 山星이 下水되었지만 뒤편에 비교적 먼 곳에 山이 있다면 坐宮에 山星 8이 생기가 되어 7운뿐만 아니라 8운에서도 人丁도 좋기 때문에 비록 쌍성회향(雙星回向)의 局이라도 뒤편에 山이 합국되면 왕산왕향(旺山旺向)에 버금가는 좋은 局이다.

- 이 국은 특별히 칠성타겁까지 되어 기묘(奇妙)한 국이 되었다. 그러나 칠성타겁이라도 조건이 맞아야 효과를 본다. 만약 양택이라면 震方, 乾方, 巽方에 창문을 내야한다.

- 向宮인 이궁(離宮)의 숫자조합이 〈2, 7, 7〉로 운반이 2이다. 숫자 〈2, 7〉은 火로 화재 위험이 따른다. 쌍성회향국(雙星回向)에 합국이면 7운은 문제없지만 8운이 되면 7은 퇴기(退氣)가 되므로 화재의 위험이 높아지므로 세심한 주의가 필요하며, 비보로 안인수(安忍水)를 두면 좋다.

* 안인수(安忍水) 제조는 병에 소금과 물을 혼합하여 만든다. 병의 입구를 막아서 해당 방위에 두면 화재가 예방된다.

## 2) 7운 子坐午向

| 巽 | 巳 | 丙 午 丁 | 未 | 坤 |
|---|---|---|---|---|
| 辰 | 4 1<br>六 | 8 6<br>二 | 6 8<br>四 | 申 |
| 乙卯甲 | 5 9<br>五 | -3 +2<br>七 | 1 4<br>九 | 庚酉辛 |
| 寅 | 9 5<br>一 | 7 7<br>三 | 2 3<br>八 | 戌 |
| 艮 | 丑 | 癸 子 壬 | 亥 | 乾 |

(해석)

- 쌍성회좌국(雙星會坐局)으로 집이나 묘 뒤에 물이 있고 물 뒤에 산이 있어야 합국이 된다.

- 人丁은 왕성(旺盛)하지만 재물(財物)은 손해본다. 가급적이면 피하는 것이 좋다.

- 地運은 7운에 발복하여 2운에 입수(入囚)되며 최대 80년간 維持된다.

- 그러나 합국이 되면 산성이 합십국이 되어 아주 좋은 좌향이 된다. 모든 宮에서 산성과 운반수를 합하면 십이 된다. 인물 면에서 매우 길하다. 따라서 합십되는 집에서 살면 부부 간 화목하고 불화도 사라지며 바람기도 잠재우는 탁월한 효과도 발휘된다. 합심의 원래 뜻은 부부합십(夫婦合十)에서 나온 말이다.

- 中宮〈3, 2〉은 투우살(鬪牛殺)이다. 中宮은 주로 가족 간 분위기를 보는 궁인데, 3은 木이고 2는 土이다. 木剋土하여 相剋한다. 3은 장남이고 2는 모친이다. 따라서 모자(母子) 간 불화가 생길 소지가 많으며, 不合局일 때는 그 정도가 매우 심하다.

- 2는 동물로 소(牛)이고, 3은 오행으로 木이니 2와 3이 만나면, 나무 몽둥이로 소를 때리는 격이니 투우살(鬪牛殺)이라고 하여 매우 흉한 숫자조합이다.

- 巽宮, 兌宮의 〈1, 4〉 숫자조합은 학문방위로 학생들 공부방으로 쓰면 좋다. 그러나 불합국에서는 음탕하거나 정신적으로 문제되고 수표, 어음사기에 연루될 수 있다.

- 離宮, 坤宮〈6, 8〉은 合局일 때는 무과현달(武科顯達)하고 거부(巨富)가 될 수 있으며, 不合局일 때는 자손(子孫)이 없고 고독(孤獨)한 삶을 살게 될 수도 있다.

- 震宮, 艮宮에 〈5, 9〉는, 合局일 때는 부귀(富貴)하고 학문(學文)이 높고, 대귀(大貴)하며, 지존(至尊)까지 오를 수 있으나, 不合局일 때는 사약(死藥)을 먹고, 토혈(吐血)하며, 목질(瞑疾 : 전염병)을 앓는 등 건강상 심각한 문제를 불러오는 흉수조합이 될 수도 있다.

- 坎宮〈7, 7〉은 合局일 때는 일찍 발복하고, 재능이 탁월하고, 연예인으로 인기를 얻어 유명해진다. 그러나 不合局일 때는 몸이 다쳐서 큰 상처를 갖는 수술을 하고, 비명횡사, 또는 화재의 재앙을 받는 흉수로 피해를 볼 수도 있다.

## 3) 7운 癸坐丁向

| 巽 | 巳 | 丙 午 丁 | 未 | 坤 |
|---|---|---|---|---|
| 辰 | 4  1<br>六 | 8  6<br>二 | 6  8<br>四 | 申 |
| 乙<br>卯<br>甲 | 5  9<br>五 | -3  +2<br>七 | 1  4<br>九 | 庚<br>酉<br>辛 |
| 寅 | 9  5<br>一 | 7  7<br>三 | 2  3<br>八 | 戌 |
| 艮 | 丑 | 癸 子 壬 | 亥 | 乾 |

### (해석)

7운의 癸坐丁向은 쌍성회좌국(雙星會坐局)으로 子坐午向과 애성반과 숫자가 같다.

- 地運은 7운에 發福하여 2운에 入囚되니 80년간 유지(維持)된다.

- 쌍성회좌국(雙星會坐局)으로 집이나 묘 뒤에 물이 있고 물 뒤에 산이 있어야 합국이 된다.

- 人丁은 왕성(旺盛)하지만 재물(財物)은 손해본다. 가급적이면 피하는 것이 좋다.

- 그러나 합국이 되면 산성이 합십국이 되어 아주 좋은 좌향이 된다. 모든 宮에서 산성과 운반수를 합하면 십이 된다. 인물 면에서 매우 길하다. 따라서 합십되는 집에서 살면 부부 간 화목하고 불화도 사라지며 바람기도 잠재우는 탁월한 효과도 발휘된다. 합십의 원래 뜻은 부부합십(夫婦合十)에서 나온 말이다.

- 中宮〈3, 2〉은 투우살(鬪牛殺)이다. 中宮은 주로 가족 간 분위기를 보는 궁인데, 3은 木이고 2는 土이다. 木剋土하여 상극한다. 3은 장남이고 2는 모친이다. 따라서 모자 간 불화가 생길 소지가 많으며, 不合局일 때는 그 정도가 매우 심하다.

- 2는 동물로 소(牛)이고, 3은 오행으로 木이니 2와 3이 만나면, 나무 몽둥이로 소를 때리는 격이니 투우살(鬪牛殺)이라고 하여 매우 흉한 숫자조합이다.

- 巽宮, 兌宮의 〈1, 4〉 숫자조합은 학문 방위로 학생들 공부방으로 쓰면 좋다. 그러나 불합국에서는 음탕하거나 정신적으로 문제되고 수표, 어음사기에 연루될 수 있다.

- 離宮, 坤宮〈6, 8〉은 合局일 때는 무과현달(武科顯達)하고 거부(巨富)가 될 수 있으며, 不合局일 때는 자손(子孫)이 없고 고독(孤獨)한 삶을 살게 될 수도 있다.

- 震宮, 艮宮에 〈5, 9〉는 合局일 때는 부귀(富貴)하고 학문(學文)이 높고, 대귀(大貴)하며, 지존(至尊)까지 오를 수 있으나, 不合局일 때는 사약(死藥)을 먹고, 토혈(吐血)하며, 목질(전염병)을 앓는 등 건강상 심각한 문제를 불러오는 흉수조합이 될 수도 있다.

- 坎宮〈7, 7〉은 合局일 때는 일찍 발복하고, 재능이 탁월하고, 연예인으로 인기를 얻어 유명해진다. 그러나 不合局일 때는 몸이 다쳐서 큰 상처를 갖는 수술을 하고, 비명횡사, 또는 화재의 재앙을 받는 흉수로 피해를 볼 수도 있다.

## 4) 7운 丑坐未向

| 巽 | 巳 | 丙 午 丁 | 未 | 坤 |
|---|---|---|---|---|
| 辰 | 9 5<br>六 | 5 9<br>二 | 7 7<br>四 | 申 |
| 乙<br>卯<br>甲 | 8 6<br>五 | +1 -4<br>七 | 3 2<br>九 | 庚<br>酉<br>辛 |
| 寅 | 4 1<br>一 | 6 8<br>三 | 2 3<br>八 | 戌 |
| 艮 | 丑 | 癸 子 壬 | 亥 | 乾 |

### (해석)

- 이 局은 쌍성회향국(雙星回向局)으로 山星이 向宮에 가있는, 즉 下水가 되어 人丁에 불리하다. 그러나 향성이 旺氣向星으로 財物은 旺한 局이다.

- 地運은 쌍성회향국(雙星回向局)이므로 向宮의 向星數 7운에 득운(得運)하여 坐宮의 向星數 1운에 입수(入囚)되니 7, 8, 9운이 60년간 지속된다.

- 각궁을 해석할 때는 가장 먼저 운에 따른 쇠왕(衰旺)을 우선 살피고, 다음으로 향성과 산성의 조합수의 상생상극을 통변한다.

- 艮宮〈4, 1〉, 中宮〈1, 4〉은 학문과 과거급제 등 좋은 숫자조합이지만 여기서는 艮

宮에 산이 가까이 있거나 높은 산이 있으면 7운에는 死氣가 되고, 8운에는 殺氣가 되어 매우 흉하게 된다.

- 兌宮〈3, 2〉, 乾宮〈2, 3〉은 7운에서 〈2, 3〉은 살기(殺氣)이므로 이 방위에 산이나 물이 없어야 좋으며 있으면 흉이 가중된다. 合局일 때는 득재, 출명, 개과천선 등의 좋은 기운을 불러오나, 불합국에서는 투우살(鬪牛殺), 압상(壓傷), 상해(傷害), 치우(蚩尤), 목질(桎梏), 관재(官災), 모극(剋母) 등의 흉이 가중된다. 7운에서는 殺氣이므로 흉하게 감평한다.

- 離宮〈5, 9〉, 巽宮〈9, 5〉에서 9는 進氣(次生氣), 5는 衰氣이며 향성 9가 산성 5를 火生土로 하며, 巽宮〈9, 5〉는 산성 9가 향성 5를 火生土로 생하니, 즉 進氣가 衰氣를 生하므로 좋지는 않으나 크게 흉하지도 않다.

- 震宮〈8, 6〉, 坎宮〈6, 8〉은 7운에서 8은 生氣數이므로 震宮의 山星에 山이 있고, 坎宮의 向星에 물이 있으면 좋다. 그러나 6은 退氣이므로 震宮의 向星에 물이 있거나, 坎宮의 山星에 山이 있으면 매우 凶하다.

## 5) 7운 艮坐坤向

| 巽 | 巳 | 丙 午 丁 | 未 | 坤 |
|---|---|---|---|---|
| 辰 | 2  3<br>六 | 6  8<br>二 | 4  1<br>四 | 申 |
| 乙<br>卯<br>甲 | 3  2<br>五 | -1  +4<br>七 | 8  6<br>九 | 庚<br>酉<br>辛 |
| 寅 | 7  7<br>一 | 5  9<br>三 | 9  5<br>八 | 戌 |
| 艮 | 丑 | 癸 子 壬 | 亥 | 乾 |

(해석)

7運에서 艮坐坤向, 寅坐申向은 같은 쌍성회좌국(雙星會坐局)이다.

- 地運은 7운에 득령(得令)하여 4운에 입수(入囚)하므로 최대 120년간 유지(維持)된다.

- 合局(집이나 묘 뒤에 물이 있고, 물 뒤에 산이 있는 경우)이 되면 정재양왕(丁財兩旺)

의 아주 좋은 국이 된다. 하지만 실제는 묘 뒤에 물이 있는 경우가 드물어서 실제로 용사시(用事時)에는 잘 살피어서 실수가 없도록 해야 한다.

- 배산임수(背山臨水) 형세(形勢)라면 旺向이 되어 人丁에는 매우 좋으나 향성이 上山되어 재물(財物)에는 불리하다.

- 坤宮〈4, 1〉, 中宮〈1, 4〉는 학문과 과거급제 등 좋은 숫자조합이지만 여기서는 坤宮에 산이 가까이 있거나 높은 산이 있으면 7운에는 死氣가 되고, 8운에는 殺氣가 되어 매우 흉하게 된다. 중궁〈1, 4〉은 가족의 분위기를 보는 궁인데, 1은 坎이니 중남, 4는 震이니 장남이다. 오행으로 坎은 水, 震은 木이니 동생이 큰형님을 잘 모시는 분위기로 형제 간 우애가 좋다고 통변한다.

- 乾宮〈9, 5〉, 坎宮〈5, 9〉는 9는 7운에서 進氣(次生氣), 5는 衰氣이며 乾宮은 산성 9가 향성 5를 火生土로 하며, 坎宮〈9, 5〉는 산성 9가 향성 5를 火生土로 생하니, 즉 進氣가 衰氣를 生하므로 좋지는 않으나 크게 흉하지도 않다.

- 巽宮〈2, 3〉, 震宮〈3, 2〉이다. 7운에서 〈2, 3〉은 살기(殺氣)이므로 이 방위에 산이나 물이 없어야 좋으며 있으면 흉이 가중된다. 合局일 때는 득재, 출명, 개과천선 등의 좋은 기운을 불러오나, 불합국에서는 투우살(鬪牛殺), 압상(壓傷), 상해(傷害), 질곡(桎梏), 관재(官災), 극모(剋母) 등의 凶이 가중된다. 7運에서는 殺氣이므로 흉하게 감평한다.

- 兌宮〈8, 6〉, 離宮〈6, 8〉은 7운에서 8은 生氣數이므로 兌宮의 山星에 山이 있고, 離宮의 向星에 물이 있으면 좋다. 그러나 6은 退氣이므로 兌宮의 向星에 물이 있거나, 坎宮의 山星에 山이 있으면 매우 凶하다.

## (1) 旺山旺向 合局과 雙星會坐, 雙星回向 合局의 차이점

### ① 旺山旺向 合局

雙星會坐, 雙星回向 局도 合局이 되면 旺山旺向처럼, 丁財兩旺되는 것은 같으나, 깊이 들어가 세밀하게 따져보면 다소 다르다. 왕산왕향합국은 바로 뒤에 산이 있기 때문에 人丁면에서 발복이 빠르고 강하게 작용한다. 그러나 雙星會坐, 雙星回向 合局은 물 건너편에 산이 있어야 합국이 되기 때문에 거리만큼 발복의 역량도 적고 발복이 오는 시기도 늦어지게 된다.

② 雙星會坐 合局

合局이 되면 旺山旺向처럼, 丁財兩旺되는 것은 같으나, 세밀하게 분석하면 인물이 먼저 나고 나중에 돈이 들어온다. 즉 명예로 먼저 성공해서 그 덕분에 재물(돈)이 들어온다.

③ 雙星回向 合局

合局이 되면 旺山旺向처럼, 丁財兩旺되는 것은 같으나, 세밀하게 분석해보면, 財物(돈)이 먼저 들어오고 그 財物(돈)로 인물이 만들어진다.

④ 上山下水 合局

坐宮에 물(水)이 있고, 向宮에 山이 있으면 합국이다. 그러나 불합국일 때는 丁財兩敗한다.

### 6) 7운 寅坐申向

| 巽 | 巳 | 丙　午　丁 | 未 | 坤 |
|---|---|---|---|---|
| 辰 | 2　3<br>六 | 6　8<br>二 | 4　1<br>四 | **申** |
| 乙<br>卯<br>甲 | 3　2<br>五 | -1　+4<br>七 | 8　6<br>九 | 庚<br>酉<br>辛 |
| **寅** | 7　7<br>一 | 5　9<br>三 | 9　5<br>八 | 戌 |
| 艮 | 丑 | 癸　子　壬 | 亥 | 乾 |

(해석)

7운에서 寅坐申向은 雙星會坐국으로 艮坐坤向과 애성반이 같다.

- 地運은 7운에 득령(得令)하여 4운에 入囚되니 최대 120년간 維持된다.

- 合局(집이나 묘 뒤에 물이 있고, 물 뒤에 산이 있는 경우)이 되면 정재양왕(丁財兩旺)의 아주 좋은 국(局)이 된다. 하지만 실제는 묘 뒤에 물이 있는 경우가 드물어서 실제로 용사시(用事時)에는 잘 살펴서 실수가 없도록 해야 한다.

- 배산임수(背山臨水) 형세(形勢)라면 旺向이 되어 人丁에는 매우 좋으나 향성이 上

山되어 財物에는 불리하다.

- 坤宮〈4, 1〉, 中宮〈1, 4〉는 학문과 과거급제 등 좋은 숫자조합이지만 여기서는 坤宮에 산이 가까이 있거나 높은 산이 있으면 7운에는 사기(死氣)가 되고, 8운에는 살기(殺氣)가 되어 매우 흉하게 된다. 중궁〈1, 4〉은 가족의 분위기를 보는 궁인데, 1은 坎이니 중남, 4는 震이니 장남이다. 오행으로 坎은 水, 震은 木이니 동생이 큰형님을 잘 모시는 분위기로 형제 간 우애가 좋다고 통변한다.

- 乾宮〈9, 5〉, 坎宮〈5, 9〉에서 9는 7운에서 進氣(次生氣), 5는 쇠기(衰氣)이며 乾宮은 산성 9가 향성 5를 火生土로 하며, 坎宮〈5, 9〉는 향성 9가 산성 5를 火生土로 생하니, 즉 진기(進氣)가 쇠기(衰氣)을 生하므로 좋지는 않으나 크게 흉하지도 않다.

- 巽宮〈2, 3〉, 震宮〈3, 2〉이다. 7운에서 〈2, 3〉은 살기(殺氣)이므로 이 방위에 산이나 물이 없어야 좋으며 있으면 흉이 가중된다. 合局일 때는 득재, 출명, 개과천선 등의 좋은 기운을 불러오나, 불합국에서는 투우살(鬪牛殺), 압상(押上), 상해(傷害), 질곡(桎梏), 관재(官災), 극모(剋母) 등의 凶이 가중된다. 7운에서는 殺氣이므로 흉하게 감평한다.

- 兌宮〈8, 6〉, 離宮〈6, 8〉은 7운에서 8은 生氣數이므로 兌宮의 山星에 山이 있고, 離宮의 向星에 물이 있으면 좋다. 그러나 6은 退氣이므로 兌宮의 向星에 물이 있거나, 坎宮의 山星에 山이 있으면 매우 凶하다.


## 7) 7운 甲坐庚向

| 巽 | 巳 | 丙 午 丁 | 未 | 坤 |
|---|---|---|---|---|
| 辰 | 4 8<br>六 | 9 4<br>二 | 2 6<br>四 | 申 |
| 乙<br>卯<br>甲 | 3 7<br>五 | +5 +9<br>七 | 7 2<br>九 | **庚**<br>**酉**<br>**辛** |
| 寅 | 8 3<br>一 | 1 5<br>三 | 6 1<br>八 | 戌 |
| 艮 | 丑 | 癸 子 壬 | 亥 | 乾 |

(해석)

7운에 甲子庚向과 庚坐甲向 2개 坐는 현공풍수에서 가장 꺼리는 上山下水에 복음(伏吟)까지 겹쳐서 인패재패(人敗財敗)하는 대흉국이다.

- 地運은 7운에 得令하여 9운에 立囚되니 운은 최대 40년간 유지된다.

- 그러나 상산하수에 북음까지 겹쳤으니 향궁과 좌궁의 숫자를 해석할 필요도 없이 "집안이 풍비박산(風飛雹散), 즉 바람에 날리고 우박에 흩어져서 수확할 것이 없다."는 뜻이다. 현공풍수를 모르면 풍수의 大家라도 上山下水에 伏吟 걸리는 것을 알 수 없으니, 운이 나쁘면 쓸 수밖에 없다. 최소한 몇 운에는 무슨 坐는 절대 쓰면 안 된다는 정도는 알고 用事를 해야 한다. 실제 감평에서 양택보다는 음택에서 길흉의 확실한 구분을 할 수 있으며, 일반 삼합오행풍수보다 더 면밀하게 해석할 수 있다.

### 8) 7운 卯坐酉向

| 巽 | 巳 | 丙 午 丁 | 未 | 坤 |
|---|---|---|---|---|
| 辰 | 6  1<br>六 | 1  5<br>二 | 8  3<br>四 | 申 |
| 乙<br>**卯**<br>甲 | 7  2<br>五 | -5  -9<br>七 | 3  7<br>九 | 庚<br>**酉**<br>辛 |
| 寅 | 2  6<br>一 | 9  4<br>三 | 4  8<br>八 | 戌 |
| 艮 | 丑 | 癸 子 壬 | 亥 | 乾 |

(해석)

7운에 卯坐酉向은 왕산왕향(汪山旺向)이며, 乙坐辛向과 애성반(挨星盤)이 같다.

- 지운은 7운에 득령(得令)하여 9운에 入囚되니 최대 40년간 유지(維持)된다.

- 中宮〈5, 9, 7〉은 화재, 매독 등의 흉성을 내포하고 있다. 양택의 중앙에 난로, 주방을 설치하면 흉하니 각별한 주의를 요한다.

- 震宮〈7, 2〉는 7이 旺氣星이니 7이 있는 坐쪽에 山이 있고 태궁〈3, 7〉이니 兌宮

向쪽에 물이 있으면 합국이다. 인재양정(人財兩旺)하다.

- 巽宮〈6, 1〉은 좋은 숫자조합이며 합국 시 승진, 귀인출산, 문필가 등의 길함이 나타난다.

- 離宮〈1, 5〉는 합국일 때는 총명, 지혜로운 남자, 사상가 등이 나오며, 불합국일 때는 불임, 자궁병, 신장결석, 부종(浮腫) 등의 질병으로 나타난다.

- 坤宮의 〈8, 3〉은 합국일 때는 총명, 다출남, 장수, 효자가 태어나며, 불합국일 때는 자손 손상, 재물 손상 등으로 나타난다.

- 兌宮〈3, 7〉은 7운에서 향성 7이 왕기성이므로 향궁에 물이 있으면 재물이 왕하고, 재물이 증가되며, 무관(武官)에 吉한 向星數이다. 만약 실령 시에는 폐병, 족병, 형살, 폭력배, 횡사(橫死) 등 흉함이 발생된다.

- 乾宮〈4, 8〉은 합국이고 득령일 때는 적선, 비서, 농축업 발전, 삼방발재(三房發財) 등 길한 작용이 나타나고, 실령 시 미성년자 손상, 다생여아(多生女兒) 등 흉함이 나타난다.

- 坎宮〈9, 4〉는 득운 시에는 통명, 합격, 안정, 통일, 문인 등 인물이 나고, 실운 시에는 화재, 여인불화, 헛수고, 소성다패(小成多敗) 등의 흉작용이 나타난다.

- 艮宮〈2, 6〉은 7운에서 2는 살기(殺氣)이고, 6은 퇴기(退氣)이므로 과부, 승녀, 산재노고, 귀신상극, 미신, 재물 손상 등의 흉함이 나타난다.


## 9) 7운 乙坐辛向

| 巽 | 巳 | 丙 午 丁 | 未 | 坤 |
|---|---|---|---|---|
| 辰 | 6 1<br>六 | 1 5<br>二 | 8 3<br>四 | 申 |
| 乙<br>卯<br>甲 | 7 2<br>五 | -5 -9<br>七 | 3 7<br>九 | 庚<br>酉<br>辛 |
| 寅 | 2 6<br>一 | 9 4<br>三 | 4 8<br>八 | 戌 |
| 艮 | 丑 | 癸 子 壬 | 亥 | 乾 |

(해석)

7운에 乙坐辛向은 왕산왕향(旺山旺向)이며, 卯坐酉向과 애성반(挨星盤)이 같다.

- 지운은 7운에 득령(得令)하여 9운에 入囚되니 최대 40년간 유지(維持)된다.

- 中宮〈5, 9, 7〉은 화재, 매독 등의 흉성을 내포하고 있다. 양택의 중앙에 난로, 주방을 설치하면 흉하니 각별한 주의를 요한다.

- 震宮〈7, 2〉는 7이 旺氣星이니 7이 있는 坐쪽에 山이 있고 태궁〈3, 7〉이니 兌宮 向쪽에 물이 있으면 합국이다. 인재양정(人財兩旺)하다.

- 巽宮〈6, 1〉은 좋은 숫자조합이며 합국 시 승진, 귀인출산, 문필가 등의 길함이 나타난다.

- 離宮〈1, 5〉는 합국일 때는 총명, 지혜로운 남자, 사상가 등이 나오며, 불합국일 때는 불임, 자궁병, 산장결석, 부종(浮腫)등의 질병으로 나타난다.

- 坤宮〈8, 3〉은 합국일 때는 총명, 다출남, 장수, 효자가 태어나며, 불합국일 때는 자손 손상, 재물 손상 등으로 나타난다.

- 兌宮〈3, 7〉은 7운에서 향성 7이 왕기성이므로 향궁에 물이 있으면 재물이 왕하고, 재물이 증가되며, 무관(武官)에 吉한 向星數이다. 만약 실령 시에는 폐병, 족병, 형살, 폭력배, 횡사(橫死) 등 흉함이 발생된다.

- 乾宮〈4, 8〉은 합국이고 득령일 때는 적선, 비서, 농축업 발전, 삼방발재(三房發財) 등 길한 작용이 나타나고, 실령 시 미성년자 손상, 다생여아(多生女兒) 등 흉함이 나타난다.

- 坎宮〈9, 4〉는 득운 시에는 통명, 합격, 안정, 통일, 문인 등 인물이 나고, 실운 시에는 화재, 여인불화, 헛수고, 소성다패(小成多敗) 등의 흉작용이 나타난다.

- 艮宮〈2, 6〉은 7운에서 2는 살기(殺氣), 6은 퇴기(退氣)이므로 과부, 승녀, 산재노고, 귀신상극, 미신, 재물 손상 등의 흉함이 나타난다.

## 10) 7운 辰坐戌向

| 巽 | 巳 | 丙 午 丁 | 未 | 坤 |
|---|---|---|---|---|
| 辰 | 7 9<br>六 | 2 4<br>二 | 9 2<br>四 | 申 |
| 乙<br>卯<br>甲 | 8 1<br>五 | -6 -8<br>七 | 4 6<br>九 | 庚<br>酉<br>辛 |
| 寅 | 3 5<br>一 | 1 3<br>三 | 5 7<br>八 | 戌 |
| 艮 | 丑 | 癸 子 壬 | 亥 | 乾 |

### (해석)

7운에서 辰坐戌向은 旺山旺向이다. 뒤에 山이 있고 앞에 물이 있으면 합국이며 정재양왕국(丁財兩旺局)이 된다.

- 地運은 7운에 得令하여 8운에 入囚되므로 최대 20년밖에 못 간다. 辰坐戌向뿐만 아니라 巽坐乾向도 1~9운을 막론하고 지운(地運)이 짧다는 것을 기억하길 바란다. 그러나 向宮에 水가 아주 좋게 있으면, 수부주(囚不住) 되어서 入囚되지 않는다.

- 乾宮〈5, 7, 8〉 중 〈7, 8〉조합은 富貴가 速發하는 숫자조합이다. 7은 兌로 소녀아고, 8艮은 소남으로 젊은 남녀가 만나니 자웅정배(雌雄正配)하여 속발하게 된다. 그러나 산성이 5黃이라 조심하여야 한다. 만약 乾宮에 높은 산이 있으면 옆의 向星에도 영향을 주므로 물이 안 보이는 암공수(暗供水)가 되어야 좋다.

- 離宮〈2, 4〉는 흉수조합이다. 불합국일 때는 특히 흉함이 크다. 간담병, 위장병, 가업능력쇠퇴, 홀애비, 고부갈등, 극모(剋母) 등의 흉이 나타난다. 4木은 장녀, 2土는 老母다. 木剋土하니, 딸이 어머니에게, 며느리가 시어머니를 우습게 보는 상수조합이다.

- 坤宮〈9, 2〉는 득운(得運)일 때는 승진, 왕정(旺丁 : 인물)하게 되며, 실운일 때는 우둔, 화재, 과부가 나온다.

- 兌宮〈4, 6〉은 득운일 때는 명리쌍수, 경기우승, 증권발재 등 길함이 나타나고, 실운일 때는 사고사(事故死)하는 흉함이 나타난다.

- 坎宮〈1, 3〉은 득운일 때는 개업, 진화, 성장, 시험합격, 출산 등 길함이 나타나고, 실운일 때는 곤란한 일, 어린아이 죽음, 전사, 사고 등의 흉함이 나타난다.

- 艮宮〈3, 5〉는 7운에서 3은 살기(殺氣), 5는 쇠기(衰氣)이므로 자동차사고, 도박, 사고, 담결석 질병 등 흉함이 나타난다.

- 震宮〈8, 1〉은 7운에서 8은 生氣이므로 坐宮에 山이 있으면 文人, 목축업부자, 교육자, 법관 등이 배출된다.

- 中宮〈6, 8〉은 길수조합(吉數組合)이므로 무과현달(武官顯達), 거부(巨富) 등이 나타난다.

* 공부방에 좋은 방위 6개 : 〈1, 3〉, 〈1, 4〉, 〈1, 6〉, 〈1, 7〉, 〈9, 3〉, 〈9, 4〉

* 안방에 좋은 방위 4개 : 산성에 8, 9, 1, 6 들어오는 방위

* 현관문에 좋은 방위 4개 : 향성에 8, 9, 1, 6 들어오는 방위

## 11) 7운 巽坐乾向

| 巽 | 巳 | 丙 午 丁 | 未 | 坤 |
|---|---|---|---|---|
| 辰 | 5 7<br>六 | 1 3<br>二 | 3 5<br>四 | 申 |
| 乙<br>卯<br>甲 | 4 6<br>五 | 6 8<br>七 | 8 1<br>九 | 庚<br>酉<br>辛 |
| 寅 | 9 2<br>一 | 2 4<br>三 | 7 9<br>八 | 戌 |
| 艮 | 丑 | 癸 子 壬 | 亥 | 乾 |

(해석)

7운에 巽坐乾向은 상산하수국(上山下水局)으로 巳坐亥向과 같이 用事해서는 안 되는 국이다.

- 地運은 7운에 得令하여 8운에 入囚하므로 20년밖에 지속되지 않는다.

- 만약에 7운에 用事했다면 8運에는 왕산왕향(旺山旺向)이 되므로 환천심(還天心)을

해주면 吉하게 된다.

- 다만 이 局은 9宮 전체가 연주삼반괘(連珠三般卦)가 되어 전고후저(前高後底)의 역배산임수(逆背山臨水)가 되면 오히려 전화위복(轉禍爲福)이 된다. 그러나 음택의 경우는 불가하고, 양택의 경우는 좋은 局으로 된다. 古書에 의하면 금상첨화(錦上添花), 설중송탄(雪中松炭)의 局이 된다.


## 12) 7운 巳坐亥向

| 巽 | 巳 | 丙 午 丁 | 未 | 坤 |
|---|---|---|---|---|
| 辰 | 5 7<br>六 | 1 3<br>二 | 3 5<br>四 | 申 |
| 乙<br>卯<br>甲 | 4 6<br>五 | +6 +8<br>七 | 8 1<br>九 | 庚<br>酉<br>辛 |
| 寅 | 9 2<br>一 | 2 4<br>三 | 7 9<br>八 | 戌 |
| 艮 | 丑 | 癸 子 壬 | 亥 | 乾 |

**(해석)**

7운에 巳座亥向은 상산하수국(上山下水局)으로 巽座乾向과 같이 用事해서는 안 되는 국이다.

- 地運은 7운에 得令하여 8운에 入囚하므로 20년밖에 지속되지 않는다.

- 만약에 7운에 用事했다면 8運에는 왕산왕향(旺山旺向)이 되므로 환천심(還天心)을 해주면 吉하게 된다.

- 다만 이 局은 9宮 전체가 연주삼반괘(連珠三般卦)가 되어 전고후저(前高後底)의 역배산임수(逆背山臨水)가 되면 오히려 전화위복(轉禍爲福)이 된다. 그러나 음택의 경우는 불가하고, 양택의 경우는 좋은 局으로 된다. 古書에 의하면 금상첨화(錦上添花), 설중송탄(雪中松炭)의 局이 된다.

## 13) 7운 丙坐壬向

| 巽 | 巳 | 丙 午 丁 | 未 | 坤 |
|---|---|---|---|---|
| 辰 | 3 2<br>六 | 7 7<br>二 | 5 9<br>四 | 申 |
| 乙<br>卯<br>甲 | 4 1<br>五 | -2 +3<br>七 | 9 5<br>九 | 庚<br>酉<br>辛 |
| 寅 | 8 6<br>一 | 6 8<br>三 | 1 4<br>八 | 戌 |
| 艮 | 丑 | 癸 子 壬 | 亥 | 乾 |

(해석)

7운에 丙坐壬向은 雙星會坐局이다.

- 地運은 7운에 得令하여 3운에 入囚되니 최대 100년간 維持된다.

- 7운에 雙星會坐가 되는 局은 子坐, 癸坐, 艮坐, 寅坐, 丙坐, 未坐 총 6개가 있고, 雙星會向局도 壬坐, 丑坐, 午坐, 丁坐, 坤坐, 辛坐 6개이다.

- 丙坐가 雙星會坐면 반대편 壬坐는 雙星會向이 된다. 그리고 丙坐의 중궁이 〈-2, +3〉이면, 壬坐는 반대편에 있기 때문에 〈+3, -2〉가 된다. 그러므로 병좌와 임좌는 궁의 숫자는 같은데 山星數과 向星數가 서로 바뀌어 배치된다.

- 離宮〈7, 7〉은 7운에서 雙星會坐이므로 뒤에 물이 있고 물 뒤에 산이 있으면 합국이다.

- 坎宮〈6, 8〉은 吉數組合이고, 향성 8은 생기이므로 向宮에 물이 있으면 坐宮만 물이 있을 때보다 財物이 더 좋다고 해석한다. 다만 向宮의 물은 좌궁의 물의 절반정도로 적어야 한다. 간궁〈8, 6〉도 길수조합이라 좋게 해석한다. 간궁의 산성 8이 생기므로 坐宮에 수려(秀麗)한 山이 있으면 人丁에 좋다.

- 巽宮〈3, 2〉와 중궁의 〈2, 3〉은 흉수조합이다. 7운에서 〈2, 3〉은 殺氣이므로 이 방위에 산이나 물이 없어야 좋으며, 있으면 흉이 가중된다. 合局일 때는 득재, 출명, 개과천선 등의 좋은 기운을 불러오나, 불합국에서는 투우살(鬪牛殺), 압상(押上), 상해

(傷害), 질곡(桎梏), 관재(官災), 극모(尅母) 등의 凶이 가중된다. 7運에서는 殺氣이므로 흉하게 감평한다.

- 坤宮〈5, 9〉과 兌宮〈9, 5〉는 흉수조합이다. 9는 7운에서 進氣(次生氣), 5는 衰氣이며 兌宮은 산성 9가 향성 5를 火生土로 하며, 坤宮〈9, 5〉는 향성 9가 산성 5를 火生土로 생하니, 즉 進氣가 衰氣를 生하므로 좋지는 않으나 크게 흉하지도 않다.

- 乾宮〈1, 4〉와 震宮〈4, 1〉은 성요(星曜)가 길수조합이라서 7운에 〈1, 4〉가 退氣지만 크게 흉함이 없다.


## 14) 7운 午坐子向

| 巽 | 巳 | 丙 午 丁 | 未 | 坤 |
|---|---|---|---|---|
| 辰 | 1  4<br>六 | 6  8<br>二 | 8  6<br>四 | 申 |
| 乙<br>卯<br>甲 | 9  5<br>五 | +2  -3<br>七 | 4  1<br>九 | 庚<br>酉<br>辛 |
| 寅 | 5  9<br>一 | 7  7<br>三 | 3  2<br>八 | 戌 |
| 艮 | 丑 | 癸 子 壬 | 亥 | 乾 |

#### (해석)

7운에 午坐子向은 丁坐癸向과 함께 雙星會向局이다.

- 地運은 向宮의 향성인 7운에 得令하여, 坐宮의 向星인 8운에 入囚되니 고작해야 20년뿐이다.

- 앞에 물이 있고 물 뒤에 산이 있으면 합국이다. 합국이 되면 人丁도 좋지만 기본적으로 財物에 유리한 局이다.

- 離宮〈6, 8〉과 坤宮〈8, 6〉은 길수조합이다. 이도탁용, 무과현달, 문창, 부귀, 금융업, 충신, 효자가 나오는 길한 조합이다. 곤궁(坤宮)의 좌궁의 8은 생기이므로 수려한 산이 있으면 인정도 길하다. 이궁(離宮)에 향궁 8도 生氣이므로 향궁의 절반정도 되는

작은 물이 있으면 재물도 왕해진다.

- 兌宮〈4, 1〉과 巽宮〈1, 4〉은 길수조합이며, 과거급제, 문인, 항해가(航海家) 등 귀인이 태어난다.

- 中宮〈3, 2〉와 乾宮〈3, 2〉는 흉수조합이다. 7운에서 〈2, 3〉은 殺氣이므로 이 방위에 산이나 물이 없어야 좋으며 있으면 흉이 가중된다. 合局일 때는 득재, 출명, 개과천선 등의 좋은 기운을 불러오나, 불합국에서는 투우살(鬪牛殺), 압상(押上), 상해(傷害), 질곡(桎梏), 관재(官災), 극모(剋母) 등의 凶이 가중된다. 7運에서는 殺氣이므로 흉하게 감평한다.

- 艮宮〈5, 9〉와 震宮〈9, 5〉는 흉수조합이다. 그러나 9는 7운에서 進氣(次生氣), 5는 衰氣이며 艮宮은 향성 9가 산성 5를 火生土로 하며, 震宮〈9, 5〉는 산성 9가 향성 5를 火生土로 생하니, 즉 進氣가 衰氣를 生하므로 좋지는 않으나 크게 흉하지도 않다.

## 15) 7운 丁坐癸向

| 巽 | 巳 | 丙 午 丁 | 未 | 坤 |
|---|---|---|---|---|
| 辰 | 1 4<br>六 | 6 8<br>二 | 8 6<br>四 | 申 |
| 乙<br>卯<br>甲 | 9 5<br>五 | +2 -3<br>七 | 4 1<br>九 | 庚<br>酉<br>辛 |
| 寅 | 5 9<br>一 | 7 7<br>三 | 3 2<br>八 | 戌 |
| 艮 | 丑 | 癸 子 壬 | 亥 | 乾 |

(해석)

7운에 丁坐癸向은 午坐子向 함께 雙星會向局이다.

- 地運은 向宮의 향성인 7운에 得令하여, 坐宮의 向星인 8운에 入囚되니 고작해야 20년뿐이다.

- 앞에 물이 있고 물 뒤에 산이 있으면 합국이다. 합국이 되면 人丁도 좋지만 기본

적으로 財物에 유리한 局이다.

- 離宮⟨6, 8⟩과 坤宮⟨8, 6⟩은 길수조합이다. 이도탁용, 무과현달, 문창, 부귀, 금융업, 충신, 효자가 나오는 길한 조합이다. 감궁의 좌궁의 8은 생기이므로 수려한 산이 있으면 인정도 길하다. 이궁에 향궁 8도 生氣이므로 향궁의 절반정도 되는 작은 물이 있으면 재물도 왕(旺)해진다.

- 兌宮⟨4, 1⟩와 巽宮⟨1, 4⟩은 길수조합이며, 과거급제, 문인, 항해가 등 귀인이 태어난다.

- 中宮⟨2, 3⟩와 乾宮⟨3, 2⟩는 흉수조합이다. 7운에서 ⟨2, 3⟩은 殺氣이므로 이 방위에 산이나 물이 없어야 좋으며 있으면 흉이 가중된다. 合局일 때는 득재, 출명, 개과천선 등의 좋은 기운을 불러오나, 불합국에서는 투우살(鬪牛殺), 압상(押上), 상해(傷害), 질곡(桎梏), 관재(官災), 극모(剋母) 등의 凶이 가중된다. 7運에서는 殺氣이므로 흉하게 감평한다.

- 艮宮⟨5, 9⟩와 震宮⟨9, 5⟩는 흉수조합이다. 그러나 7운에서 9는 進氣(次生氣), 5는 쇠기(衰氣)이며 艮宮은 향성 9가 산성 5를 火生土로 하며, 震宮⟨9, 5⟩는 산성 9가 향성 5를 火生土로 생하니, 즉 進氣가 衰氣를 生하므로 좋지는 않으나 크게 흉하지도 않다.


## 16) 7운 未坐丑向

| 巽 | 巳 | 丙 午 丁 | 未 | 坤 |
|---|---|---|---|---|
| 辰 | 5 9<br>六 | 9 5<br>二 | 7 7<br>四 | 申 |
| 乙<br>卯<br>甲 | 6 8<br>五 | -4 +1<br>七 | 2 3<br>九 | 庚<br>酉<br>辛 |
| 寅 | 1 4<br>一 | 8 6<br>三 | 3 2<br>八 | 戌 |
| 艮 | 丑 | 癸 子 壬 | 亥 | 乾 |

(해석)

7운에 未坐丑向은 쌍성회좌국(雙星會坐局)이다.

- 地運은 7운에 發福하여 1운에 入囚되니 최대 60년간 維持된다.

- 7운에는 上山下水가 되어 背山臨水局이라면 人丁은 旺盛하지만 재물은 不旺하여 재물운은 별로다. 그러나 양택이라면 비보(裨補)를 통해 재물운도 좋게 할 수 있다. 7운에는 未方에 대문을 내고, 8운에는 甲方에 대문은 내면 정재양왕(丁財兩旺)이 된다. 이것의 현공풍수의 묘미이다.

- 좌궁인 坤宮〈7, 7〉은 왕기라서 좋지만 金氣가 土方을 설기한다. 火로 生해주고 산형으로 활성화 시킨다.

- 離宮〈9, 5〉와 巽宮〈5, 9〉는 흉수조합이다. 9는 7운에서 進氣(次生氣), 5는 衰氣이며 離宮은 산성 9가 향성 5를 火生土로 하며, 巽宮〈5, 9〉는 향성 9가 산성 5를 火生土로 생하니, 즉 進氣가 衰氣를 生하므로 좋지는 않으나 크게 흉하지도 않다.

- 震宮〈6, 8〉과 坎宮〈8, 6〉은 길수조합이다. 이도탁용, 무과현달, 문창, 부귀, 금융업, 충신, 효자가 나오는 길한 조합이다. 감궁의 좌궁의 8은 생기이므로 수려한 산이 있으면 인정도 길하다. 그러나 좌궁(坤宮)보다는 절반정도로 작은 산이라 좋다. 진궁에 향궁 8도 生氣이므로 향궁(艮宮)의 절반정도 되는 작은 물이 있으면 재물도 왕(旺)해진다.

- 兌宮〈2, 3〉과 乾宮〈3, 2〉는 흉수조합이다. 7운에서 〈2, 3〉은 殺氣이므로 이 방위에 산이나 물이 없어야 좋으며, 있으면 흉이 가중된다. 合局일 때는 득재, 출명, 개과천선 등의 좋은 기운을 불러오나, 불합국에서는 투우살(鬪牛殺), 압상(押上), 상해(傷害), 질곡(桎梏), 관재(官災), 극모(剋母) 등의 凶이 가중된다. 7運에서는 殺氣이므로 흉하게 감평한다.

- 中宮〈4, 1〉과 艮宮〈1, 4〉는 길수조합이며, 과거급제, 문인, 항해가 등 귀인이 태어난다. 그러나 주의할 것은 쌍성회좌국(雙星會坐局)이므로 향궁인 艮宮에 물이 많거나 대문을 내면 남탕여음(男蕩女淫), 간병(肝病), 풍탄(風癱＝풍으로 사지가 뒤틀임), 전염병(傳染病) 등이 발생할 수 있다. 그러나 艮宮에 물이 없거나 대문을 내지 않았다면 흉함은 미미하다고 본다.

## 17) 7운 坤坐艮向

| 巽 | 巳 | 丙 午 丁 | 未 | 坤 |
|---|---|---|---|---|
| 辰 | 3  2<br>六 | 8  6<br>二 | 1  4<br>四 | 申 |
| 乙<br>卯<br>甲 | 2  3<br>五 | +4  -1<br>七 | 6  8<br>九 | 庚<br>酉<br>辛 |
| 寅 | 7  7<br>一 | 9  5<br>三 | 5  9<br>八 | 戌 |
| 艮 | 丑 | 癸 子 壬 | 亥 | 乾 |

(해석)

7운에 坤坐艮向은 申坐寅向과 같이 쌍성회향국(雙星回向局)이다.

- 地運은 向星의 向星數인 7운에 發福하여 坐宮의 向星數 4운에 入囚되니 최대 120년이다.

- 雙星回向局은 기본적으로 인정(人丁)은 불왕(不旺)하지만, 중궁의 숫자조합이 〈1, 4, 7〉로 되어 문창(文昌)의 氣가 왕성(旺盛)하니, 건물이 아름다우면 貴하게 된다.

- 向宮〈1, 7, 7〉, 中宮〈1, 4, 7〉, 坐宮〈1, 4, 4〉로 숫자조합이 〈1, 4, 7〉로 길한 숫자이니 모든 方方이 발복을 받는다.

- 7운에는 왕향이 되어 재물이 풍부하지만 8운이 되면 재물이 줄어든다. 다만 8자가 兌宮의 向宮에 있으니 태궁에 물이 있으면 재물이 유지된다. 음택은 대문이 없으니 인위적으로 변화가 불가하지만, 양택은 운에 따라서 대문을 옮겨주면 계속하여 좋은 재물운을 유지할 수도 있다. 현공풍수가 양택에서 활용도가 매우 높다.

예를 들면, 7운 坤坐艮向에서 8운에는 태궁에 대문을 내고, 9운에는 乾宮으로 대문을 옮기면 계속해서 財物 運을 받을 수 있다.

- 離宮〈8, 6〉과 兌宮〈6, 8〉은 이도탁용, 무과현달, 문창, 부귀, 금융업, 충신, 효자가 나오는 길한 조합이다. 離宮의 좌궁의 8은 생기이므로 수려한 산이 있으면 인정도 길하다. 태궁에 향궁 8도 生氣이므로 향궁(艮宮)의 절반정도 되는 작은 물이 있으면

재물도 왕(旺)해진다.

- 乾宮〈5, 9〉와 坎宮〈9, 5〉는 흉수조합이다. 9는 7운에서 進氣(次生氣), 5는 衰氣이며 坎宮은 산성 9가 향성 5를 火生土로 하며, 乾宮〈5, 9〉는 향성 9가 산성 5를 火生土로 생하니, 즉 進氣가 衰氣를 生하므로 좋지는 않으나 크게 흉하지도 않다.

- 巽宮〈3, 2〉과 震宮〈2, 3〉은 흉수조합이다. 7운에서 〈2, 3〉은 殺氣이므로 이 방위에 산이나 물이 없어야 좋으며 있으면 흉이 가중된다. 合局일 때는 득재, 출명, 개과천선 등의 좋은 기운을 불러오나, 불합국에서는 투우살(鬪牛殺), 압상(壓傷), 상해(傷害), 질곡(桎梏), 관재(官災), 극모(剋母) 등의 凶이 가중된다. 7運에서는 殺氣이므로 흉하게 감평한다.

### 18) 7운 申坐寅向

| 巽 | 巳 | 丙 午 丁 | 未 | 坤 |
|---|---|---|---|---|
| 辰 | 3 2<br>六 | 8 6<br>二 | 1 4<br>四 | **申** |
| 乙<br>卯<br>甲 | 2 3<br>五 | +4 -1<br>七 | 6 8<br>九 | 庚<br>酉<br>辛 |
| **寅** | 7 7<br>一 | 9 5<br>三 | 5 9<br>八 | 戌 |
| 艮 | 丑 | 癸 子 壬 | 亥 | 乾 |

(해석)

7운에 申坐寅向은 坤坐艮向과 같이 쌍성회향국(雙星回向局)이다.

- 地運은 向星의 向星數인 7운에 發福하여 坐宮의 向星數 4운에 入囚되니 최대 120년이다.

- 雙星回向局은 기본적으로 인정은 불왕하지만, 중궁의 숫자조합이 〈1, 4, 7〉로 되어 文昌의 氣가 旺盛하니, 건물이 아름다우면 貴하게 된다.

- 向宮〈1, 7, 7〉, 中宮〈1, 4, 7〉, 坐宮〈1, 4, 4〉로 숫자조합이 〈1, 4, 7〉로 길한 숫자이니 모든 方方이 발복을 받는다.

- 7운에는 왕향이 되어 재물이 풍부하지만 8운이 되면 재물이 줄어든다. 다만 8자가 태궁의 향궁에 있으니 태궁에 물이 있으면 재물이 유지된다. 음택은 대문이 없으니 인위적으로 변화가 불가하지만, 양택은 운에 따라서 대문을 옮겨주면 계속하여 좋은 재물운을 유지할 수도 있다. 현공풍수가 양택에서 활용도가 매우 높다.

예를 들면, 7운 坤坐艮向에서 8운에는 태궁에 대문을 내고, 9운에는 건궁으로 대문을 옮기면 계속해서 財物 運을 받을 수 있다.

- 離宮〈8, 6〉과 兌宮〈6, 8〉은 이도탁용, 무과현달, 문창, 부귀, 금융업, 충신, 효자가 나오는 길한 조합이다. 이궁의 좌궁의 8은 생기이므로 수려한 산이 있으면 인정도 길하다. 태궁에 향궁 8도 生氣이므로 향궁(艮宮)의 절반정도 되는 작은 물이 있으면 재물도 왕해진다.

- 乾宮〈5, 9〉와 坎宮〈9, 5〉은 흉수조합이다. 9는 7운에서 進氣(次生氣), 5는 衰氣이며 坎宮은 산성 9가 향성 5를 火生土로 하며, 乾宮〈5, 9〉는 향성 9가 산성 5를 火生土로 생하니, 즉 進氣가 衰氣를 生하므로 좋지는 않으나 크게 흉하지도 않다.

- 巽宮〈3, 2〉과 震宮〈2, 3〉은 흉수조합이다. 7운에서 〈2, 3〉은 殺氣이므로 이 방위에 산이나 물이 없어야 좋으며 있으면 흉이 가중된다. 合局일 때는 득재, 출명, 개과천선 등의 좋은 기운을 불러오나, 불합국에서는 투우살(鬪牛殺), 압상(壓傷), 상해(傷害), 질곡(桎梏), 관재(官災), 극모(剋母) 등의 凶이 가중된다. 7運에서는 殺氣이므로 흉하게 감평한다.

## 19) 7운 庚坐甲向

| 巽 | 巳 | 丙 午 丁 | 未 | 坤 |
|---|---|---|---|---|
| 辰 | 8 4<br>六 | 4 9<br>二 | 6 2<br>四 | 申 |
| 乙<br>卯<br>甲 | 7 3<br>五 | +9 +5<br>七 | 2 7<br>九 | **庚<br>酉<br>辛** |
| 寅 | 3 8<br>一 | 5 1<br>三 | 1 6<br>八 | 戌 |
| 艮 | 丑 | 癸 子 壬 | 亥 | 乾 |

### (해석)

7운에 庚坐甲向과 甲子庚向 2개 坐는 현공풍수에서 가장 꺼리는 上山下水에 복음(伏吟)까지 겹쳐서 인패재패(人敗財敗)하는 대흉국이다.

- 地運은 7운에 得令하여 5운에 立囚되니 운은 최대 140년간 維持된다.

- 그러나 상산하수에 복음까지 겹쳤으니 향궁과 좌궁의 숫자를 해석할 필요도 없이 집안이 풍비박산(風飛雹散), 즉 "바람에 날리고 우박에 흩어져서 수확할 것이 없다."는 뜻이다. 현공풍수를 모르면 풍수의 大家라도 上山下水에 伏吟 걸리는 것을 알 수 없으니, 운이 나쁘면 쓸 수밖에 없다. 최소한 몇 운에는 무슨 坐는 절대 쓰면 안 된다는 정도는 알고 用事를 해야 한다. 실제 감평에서 양택보다는 음택에서 길흉의 확실한 구분을 할 수 있으며, 현공풍수에서 삼합오행풍수보다도 더 면밀하게 해석할 수 있다.

- 경험상, 7운에 이 坐向으로 用事한 사람들은 비명횡사, 재판소송, 실직, 부도 등 많은 어려움을 겪는 것을 보았다.

- 8운에는 上山下水에 伏吟이 없어지는지 검토해보자.

8운에는 산성 8과 향성 8을 보고 합국이면 丁財兩旺하고, 당연히 상산하수(上山下水)에서 벗어난다. 그러나 伏吟은 벗어나지 못한다.

## 20) 7운 酉坐卯向

| 巽 | 巳 | 丙 午 丁 | 未 | 坤 |
|---|---|---|---|---|
| 辰 | 1 6<br>六 | 5 1<br>二 | 3 8<br>四 | 申 |
| 乙<br>**卯**<br>甲 | 2 7<br>五 | -9 -5<br>七 | 7 3<br>九 | 庚<br>**酉**<br>辛 |
| 寅 | 6 2<br>一 | 4 9<br>三 | 8 4<br>八 | 戌 |
| 艮 | 丑 | 癸 子 壬 | 亥 | 乾 |

(해석)

7운에 酉坐卯向은 辛坐乙向과 애성반까지 같은 왕산왕향(旺山旺向局)으로 정재양왕(丁財兩旺)하다.

- 地運은 7운에 發福하여 5運에 入囚되니 최대 140년간 維持된다.

- 이 局은 7운의 여러 坐向 중 최고로 吉한 坐向이다.

- 兌宮에 수려(秀麗)한 山이 있고 震宮에 물이 있으면 合局이다.

- 건궁에 산이 있으면 8운에 가서 장남과 삼남이 왕정(旺丁)한다. 이는 건궁의 청룡이고 1, 4, 7 방이 발복을 받으며, 산성 8은 艮이고 艮은 소남이기 때문이다.

- 坤宮〈3, 8〉은 합국일 때는 총명, 다출남, 장수, 효자가 태어나며, 불합국일 때는 자손손상, 재물 손상 등으로 나타난다.

- 離宮〈5, 1〉은 합국일 때는 총명, 지혜로운 남자, 사상가 등이 나오며, 불합국일 때는 불임, 자궁병, 산장결석, 부종(浮腫)등의 질병으로 나타난다.

- 巽宮〈1, 6〉은 좋은 숫자조합이며 합국 시 승진, 귀인출산, 문필가 등의 길함이 나타난다.

- 震宮〈2, 7〉은 7이 旺氣星이니 7이 있는 向쪽에 水가 있고 태궁〈7, 3〉이니 兌宮 坐쪽에 山이 있으면 합국이다. 人財兩旺하다.

- 艮宮〈6, 2〉는 7운에서 6은 退氣고 2는 殺氣이므로 매우 凶한 숫자조합이다. 출승

려(出僧侶), 초길후패(初吉後敗) 등의 흉함이 나타난다. 다만 이 방위에 산과 물이 없으면 흉함이 미미하다고 감평한다.

- 坎宮〈4, 9〉는 득운 시(得運時)에는 통명, 합격, 안정, 통일, 문인 등 인물이 나오고, 실운 시에는 화재, 여인불화, 헛수고, 소성다패(小成多敗) 등의 흉작용이 나타난다.

- 乾宮〈8, 4〉는 8은 7운에 생기이므로 이 방위에 작은 산에 있으면 人丁에 길하고, 4는 7운에는 死氣이므로 이 방위에 물은 없어야 좋다.

- 中宮〈9, 5〉는 흉수조합이다. 9는 7운에서 進氣(次生氣), 5는 衰氣이며, 산성 9가 향성 5를 火生土로 생하니, 즉 進氣가 衰氣를 生하므로 좋지 않으나, 크게 흉하지는 않다.

### 21) 7운 辛坐乙向

| 巽 | 巳 | 丙 午 丁 | 未 | 坤 |
|---|---|---|---|---|
| 辰 | 1 6<br>六 | 5 1<br>二 | 3 8<br>四 | 申 |
| 乙<br>卯<br>甲 | 2 7<br>五 | -9 -5<br>七 | 7 3<br>九 | 庚<br>酉<br>辛 |
| 寅 | 6 2<br>一 | 4 9<br>三 | 8 4<br>八 | 戌 |
| 艮 | 丑 | 癸 子 壬 | 亥 | 乾 |

(해석)

7운에 辛坐乙向은 酉坐卯向과 애성반까지 같은 왕산왕향(旺山旺向)으로 정재양왕(丁財兩旺)하다.

- 地運은 7운에 發福하여 5運에 入囚되니 최대 140년간 維持된다.
- 이 局은 7운의 여러 坐向 중 최고로 吉한 坐向이다.
- 兌宮에 秀麗한 山이 있고 震宮에 물이 있으면 合局이다.

- 건궁에 산이 있으면 8운에 가서 장남과 삼남이 왕정(旺丁)한다. 이는 건궁의 청룡이고 1, 4, 7 방이 발복을 받으며, 산성 8은 艮이고 艮은 소남이기 때문이다.

- 坤宮〈3, 8〉은 합국일 때는 총명(聰明), 다출남(多出男), 장수, 효자가 태어나며, 불합국일 때는 자손 손상, 재물 손상 등으로 나타난다.

- 離宮〈5, 1〉은 합국일 때는 총명, 지혜로운 남자, 사상가 등이 나오며, 불합국일 때는 불임, 자궁병, 산장결석, 부종(浮腫) 등의 질병으로 나타난다.

- 巽宮〈1, 6〉은 좋은 숫자조합이며 합국 시 승진, 귀인출산, 문필가 등의 길함이 나타난다.

- 震宮〈2, 7〉은 7이 旺氣星이니 7이 있는 向쪽에 水이 있고 兌宮〈7, 3〉이니 兌宮 坐쪽에 山이 있으면 합국이다. 人財兩旺하다.

- 艮宮〈6, 2〉은 7운에서 6은 退氣이고 2는 殺氣이므로 매우 凶한 숫자조합이다. 출승려(出僧侶), 초길후패(初吉後敗) 등의 흉함이 나타난다. 다만 이 방위에 산과물이 없으면 흉함이 미미하다고 감평한다.

- 坎宮〈4, 9〉는 득운 시에는 통명, 합격, 안정, 통일, 문인 등 인물이 나고, 실운 시에는 화재, 여인불화, 헛수고, 소성다패(小成多敗) 등의 흉작용이 나타난다.

- 乾宮〈8, 4〉는 8은 7운에 생기이므로 이 방위에 작은 산이 있으면 人丁에 길하고, 4는 7운에는 死氣이므로 이 방위에 물은 없어야 좋다.

- 中宮〈9, 5〉는 흉수조합이다. 9는 7운에서 進氣(次生氣), 5는 衰氣이며, 산성 9가 향성 5를 火生土로 하므로, 진기(進氣)가 쇠기(衰氣)를 생하니 좋지는 않다. 그러나 크게 흉하지는 않다.

## 22) 7운 戌坐辰向

| 巽 | 巳 | 丙 午 丁 | 未 | 坤 |
|---|---|---|---|---|
| 辰 | 9  7<br>六 | 4  2<br>二 | 2  9<br>四 | 申 |
| 乙<br>卯<br>甲 | 1  8<br>五 | -8  -6<br>七 | 6  4<br>九 | 庚<br>酉<br>辛 |
| 寅 | 5  3<br>一 | 3  1<br>三 | 7  5<br>八 | 戌 |
| 艮 | 丑 | 癸 子 壬 | 亥 | 乾 |

(해석)

7운에 戌坐辰向은 辰坐戌向과 함께 旺山旺向이다. 그러나 각궁에 산성수와 향성수가 서로 바뀌어 배치되어 있다.

- 地運은 7운에 發福하여 6운에 入囚되니 최대 160년간 維持된다.

- 旺山旺向은 丁財兩旺하는 大吉局이다.

- 坤宮〈2, 9〉는 득운일 때는 승진, 풍수가, 왕정(인물)하게 되며, 실운일 때는 우둔, 화재, 과부가 나온다.

- 離宮〈4, 2〉는 흉수조합이다. 불합국일 때는 특히 흉함이 크다. 간담병, 위장병, 가업능력쇠퇴, 홀애비, 고부갈등, 극모(剋母) 등의 흉이 나타난다. 4木은 장녀, 2土는 老母다. 木剋土하니, 딸이 어머니에게, 며느리가 시어머니를 우습게 보는 상수조합이다.

- 巽宮〈9, 7〉은 합산왕향 합국에 향성 7은 재물, 좌궁 9는 次生氣(進氣)이므로 좌궁보다 작은 산이 있으면 인정이 더욱 왕해진다.

- 震宮〈1, 8〉은 향성 8이 생기이므로 향궁인 손궁보다 조금 작은 물이 있으면 길하다.

- 艮宮〈5, 3〉은 7운에서 3은 살기(殺氣), 5는 쇠기(衰氣)이므로 자동차사고, 도박, 사고, 담결석 질병 등 흉함이 나타난다.

- 坎宮〈3, 1〉은 득운일 때는 개업, 진화, 성장, 시험합격, 출산 등 길함이 나타나고, 실운일 때는 곤란한 일, 어린아이 죽음, 전사, 사고 등의 흉함이 나타난다.

- 兌宮〈6, 4〉은 득운일 때는 명리쌍수, 경기우승, 증권발재 등 길함이 나타나고, 실운일 때는 事故死하는 흉함이 나타난다.

- 中宮〈8, 6〉은 이도탁용, 무과현달, 문창, 부귀, 금융업, 충신, 효자가 나오는 길한 조합이다.

* 공부방에 좋은 방위 6개 : 〈1, 3〉, 〈1, 4〉, 〈1, 6〉, 〈1, 7〉, 〈9, 3〉, 〈9, 4〉
* 안방에 좋은 방위 4개 : 산성에 8, 9, 1, 6 들어오는 방위
* 현관문에 좋은 방위 4개 : 향성에 8, 9, 1, 6 들어오는 방위


## 23) 7운 乾坐巽向

| 巽 | 巳 | 丙 午 丁 | 未 | 坤 |
|---|---|---|---|---|
| 辰 | 7　5<br>六 | 3　1<br>二 | 5　3<br>四 | 申 |
| 乙<br>卯<br>甲 | 6　4<br>五 | +8　+6<br>七 | 1　8<br>九 | 庚<br>酉<br>辛 |
| 寅 | 2　9<br>一 | 4　2<br>三 | 9　7<br>八 | 戌 |
| 艮 | 丑 | 癸 子 壬 | 亥 | 乾 |

**(해석)**

7운에 乾坐巽向은 상산하수국(上山下水局)이다.

- 地運은 7운에 발복(發福)하여 6운에 入囚되니 최대 160년간 유지(維持)된다.

- 上山下水局이니, 역배산임수(逆背山臨水)지역에서만 사용이 가능하다. 즉, 전고후저(前高後底)의 지형에서만 합국된다. 8운에 가면 山星 8이 중궁에 入囚되고, 8토가 향성 6금을 생하니 8의 기운이 약해져서 인정은 불리하다.

- 坤宮〈5, 3〉7운에서 5, 3은 모두 살기(殺氣)이므로 자동차사고, 도박, 사고, 담결석 질병 등 흉함이 나타난다.

- 離宮〈3, 1〉에서 1은 7운에서 보좌기이나, 3이 운에서 살기이므로, 이 방위에 산도

물도 없으면 길하다. 개업, 진화, 성장, 시험합격, 출산 등의 길한 작용이 생긴다.

- 巽宮〈7, 5〉는 上山下水局이니, 향궁에 산이 있고 물이 없으면 합국이다.

- 震宮〈6, 4〉은 득운일 때는 명리쌍수, 경기우승, 증권발재 등 길함이 나타나고, 실운일 때는 事故死하는 흉함이 나타난다.

- 艮宮〈2, 9〉는 득운(得運)일 때는 왕정, 현인, 명화가가 나오고, 실운(失運)일 때는 맹인, 나태, 미신숭상, 사리불명한 사람이 나온다.

- 坎宮〈4, 2〉는 흉수조합이다. 불합국일 때는 특히 흉함이 크다. 간담병, 위장병, 가업능력쇠퇴, 홀애비, 고부갈등, 극모(剋母) 등 흉이 나타난다. 4木은 장녀, 2土는 老母다. 木剋土하니, 딸이 어머니에게, 며느리가 시어머니를 우습게 보는 상수조합이다.

- 兌宮〈1, 8〉은 길수조합이다. 이도탁용, 무과현달, 문창, 부귀, 금융업, 충신, 효자가 나오는 길한 조합이다.

- 中宮〈8, 6〉은 길수조합이다. 또한 〈6, 7, 8〉연주삼반괘까지 된다. 이도탁용, 무과현달, 문창, 부귀, 금융업, 충신, 효자가 나오는 길한 조합이다. 양택의 경우 집 중앙에 거실을 두면, 온가족이 화합하고 여러 식구들이 발복한다. 그러나 불합국일 때는 모든 것이 허사다.

* 이도탁용(異道擢用) : 세상을 이롭게 이끌고 다른 분야에서도 탁월한 능력을 발휘한다.


### 24) 7운 亥坐巳向

| 巽 | 巳 | 丙 午 丁 | 未 | 坤 |
|---|---|---|---|---|
| 辰 | 7 5<br>六 | 3 1<br>二 | 5 3<br>四 | 申 |
| 乙卯甲 | 6 4<br>五 | +8 +6<br>七 | 1 8<br>九 | 庚酉辛 |
| 寅 | 2 9<br>一 | 4 2<br>三 | 9 7<br>八 | 戌 |
| 艮 | 丑 | 癸 子 壬 | 亥 | 乾 |

(해석)

7운에 亥坐巳向은 乾坐巽向과 함께 上山下水局이다.

- 地運은 7운에 發福하여 6운에 入囚되니 최대 160년간 維持된다.

- 上山下水局이니, 逆背山臨水 지역에서만 사용이 가능하다. 즉 前高後底의 지형에서만 합국된다. 8운에 가면 山星 8이 중궁에 入囚되고, 8土가 향성 6金을 생하니 8의 기운이 약해져서 人丁은 불리하다.

- 坤宮〈5, 3〉 7운에서 5, 3은 모두 殺氣이므로 자동차사고, 도박, 사고, 담결석 질병 등 흉함이 나타난다.

- 離宮〈3, 1〉의 1은 7운에서 보좌기이나, 3이 7운에서 살기이므로, 이 방위에 산도 물도 없으면 길하다. 개업, 진화, 성장, 시험합격, 출산 등의 길한 작용이 생긴다.

- 巽宮〈7, 5〉는 上山下水局이니, 향궁에 산이 있고 물이 없으면 합국이다.

- 震宮〈6, 4〉는 득운일 때는 명리쌍수, 경기우승, 증권발재 등 길함이 나타나고, 실운일 때는 事故死하는 흉함이 나타난다.

- 艮宮〈2, 9〉은 득운일 때는 왕정, 현인, 명화가가 나오고, 실운일 때는 맹인, 나태, 미신숭상, 사리불명한 사람이 나온다.

- 坎宮〈4, 2〉은 흉수조합이다. 불합국일 때는 특히 흉함이 크다. 간담병, 위장병, 가업능력쇠퇴, 홀애비, 고부갈등, 극모(尅母) 등의 흉이 나타난다. 4木은 장녀, 2土는 老母다. 木尅土하니, 딸이 어머니에게, 며느리가 시어머니를 우습게 보는 상수조합이다.

- 兌宮〈1, 8〉은 길수조합이다. 이도탁용, 무과현달, 문창, 부귀, 금융업, 충신, 효자가 나오는 길한 조합이다.

- 中宮〈8, 6〉은 길수조합이다. 또한 〈6, 7, 8〉연주삼반괘까지 된다. 이도탁용, 무과현달, 문창, 부귀, 금융업, 충신, 효자가 나오는 길한 조합이다. 양택의 경우 집 중앙에 거실을 두면, 온 가족이 화합하고 여러 식구들이 발복한다. 그러나 불합국일 때는 모든 것이 허사다.

  * 이도탁용(利導擢用) : 세상을 이롭게 이끌고 다른 분야에서도 탁월한 능력을 발휘한다.

## (1) 舊墓와 新墓의 차이 해석 방법

- 최근에 쓴 묘일수록 영향력이 크다고 본다. 따라서 오래된 조상의 묘가 흉하더라

도 최근 쓴 묘가 길하면 본인 능력이상으로 실력이 발휘되고, 반대로 오래된 묘가 길하고 최근 쓴 묘가 흉하면 아무리 본인 능력이 있어도 발휘를 제대로 못한다.

- 또한 음택에서 묘는, 山으로 간주한다. 만약 기존의 묘에서 산성(山星)이 왕기방(旺氣方), 생기방(生氣方), 진기방(進氣方)에 신묘(新墓)가 오면 길하고 나머지 방위로 오면 흉하다. 마찬가지로 신묘(新墓)에서도 기존의 구묘가 왕기방, 생기방, 진기방에 있으면 길하고 나머지 방위는 흉하다고 감평한다.

## ✦ 10. 현공풍수 8운 좌향별 길흉 감평(통변)

### 가. 8운 감평(通辯)시 알아야 할 주요점

현공풍수에서 일반적인 감평요령 이외에 8운에 한해서 특별히 알아 두어야 할 사항들을 추가하면 다음과 같다.

① 8運에는 8이 旺氣이므로 8이 重要하다. 즉, 8의 비중이 크다.

② 8운에는 旺氣인 8, 生氣인 9, 次生氣인 1이 있는 곳을 살펴서 그곳에 山이나, 水가 있는지, 크기, 모양 등을 살핀다.

③ 8운에는 旺氣인 8이 가장 우선이고, 다음으로 生氣인 9, 그 다음은 次生氣이자 補佐氣인 1이다.

④ 8운이 되기 전 용사한 음, 양택은 원래 해당하는 운의 애성반으로 작성하여 왕기8, 생기9, 차생기1이 어디에 있는지 살핀다. 형기적으로 이곳에 山이나 水가 있으면, 8운이 되기 전보다 8운이 되고나서 더 좋아졌다고 감평한다.

⑤ 8운의 사회현상과 직업에 대하여 알아본다.

- 8艮運 : 2004~2023년까지 20년간이며, 艮卦가 주도한다.

艮은 잠시 멈추었다가 다시 출발하는 뜻이 있다. 여관, 호텔, 물류, 창고, 유통, 관광업 등에 해당되며, 8艮은 산이다. 등산인구가 많아지고 등산용품 판매업이 인기가 있다. 도심지에 있는 종교시설은 쇠퇴하고 산에 있는 사찰이나, 산에 있는 기도원, 요양원 등이 융성해진다.

8艮은 小男으로 젊은 남자들이 활약하는 시기이다. 젊은이들의 발전가능성이 높아

지고 젊은 신흥부자들이 생길 가능성이 커진다.

또한 8艮은 土이니, 위쪽이 평평한 사다리꼴이다. 따라서 8운에는 불평등이 점차 해소되고 차별이 약화되는 평등 사회가 된다.

| 4(長女) | 9(中女) | 2(老母) |
|---|---|---|
| 3(長男) | 5(中宮) | 7(少女) |
| 8(小男) | 1(中男) | 6(老父) |

(해석)

8少男이 마주보고 있는 궁은 2老母이다. 따라서 少男이 年上의 여자를 좋아하여 결혼하는 경향이 많이 있다. 또한 8에선 가장 멀리 있는 것도 2坤宮이다.

艮宮에서 반대편에 마주 보고 있는 2坤宮은 노년층 여성과 더불어 소남의 반대인 나이든 남성은 상대적으로 대접받기 어렵다. 65세 이상 노인에 대한 경로사상이 급격히 낮아진다. 즉, 8艮은 세력이 커지고 2坤의 세력은 급격히 약화된다.

- 낙서(洛書)에서 서로 마주보는 궁을 대궁(對宮)이라고 한다. 불합국(不合局)이고 나쁠 때는 정면으로 대결하는 것으로 보아 대충(對沖)이라고 한다. 당왕기성(當旺氣星)이 있는 곳, 즉 정신(正神)과 대충되는 방향은 운기가 가장 쇠약한 방향(零神)으로 8운에서는 8에 對沖되는 2坤이 가장 불리하다.

- 직업을 준비하는 사람들은 직업을 택할 때 운을 잘 알면 유리하다.

6, 7운에 번성했던 직업이 8운에는 각광받지 못한다. 미래에 유망한 직업은 9나 1과 관련된 직업들이다.


- 참고로 앞으로 다가올 9運은 離火宮이다.

離(離虛中)는 중녀이며 허리부분이 날씬한 모양이다. 밝고 화려한 불(火)의 시대가 기다리고 있다. 아름다운 예술이나 미인이 숭상받는다. 꽃, 조명, 영상매체 등 화려하고 밝은 직업이 유망하다. 9는 높은 곳을 의미한다. 높은 곳이나 하늘에서 하는 일인 비행사, 드론사업, 항공우주산업, 비행기조종사, 승무원, 공군 등, 또한 법관, 변호사, 종교, 교육, 철학, 명리, 풍수 등 동양학분야가 각광받는 시대다.

## 나. 8운 24좌향별 감평(통변)

### ◆ 8운의 기본 애성반(운반수) ◆

| 7金/木宮<br>파괴적, 7이 위험초래 | 3木/火宮<br>생산적, 3이 명성을 높임 | 5土/土宮<br>친화력, 土가 힘을 얻음 |
|---|---|---|
| 6金/木宮<br>파괴적, 6은 괜찮음 | 8土/土宮<br>산성이 잠재력 보유, 숨은<br>보물, 젊은 남자 득세 | 1水/金宮<br>설기됨<br>1이 氣를 약화시킴 |
| 2土/土宮<br>친화력, 土가 힘을 얻음 | 4木/水宮<br>설기됨<br>4가 氣를 악화시킴 | 9火/金宮<br>파괴적, 天門에 火 |

### (해석)

8운의 기본 애성반에는 중궁에 8이 들어간다. 다른 숫자는 낙서 구궁의 순서대로 순행 배치된다. 따라서 2004~2023년까지 모든 궁의 운반 수는 각각 고유의 영향력을 발휘한다. 각 숫자의 기운은 또한 그 숫자가 차지하고 있는 궁의 영향을 받는다. 기본 운반수는 또한 연명성 및 월명성과 결합하여 각궁을 분석하는 데도 작용한다.

현공풍수의 애성반은 총 24좌향(壬, 子, 癸, 丑, 艮, 寅, 甲, 卯, 乙, 辰, 巽, 巳, 丙, 午, 丁, 未, 坤, 申, 庚, 酉, 辛, 戌, 乾, 亥)이지만 애성반이 같은 8개를 제외하면 실질적으로는 16개이다. 모두 下卦를 나열하였다.

### 1) 8운 壬坐丙向

| 巽 | 巳 | 丙 午 丁 | 未 | 坤 |
|---|---|---|---|---|
| 辰 | 5 2<br>七 | 9 7<br>三 | 7 9<br>五 | 申 |
| 乙<br>卯<br>甲 | 6 1<br>六 | -4 +3<br>八 | 2 5<br>一 | 庚<br>酉<br>辛 |
| 寅 | 1 6<br>二 | 8 8<br>四 | 3 4<br>九 | 戌 |
| 艮 | 丑 | 癸 子 壬 | 亥 | 乾 |

(해석)

- 이 국은 雙星會坐局이다. 向星이 山星을 범하였다. 따라서 旺丁하지만 재물은 약하다. 地運은 3운에 입수되며 최대 80년이다.

- 中宮⟨4, 3⟩, 乾宮⟨3, 4⟩는 木木조합으로 나무만 무성하고 꽃과 열매가 없는 형상이다. 木木으로 쌍목성림(雙木成林)하면 아무리 노력해도 결과가 없다.

- 坤宮은 애성이 ⟨7, 9, 五⟩로 이곳에 주방이 있거나 뾰족한 물건이 있으면 화재 위험이 높다. 왜냐하면 ⟨7, 9⟩는 불과 관련이 높은 숫자조합이다.

- 또한 집밖에 坤方이나 離方에 화를 의미하는 교회십자가 같은 뾰족한 건물이나 赤色계통의 건물이 있고 움직이는 물건이 있다면 화재 위험은 더욱 높아진다.

- 離宮은 ⟨9, 7, 三⟩으로 三木이 9火를 木生火하고 있고, 향성 7은 퇴기(退氣)이다. 이 방향에는 물이 없어야 좋다. 만일 물이 있으면 화재위험이 더욱 높아진다.

- 向宮에 2(선천火), 5(凶數), 7(선천火), 9(後天火)가 있거나, 相生하여 불을 키워주는 3木, 4木과 같은 숫자가 배합되면 각별히 화재를 조심해야 한다.

- 애인을 사귀고 싶으면, 산성 9가 있는 이궁의 방을 쓰면서 生花를 자주 바꾸어 주어라. 그러나 만약 곤궁의 방을 쓰는 사람이 날마다 생화를 바꾸어주면 애인이 생기는데 음란한 일이 생긴다. 그 이유는 향성 9가 8운의 退氣인 산성 7을 火克金하고 운반수 5는 흉하기 때문이다.

- 中宮과 乾宮의 ⟨3, 4⟩는 간이나 담, 다리에 病이 생기거나 도적이 발생하는 것으로 해석한다. 또한 다리에 질병은 3震 때문이다. 震은 3효 중 맨 아래 효만 연결되었으며, 震은 신체아랫부분이 움직이는 것을 의미하므로 다리(足)다.

- 震宮⟨6, 1⟩, 艮宮⟨1, 6⟩은 승진하고 학자가 되는 조합이다.

- 巽宮⟨5, 2⟩, 兌宮⟨2, 5⟩는 질병의 조합이다. 土가 너무 강하므로 괘종시계 같은 금을 통해서 강한 土氣를 설기(泄氣)시킨다.

- 8운에는 8, 9, 1을 이용한 제화법(制化法)을 써야 시험합격에 용이하다. 火로 설기하여 목화통명(木火通明)하거나 금으로 金克木 해주면 된다. 꽃은 모든 운, 어떤 방위라도 매일 생화로 갈아주면 좋다.

* 마주보는 쌍성회좌와 쌍성회향은 각궁의 산성수와 향성수가 좌우로 바뀐다.

## 2) 8운 子坐午向

| 巽 | 巳 | 丙 午 丁 | 未 | 坤 |
|---|---|---|---|---|
| 辰 | 3 4<br>七 | 8 8<br>三 | 1 6<br>五 | 申 |
| 乙<br>卯<br>甲 | 2 5<br>六 | +4 -3<br>八 | 6 1<br>一 | 庚<br>酉<br>辛 |
| 寅 | 7 9<br>二 | 9 7<br>四 | 5 2<br>九 | 戌 |
| 艮 | 丑 | 癸 子 壬 | 亥 | 乾 |

### (해석)

- 8운에서 子坐午向은 癸坐丁向과 함께 雙星回向局이며, 애성반 숫자까지도 같다. 이 국은 쌍성회향국이지만 산성이 9생기이므로 왕산왕향과 거의 같다고 할 수 있다. 地運은 8운에 시작하여 7운에 入囚하며 최대 160년까지 간다.

- 향성 8이 향쪽에 있으므로 향쪽에 물이 있으면 財物이 유리하다. 물이 가깝거나 수량이 많을수록 재물이 많아진다.

- 만약 향쪽에 물이 없고 艮宮향성 9에 물이 있으면 9운에 돈을 번다. 8운에도 돈은 버는 데 반절정도 작용하는 것으로 해석하여 중산층 정도라고 감평한다.

- 또한 離宮向星 8쪽에 물이 있고, 艮宮向星 9와 兌宮向星 1쪽까지 물이 있다면 60년 동안 재물이 들어온다고 감평한다. 그러나 艮宮이나 兌宮쪽의 물이 너무 가깝고 많으면 부작용이 따른다. 8운에는 향성 8이 있는 쪽의 물이 가깝고 많이 있는 것이 좋고 향성 9나 1쪽은 물이 좀 멀고 8보다 작아야 좋다.

- 산성 8이 향궁인 離宮에 있으므로 전면에 물이 있고 물 건너 산이 있으면 合局이다. 합국이 되면 출산하고, 시험합격, 승진, 출세하고, 장수(長壽)까지 누리며 人丁에도 좋다.

- 中宮의 〈4, 3〉은 열심히 노력해도 고생만하고, 노력한 만큼 결과가 없다. 비보법(裨補法)은 木生火로 과다한 木氣를 설기(泄氣)한다. 즉, 효과적인 방법은 색깔로 꾸미는 것이다. 장판이나 벽지의 색깔을 火에 가까운 짙은 귤색 등으로 하며, 빨간색 계통의 꽃무늬 들어있는 벽지나 장판으로 꾸미면 좋다. 〈3, 4〉로 나타나는 질병은 간담병이다.

- 離宮의 〈8, 8, 三〉은 兄弟同科(형제가 함께 과거에 합격)하는 뜻이다. 三과 8이 河圖에서 生成數 3, 8 木이기 때문이다. 다른 生成數도 이와 같은 방식으로 감평한다.

- 坤宮〈1, 6〉, 兌宮〈6, 1〉을 살펴본다. 1은 坎水고 물의 속성은 항상 밑으로 숨는다. 좋은 의미로는 연구실에서 꿈쩍않고 공부하는 象이고, 나쁠 때는 어두운 곳으로 숨어 다니는 도둑의 象이다. 6은 乾으로 직장의 우두머리, 대장, 수장(首長), 관운(官運)과 관련이 있다. 6은 동물로는 말이며 말은 수십km를 뛰어도 지치지 않는다.

- 〈1, 6〉조합은 좋았을 때 고관대작, 당선, 승진, 합격을 말한다. 8운에 〈1, 6〉에 훌륭한 산이 있으면 국회의원에 출마하면 걱정 없이 당선된다. 판검사가 나오는 힘 있는 자리다. 만약 곤궁(坤宮)에 산이 없다면 높은 관직은 어렵고 말단 공무원 정도 된다고 본다. 6은 8운에 왕기, 생기, 차생기는 아니지만, 삼길수(三吉數) 중의 하나이므로 8운에 6 또는 1이나 8을 만나면 좋게 본다.

- 같은 〈1, 6〉조합이지만 坤宮〈1, 6〉, 兌宮〈6, 1〉은 해석이 다르다. 곤궁의 〈1水 6金〉은 向星金이 산성을 金生水하여 旺丁하다. 兌宮〈6金 1水〉는 산성이 향성을 金生水하므로 旺財하다. 인물 관장은 山星이므로 공부방으로는 山星이 生을 받는 坤方이 더 좋다.

- 子坐午向, 癸坐丁向 집에서 자녀가 고시 공부를 하면 공부방은 坤方에 두며, 방안에서도 책상자리는 다시 坤方을 향한다. 이것은 大太極과 小太極의 원리를 이용한 것이다. 집 전체를 大太極으로 정하고 공부방을 小太極으로 보아서 공부방 내에서 책상 위치를 정한다.

| 巽 | 巳 | 丙 午 丁 | 未 | 坤 |
|---|---|---|---|---|
| 辰 | 3  4<br>七 | 8  8<br>三 | 1  6<br>五 | 申 |
| 乙<br>卯<br>甲 | 2  5<br>六 | +4  -3<br>八 | 6  1<br>一 | 庚<br>酉<br>辛 |
| 寅 | 7  9<br>二 | 9  7<br>四 | 5  2<br>九 | 戌 |
| 艮 | 丑 | 癸 子 壬 | 亥 | 乾 |

◆ 坤方 내에서 가장 좋은 책상위치 ◆

|  |  |  |  | 책상 |
|---|---|---|---|---|
|  |  |  |  |  |
|  |  |  |  |  |
|  |  |  |  |  |
|  |  |  |  |  |

- 震宮〈2, 5〉, 乾宮〈5, 2〉조합이다. 2는 病을 뜻하고, 5는 악질을 뜻한다. 2와 5가 만나면 질병은 암이 된다. 현공풍수에서 2와 5는 기본적으로 나쁜 숫자인데, 8운에 2나 5는 실운까지 겹친 숫자이다. 따라서 乾方에 산이나 물이 없는 것이 좋다. 만약 산이나 물이 있다면 인정과 재물 모두 나쁘다고 본다. 산이 클수록, 물이 많을수록, 또한 가까울수록 흉함이 크다고 감명한다.

- 震宮의 〈2, 5〉조합도 좋지 않다. 향성 5는 재물이 어렵다는 의미이며, 산성 2도 인물을 기대할 수 없다. 〈2, 5〉나 〈5, 2〉는 홀아비, 과부조합이다. 매우 흉할 때는 〈2, 5〉조합시 부인이 사망하여 홀아비가 될 확률이 높다라고 감평한다.

- 또한 〈2, 5〉조합은 土土조합이며, 5는 흉한 것이니 〈2, 5〉조합은 흉함이 너무 강하니 木으로 극하는 것보다 金으로 설기(泄氣)하는 것이 최고의 비보(裨補)이다. 일반적으로 5黃은 강하니 金으로 설기(洩氣)한다.

- 巽宮에 〈3, 4〉조합이다. 3木과 4木은 8운 土를 木剋土로 相剋할뿐더러 殺氣에 해당되므로 巽方에 山이나 水이 보이며 凶한 일이 생긴다.

만약 형기적으로 산수가 반배(反背)하거나 참암(巉巖 : 가파르고 험함)하면 흉사가 반드시 나타난다. 〈3, 4〉로 나타나는 질병은 간담병이다.

- 또한 〈3, 4〉는 열심히 노력해도 고생만하고, 노력한 만큼 결과가 없다. 비보법(裨補法)은 木生火로 과다한 木氣를 설기(泄氣)한다. 즉, 효과적인 방법은 색깔로 꾸미는 것이다. 장판이나 벽지의 색깔을 火에 가까운 짙은 굴색 등으로 하며, 빨간색 계통의 꽃무니가 들어있는 벽지나 장판으로 꾸미면 좋다.

- 坎宮에 〈9, 7〉, 艮宮에 〈7, 9〉조합이다.

向星7은 퇴기(退氣)라서 별 볼일 없다. 9火는 7金을 극한다. 좋지 않을 때는 화재가 발생하거나 화상을 입을 수 있다. 〈9, 7〉은 연애의 숫자이다. 그래서 사람의 마음에도 불이 날 수 있다 .

坎宮에 山星 9는 8운에 生氣이므로 山이 있으면 좋다. 이때 연애나 결혼하면 좋은 사람을 만날 수 있다. 만약 산성 9에 산이 없거나, 산이 있어도 無情하게 보이면 불륜이 된다.

艮宮의 향성 9에는 물이 있는 것이 좋다. 산성 7은 퇴기이므로 山이 없어야 좋다. 만약에 9에 있어야 할 물이 없고, 없어야 할 山이 7에 있다면 退氣인 山星 7이 강화된다. 이때 연애하면 반드시 안 좋은 일이 드러난다. 감평시는 반드시 해당 방위의 숫자의 吉凶(왕기, 생기, 차생기)과 山水를 보고 종합 통변해야 된다.

## 3) 8운 癸坐丁向

| 巽 | 巳 | 丙 午 丁 | 未 | 坤 |
|---|---|---|---|---|
| 辰 | 3  4<br>七 | 8  8<br>三 | 1  6<br>五 | 申 |
| 乙<br>卯<br>甲 | 2  5<br>六 | +4  -3<br>八 | 6  1<br>一 | 庚<br>酉<br>辛 |
| 寅 | 7  9<br>二 | 9  7<br>四 | 5  2<br>九 | 戌 |
| 艮 | 丑 | 癸 子 壬 | 亥 | 乾 |

(해석)

8운에 癸坐丁向은 雙星回向으로 子坐午向과 애성반(挨星盤)까지도 동일하다.

地運은 8운에 시작하여 7운에 入囚되며 최대 160년이다.

- 이 국은 쌍성회향국이지만 산성이 9생기이므로 왕산왕향과 거의 같다고 할 수 있다.

- 中宮의 〈4, 3〉은 열심히 노력해도 고생만하고, 노력한 만큼 결과가 없다. 비보법(裨補法)은 木生火로 과다한 木氣를 설기(泄氣)한다. 즉. 효과적인 방법은 색깔로 꾸미는 것이다. 장판이나 벽지의 색깔을 火에 가까운 짙은 귤색 등으로 하며, 빨간색 계통의 꽃무늬가 들어있는 벽지나 장판으로 꾸미면 좋다. 〈4, 3〉으로 나타나는 질병은 간담병이다.

- 巽宮의 3木4木은 8運土를 木克土로 상극하면서 殺氣가 되므로 巽방향에 산이나 물이 보이면 흉한 일이 생긴다. 만약 형기(形氣)적으로 산수가 반배(反背)하거나 참암(巉巖 : 가파르고 험함)하면 흉사가 반드시 나타난다. 〈3, 4〉로 나타나는 질병은 간담병이다.

- 향성 8이 향쪽에 있으므로 향쪽에 물이 있으면 財物이 유리하다. 물이 가깝거나 수량이 많을수록 재물이 많아진다.

- 만약 향쪽에 물이 없고 艮宮향성 9에 물이 있으면 9운에 돈을 번다. 8운에도 돈은

버는 데 반절정도 작용하는 것으로 해석하여 중산층 정도라고 감평한다.

- 또한 離宮向星 8쪽에 물이 있고, 艮宮向星 9와 兌宮向星 1쪽까지 물이 있다면 60년 동안 재물이 들어온다고 감평한다. 그러나 艮宮이나 兌宮쪽의 물이 너무 가깝고 많으면 부작용이 따른다. 8운에는 향성 8이 있는 쪽의 물이 가깝고 많이 있는 것이 좋고 향성 9나 1쪽은 물이 좀 멀고 8보다 작아야 좋다.

- 산성 8이 향궁인 離宮에 있으므로 전면에 물이 있고 물 건너 산이 있으면 合局이다. 합국이 되면 출산하고, 시험합격, 승진, 출세하고, 장수(長壽)까지 누리며 人丁에도 좋다.

- 離宮의 〈8, 8, 三〉은 兄弟同科(형제가 함께 과거에 합격)하는 뜻이다. 三과 8이 河圖에서 生成數 3, 8 木이기 때문이다. 다른 生成數도 이와 같은 방식으로 감평한다.

- 坤宮〈1, 6〉, 兌宮〈6, 1〉을 살펴본다. 1은 坎水고 물의 속성은 항상 밑으로 숨는다. 좋은 의미로는 연구실에서 꿈쩍않고 공부하는 象이고, 나쁠 때는 어두운 곳으로 숨어 다니는 도둑의 象이다. 6은 乾으로 직장의 우두머리, 대장, 首長, 官運과 관련이 있다. 6은 동물로는 말이며 말은 수십km를 뛰어도 지치지 않는다.

- 〈1, 6〉조합은 좋았을 때 고관대작, 당선, 승진, 합격을 말한다. 8운에 〈1, 6〉에 훌륭한 산이 있으면 국회의원에 출마하면 걱정 없이 당선된다. 판검사가 나오는 힘 있는 자리다. 만약 곤궁에 산이 없다면 높은 관직은 어렵고 말단 공무원 정도 된다고 본다. 6은 8운에 왕기, 생기, 차생기는 아니지만, 三吉數 중의 하나이므로 8운에 6은 1이나 8을 만나면 좋게 본다.

- 같은 〈1, 6〉조합이지만 坤宮〈1, 6〉, 兌宮〈6, 1〉은 해석이 다르다. 곤궁의 〈1水 6金〉은 向性金이 산성을 金生水하여 旺丁하다. 兌宮〈6金 1水〉는 산성이 향성을 金生水하므로 旺財하다. 인물 관장은 山星이므로 공부방으로는 山星이 生을 받는 坤方이 더 좋다.

- 子坐午向, 癸坐丁向집에서 자녀가 고시 공부하면 공부방은 坤方에 두며, 방내에서도 책상자리는 다시 坤方을 향한다. 이것은 大太極과 小太極의 원리를 이용한 것이다. 집 전체를 大太極으로 정하고 공부방을 小太極으로 보아서 공부방 내에서 책상 위치를 정한다.

## 4) 8운 丑坐未向

| 巽 | 巳 | 丙 午 丁 | 未 | 坤 |
|---|---|---|---|---|
| 辰 | 3  6<br>七 | 7  1<br>三 | 5  8<br>五 | 申 |
| 乙<br>卯<br>甲 | 4  7<br>六 | -2  -5<br>八 | 9  3<br>一 | 庚<br>酉<br>辛 |
| 寅 | 8  2<br>二 | 6  9<br>四 | 1  4<br>九 | 戌 |
| 艮 | 丑 | 癸 子 壬 | 亥 | 乾 |

(해석)

- 이 국은 왕산왕향(旺山旺向)에다가 특별히 산성합십(山星合十)이 되어 정재양왕(丁財兩旺)하는 大吉한 국이다. 이 국의 반대 좌향인 未坐丑向도 왕산왕향에 合十局이 된다.

- 地運은 8운에 시작하여 5운에 入囚되며 최대 120년이다.

- 합십이 되면 귀인(貴人)이 도와주어 성공하고 완성한다는 뜻이다. 또한 합십은 인물면에서 특별히 길하다. 그리고 왕산왕향에 합십국이 되는 운으로는 2운과 8운에만 있는 아주 귀한 국이다. 향궁, 좌궁, 중궁의 성요(星曜)가 모두 2土, 5土, 8土로 구성되어 많은 부동산을 소유할 수 있다.

- 中宮〈2, 5, 八〉은 모두 土로 구성되어, 부동산 돈, 평범하다는 의미를 갖고 있으며, 좋을 때는 평온, 평화의 뜻을 지니고 있다. 또한 가족구성원의 분위기 궁이다. 이 집에 사는 사람들은 전체적 분위기는, 특출한 인물은 없지만 재물운이 좋으면서 화목(和睦)하다.

- 坤宮〈5, 8〉은 向宮이고, 向宮 8에는 水가 있으면 좋다. 山星 5에는 산이 있으면 좋지 않다. 그러나 배산임수(背山臨水)지역의 음택이라면 이 방향에 案山이나 朝山이 있을 수밖에 없으므로 안산이나 조산이 멀리 있어야 한다. 가까이 있으면 흉하다. 크고 허하면 더욱 흉하다.

- 艮宮〈8, 2〉는 坐宮이고 충효(忠孝)와 우애(友愛)를 상징한다. 간궁에 산이 좋으면 충신과 효자가 나타나며, 형제 간 우애가 좋다.

- 坎宮〈6, 9〉의 산성수는 6이다. 산성 6은 退氣이므로 이 방위에 산이 있으면 인정에 나쁘다.

반면에 향성은 生氣 9이므로 물이 있으면 좋다. 8운에는 9생기방, 차생기방에 물이 너무 가깝게 있으면 과유불급이다. 물의 양도 왕기8에 비해 9생기방은 60%, 1차생기방은 40% 정도면 좋다고 본다.

- 離宮〈7, 1〉에 물이 있으면 근검창업가(勤儉創業家)하게 된다. 그러나 이궁의 향성 1, 감궁의 향성 9에 물이 너무 가깝게 있으면, 짝이 되는 산성 7(소녀, 딸)과 산성 6(아버지, 가장)이 피해를 본다. 물은 소수(少水), 원수(遠水), 정수(靜水)로 있어야 좋다.

8운에 7운은 퇴기(退氣)이므로 나쁠 때는 7金이 1水로 金生水되어 주색(酒色)에 빠지게 된다.

- 兌宮〈9, 3〉의 향성 3은 8운에는 살기이므로 기본적으로 물이 없어야 좋다. 만약 물이 반배(反背)하거나 직충(直沖)하는 등 형기적(形氣的)으로 凶象이면 凶이 더 심해진다.

- 震宮〈4, 7〉에 향성 7, 손궁에 향성 6은 金金조합으로 숙살지기(肅殺之氣)가 강하다. 서로 이웃하여 나쁠 때는 교검살(交劍殺)이 된다. 물이 가깝게 있고 이 방향에 대문을 내면 뜻밖에 피를 흘리는 일이 생기고 人事上의 충돌이 발생하며 집안 사람들의 성격이 난폭해질 우려가 있다. 그러나 山과 물이 멀리 있으면 무난하다.

- 乾宮〈1, 4〉는 학문과 과거급제조합이다. 산성 1에 산이 있으면 공부가 잘 된다.

원단반 6(乾宮)도 1과 배합이 잘되는 숫자이며, 향성 4木, 운반수 9는 목화통명(木火通明)이다.

즉, 6→1→4→9의 흐름은 金生水 → 水生木 → 木生火로 생생유통(生生有通)되어 꽃을 피우는 조합으로 매우 좋은 숫자조합이다. 또한 산성 1쪽에 산이 없으면 산 그림을 걸어두면 좋다. 4방향은 8운에서 殺氣이므로 원래 산이나 물이 있으면 흉하나 이 조합에서는 물은 있어도 생생유통(生生有通)되니 별로 나쁘지 않다.

## 5) 8운 艮坐坤向

| 巽 | 巳 | 丙 午 丁 | 未 | **坤** |
|---|---|---|---|---|
| 辰 | 1 4<br>七 | 6 9<br>三 | 8 2<br>五 | 申 |
| 乙<br>卯<br>甲 | 9 3<br>六 | +2 +5<br>八 | 4 7<br>一 | 庚<br>酉<br>辛 |
| 寅 | 5 8<br>二 | 7 1<br>四 | 3 6<br>九 | 戌 |
| **艮** | 丑 | 癸 子 壬 | 亥 | 乾 |

### (해석)

- 8운에 艮坐坤向은 寅坐申向과 함께 上山下水에 伏吟까지 걸린 좌향이다. 8운에 이와 같은 사례로는 艮坐, 寅坐, 坤坐, 申坐 4개의 좌향이 되며, 8운에는 아주 조심해야 되는 좌향이다. 배산임수 지형에서는 不合局이므로 정재양패(丁財兩敗)된다. 앞에 산이 있고 뒤에 물이 있는 역배산임수(逆背山臨水) 지형에서는 합국이 된다.

- 지운은 8운에 시작하여 5운에 입수되며 최대 120년이다.

- 艮宮(坐), 中宮, 坤宮(向)이 모두 2土, 5土, 8土로 구성되어 있다.

- 〈2, 5〉는 원래 질병, 사망, 과부, 홀아비가 되어 凶數지만 合局이 되면 오히려 건강에 좋고 吉한 것으로 감평한다. 또한 土와 관련된 부동산, 건축업, 토목업 등의 분야가 좋으며, 의약업, 병원, 장례식장, 장례업 등을 운영하면서 재산을 모을 수도 있다. 위 경우 숫자조합이 2, 5, 8로 부모삼반괘(父母三盤卦)이다. 하지만 합국이 안 되면 아무 소용없다.

- 또한 〈2, 5〉는 질병위험이 있기 때문에 항상 조명을 밝게 하고 습기를 없애고 청결을 유지해야 한다.

- 2, 5, 8은 모두 土이지만 2는 陰土이며, 배 부위, 비위(脾胃), 5土는 중앙부로 내장(內藏), 8은 陽土로 등과 척추이다.

- 離宮〈6, 9〉조합이다. 6은 健이고 페이다. 9는 離이고 火이며 심장이다.

〈6, 9〉조합은 火克金으로 폐가 약해진다. 이 방향에 부엌과 뾰족한 물건이 있으면 흉하다. 〈6, 9〉조합은 교통사고가 날 위험도 있다. 불합국에 離宮쪽에 붉은색 건축물, 뾰족한 송전탑이 있고 부엌이 있다면 그 집에 사는 사람은 폐와 관련된 질병을 앓을 수 있다.

- 巽宮〈1, 4, 7〉은 吉數이다. 1은 차생기이며, 〈1, 4〉는 학문과 과거급제의 조합이다. 4가 살기지만, 7(金) → 1(水) → 4(木)으로 소통되어 무난하다.

震宮〈3, 6, 9〉로 생기방 9쪽에 산이 있으면 좋다. 그러나 8운 왕기좌향 艮, 寅방보다 다소 작아야 좋다.

- 坎宮〈7, 1〉은 7은 金, 1은 水로 무난한 조합이다.

- 乾宮〈3, 6〉은 3은 木, 6은 金이며 또한 운반수 9는 火, 원단반 6乾도 金으로 3숫자가 상호 剋하여 형기적(形氣的)으로 상산하수가 아니면, 불합국으로 〈3, 6, 9〉 부모삼반괘도 소용없다.


## 6) 8운 寅坐申向

| 巽 | 巳 | 丙 午 丁 | 未 | 坤 |
|---|---|---|---|---|
| 辰 | 1 4<br>七 | 6 9<br>三 | 8 2<br>五 | **申** |
| 乙<br>卯<br>甲 | 9 3<br>六 | +2 +5<br>八 | 4 7<br>一 | 庚<br>酉<br>辛 |
| **寅** | 5 8<br>二 | 7 1<br>四 | 3 6<br>九 | 戌 |
| 艮 | 丑 | 癸 子 壬 | 亥 | 乾 |

**(해석)**

- 8운에 寅坐申向은 艮坐坤向과 함께 상산하수(上山下水)에 복음(伏吟)까지 걸린 좌향이다.

물론 〈1, 4, 7〉, 〈2, 5, 8〉, 〈3, 6, 9〉 부모삼반괘(父母三盤卦)이지만 형기적(形氣的)

으로 불합국(不合局)되어 아무소용이 없다.

- 地運은 8운에 시작하여 5運에 入囚되며 최대 120년이다.

- 각궁의 숫자조합이 艮坐坤向과 동일하므로 각궁의 감평 또한 동일하다.

- 8운에 艮坐坤向은 寅坐申向과 함께 上山下水에 伏吟까지 걸린 좌향이다. 8운에 이와 같은 사례로는 艮坐, 寅坐, 坤坐, 申坐 4개의 좌향이 되어 8운에는 아주 조심해야 되는 좌향이다. 배산임수 지형에서는 不合局이므로 정재양패(丁財兩敗)된다. 앞에 산이 있고 뒤에 물이 있는 역배산임수(逆背山臨水) 지형에서는 합국이 된다.

- 艮宮(坐), 中宮, 坤宮(向)이 모두 2土, 5土, 8土로 구성되어 있다.

〈2, 5〉는 원래 질병, 사망, 과부, 홀아비가 되어 凶數지만 合局이 되면 오히려 건강에 좋고 吉한 것으로 감평한다. 또한 土와 관련된 부동산, 건축업, 토목업 등의 분야가 좋으며, 의약업, 병원, 장례식장, 장례업 등을 운영하면서 재산을 모을 수도 있다. 위 경우 숫자조합이 2, 5, 8로 父母三盤卦이다. 하지만 합국이 안 되면 아무 소용없다.

- 또한 〈2, 5〉는 질병위험이 있기 때문에 항상 조명을 밝게 하고 습기를 없애고 청결을 유지해야 한다.

- 2, 5, 8은 모두 土이지만 2는 陰土이며 배부위, 비위(脾胃), 5토는 중앙부로 내장(內藏), 8은 陽土로 등과 척추이다.

- 離宮에 〈6, 9〉조합이다. 6은 乾이고 폐이다. 9는 離이고 火이며 심장이다.

〈6, 9〉조합은 火克金으로 폐가 약해진다. 이 방향에 부엌과 뾰족한 물건이 있으면 흉하다. 〈6, 9〉조합은 교통사고가 날 위험도 있다. 불합국에 離宮쪽에 붉은색 건축물, 뾰족한 송전탑이 있고 부엌이 있다면 그 집에 사는 사람은 폐와 관련된 질병을 앓을 수 있다.

- 巽宮〈1, 4, 7〉은 吉數이다. 1은 차생기이며 〈1, 4〉는 학문과 과거급제 조합이다. 4가 살기(殺氣)지만, 7(金) → 1(水) → 4(木)으로 소통되어 무난하다

- 震宮〈9, 3〉으로 생기방 9쪽에 산이 있으면 좋다. 그러나 8은 왕기좌향 艮寅 방보다 다소 작아야 좋다.

- 坎宮〈7, 1〉은 7은 金, 1은 水로 무난한 조합이다.

- 乾宮〈3, 6〉은 3은 木, 6은 金이며 또한 운반수 9는 火, 원단반 6乾도 金으로 3숫자가 상호 훼하여 형기적으로 상산하수가 아니면, 불합국으로 〈3, 6, 9〉부모삼반괘도 소용없다.

## 7) 8운 甲坐庚向

| 巽 | 巳 | 丙 午 丁 | 未 | 坤 |
|---|---|---|---|---|
| 辰 | 7 9<br>七 | 2 5<br>三 | 9 7<br>五 | 申 |
| 乙<br>卯<br>**甲** | 8 8<br>六 | -6 +1<br>八 | 4 3<br>一 | **庚**<br>酉<br>辛 |
| 寅 | 3 4<br>二 | 1 6<br>四 | 5 2<br>九 | 辛<br>戌 |
| 艮 | 丑 | 癸 子 壬 | 亥 | 乾 |

(해석)

8운에 甲子庚向은 雙星會坐局이다. 배산임수 지형에서는 인정이 왕하여 인물은 기대할 수 있으나 재물은 흉한 좌향이다. 물이 산 쪽에 와있어서 손재(損財)가 되니 가급적 사용하지 않는 것이 좋다.

- 地運은 8운에 시작하여 1운에 入囚되므로 40년이다.

- 배산임수 지형이라면 흉(凶)한 이기(理氣)에 형기(形氣)까지 추가되어 그 피해가 훨씬 커진다.

- 中宮〈1, 6, 8〉은 제일 길(吉)한 삼길수(三吉數)로 되어 있다. 그러나 주변의 6개 숫자들이 〈2, 5〉, 〈3, 4〉, 〈7, 9〉의 흉수조합이라서 좋다고 평할 수 없다. 반드시 주변의 형세를 잘 살펴보고 감평해야 한다.

- 震宮〈8, 8〉은 坐宮으로 갑좌(甲坐) 뒤쪽에 물이 있고 물 뒤쪽에 산이 있어야 합국(合局)이 된다.

- 兌宮〈4, 3〉은 향궁으로 3은 8운에는 살기(殺氣)가 되어 향쪽에 물이 있다면 재물(財物)에서 매우 불리하다.

- 巽宮〈7, 9〉, 坤宮〈9, 7〉은 강한 바람기로 인한 문제발생, 사기로 인한 손재 조심, 주색, 부부불화 등 조심해야 되는 숫자조합이다.

- 離宮〈2, 5〉, 乾宮〈5, 2〉는 흉한 조합이다. 질병, 홀애비, 과부, 암(癌), 도처장애

(到處障碍) 등 실령 시에는 흉수조합이다.

- 艮宮〈3, 4〉, 兌宮〈4, 3〉은 나무만 우거지고 열매를 맺지 못하는 형상으로 노력만 열심히 하고 성과를 못내는 형상이다. 도적을 만나고 매사무상(每事無常)한 형상이다.

- 坎宮〈1, 6〉조합은 길한 조합이다. 득운 시(得運時)에는 대학자(大學者), 고관(高官), 문예(文藝), 천문가(天文家) 등이 나오는 숫자조합이다.

### 8) 8운 卯坐酉向

| 巽 | 巳 | 丙 午 丁 | 未 | 坤 |
|---|---|---|---|---|
| 辰 | 5 2<br>七 | 1 6<br>三 | 3 4<br>五 | 申 |
| 乙<br>卯<br>甲 | 4 3<br>六 | +6 -1<br>八 | 8 8<br>一 | 庚<br>**酉**<br>辛 |
| 寅 | 9 7<br>二 | 2 5<br>四 | 7 9<br>九 | 戌 |
| 艮 | 丑 | 癸 子 壬 | 亥 | 乾 |

(해석)

8운에 卯坐酉向과 乙坐辛向은 모두 雙星回向局이다.

배산임수 지형에서 雙星回向은 재물에는 좋지만 人丁에는 좋지 않다. 그러나 앞에 물이 있고 물 뒤편에 산이 있으면 인물도 비교적 좋다.

- 地運은 8운에 시작하여 3운에 끝나므로 최대 80년이다.

- 中宮〈1, 6, 8〉은 三吉數이다. 향쪽에 물이 있다면 지운은 훨씬 더 길어져서 삼원불패(三元不敗)하고 재물은 최상운(最上運)이다. 향성 8이 있는 兌宮과 향성 옆 9가 있는 乾宮에 향성왕기성(向星旺氣星), 生氣가 있는 宮이 연달아 있고, 실제로 물이 있기 때문에 재물로는 금상첨화(錦上添花)로 좋다.

- 巽宮〈5, 2〉, 坎宮〈2, 5〉는 흉한 숫자조합이다. 실운(失運)에서는 질병, 홀애비, 과

부, 암(癌), 도처장애(到處障碍)등 흉수조합이다. 그러나 향쪽에 물이 있고, 물 뒤에 산이 있는 雙星回向 合局에서는 인정도 왕하여 법관, 무관 등 인물도 나올 수 있다.

- 離宮〈1, 6〉은 길한 조합으로 득운 시(得運時)에는 대학자, 고관, 문예, 천문가 등이 나올 수 있다. 양택이라면 離宮은 최고로 길한 장소가 된다. 사무실이라면 사장실이나 회사의 중역 등을 배치하면 좋다. 상가라면 〈1, 6〉은 문창성이므로 학원이나 서점을 입점시키면 명성도 나고 金生水로 상생하니 경제적(經濟的)으로도 좋다.

- 中宮〈1, 6, 8〉 三吉數는 모두 양수이기 때문에 삼길성(三吉星)이 중궁에 있다면 건물이나 봉분을 크고 높게 만들면 좋다. 卯坐, 乙坐는 숫자가 삼길성(三吉星)으로 구성되어서 아주 특별한 국이다.

- 坤宮〈3, 4〉, 震宮〈4, 3〉은 8운에는 흉수조합으로 사리분별을 잘못하며, 주색에 빠지고, 도적이나 거지가 나오는 장소이다. 그러나 유흥업소로 활용하면 잘 될 수도 있다. 3震은 소리(우뢰소리)을 뜻하고 4巽은 바람기(色)를 뜻한다. 따라서 〈3, 4〉가 있는 방위에 노래와 여자가 있는 유흥업소나 노래방을 운영하면 성공할 수 있다. 흉수조합이라도 적합한 용도로 사용하면 전화위복이 될 수 있다.

- 乾宮〈7, 9〉, 艮宮〈9, 7〉은 흉수조합이며, 화재(火災), 호색(好色), 성병(性病), 주색(酒色), 여재(女災), 부부반목(夫婦反目)을 조심해야 된다.


## 9) 8운 乙坐辛向

| 巽 | 巳 | 丙 午 丁 | 未 | 坤 |
|---|---|---|---|---|
| 辰 | 5 2<br>七 | 1 6<br>三 | 3 4<br>五 | 申 |
| 乙<br>卯<br>甲 | 4 3<br>六 | +6 -1<br>八 | 8 8<br>一 | 庚<br>酉<br>辛 |
| 寅 | 9 7<br>二 | 2 5<br>四 | 7 9<br>九 | 戌 |
| 艮 | 丑 | 癸 子 壬 | 亥 | 乾 |

(해석)

8운에 乙坐申向은 卯坐酉向과 같은 雙星回向局이다.

- 地運은 8운에 시작하여 3운에 끝나므로 최대 80년이다.

- 모든 궁의 숫자조합은 卯坐酉向과 동일하며, 궁별 감평 또한 같다.

배산임수 지형에서 雙星回向은 재물에는 좋지만 人丁에는 좋지 않다. 그러나 앞에 물이 있고 물 뒤편에 산이 있으면 인물도 비교적 좋다.

- 中宮〈1, 6, 8〉은 三吉數이다. 향쪽에 물이 있다면 지운은 훨씬 더 길어져서 삼원불패(三元不敗)하고 재물은 최상운(最上運)이다. 향성왕기성(向星旺氣星) 8이 있는 兌宮과 옆에 향성 9가 있는 乾宮(生氣宮)이 연달아 있고 실제로 물이 있기 때문에 재물로는 금상첨화(錦上添花)로 좋다.

- 巽宮〈5, 2〉, 坎宮〈2, 5〉는 흉한 숫자조합이다. 실운(失運)에서는 질병, 홀애비, 과부, 암(癌), 도처장애(到處障碍)등 흉수조합이다. 그러나 득운(得運)하고 향쪽에 물이 있고, 물 뒤에 산이 있는 쌍성회향(雙星回向)의 合局에서는 왕정거부(旺丁巨富)하며, 병원, 약국 등 의약계통이나 장례식장 등으로 활용하면 가장 적합하다. 또한 土와 관련된 부동산, 건축업, 토목업 등이 유망하다. 인정(人丁)도 왕하여 법관, 무관 등 인물도 나올 수 있다.

- 離宮〈1, 6〉은 길한 조합으로 득운 시(得運時)에는 대학자, 고관, 문예, 천문가 등이 나올 수 있다. 양택이라면 離宮은 최고로 길한 장소가 된다. 사무실이라면 사장실이나 회사의 중역 등을 배치하면 좋다. 상가라면 〈1, 6〉은 문창성이므로 학원이나 서점을 입점시키면 명성도 나고 金生水로 상생하니 경제적(經濟的)으로도 좋다.

- 中宮〈1, 6, 8〉 三吉數는 모두 양수이기 때문에 삼길성(三吉星)이 중궁에 있다면 건물이나 봉분(封墳)을 크고 높게 만들면 좋다. 卯坐, 乙坐는 숫자가 삼길성(三吉星)으로 구성되어서 아주 특별한 국이다.

- 坤宮〈3, 4〉, 震宮〈4, 3〉은 8운에는 흉수조합으로 사리분별을 잘못하며, 주색에 빠지고, 도적이나 거지가 나오는 장소이다. 그러나 유흥업소로 활용하면 잘될 수도 있다. 3震은 소리(우뢰소리)를 뜻하고 4巽은 바람기(色)를 뜻한다. 따라서 〈3, 4〉가 있는 방위에 노래와 여자가 있는 유흥업소나 노래방을 운영하면 성공할 수 있다. 흉수조합이라도 적합한 용도로 사용하면 전화위복(轉禍爲福)이 될 수 있다.

- 乾宮〈7, 9〉, 艮宮〈9, 7〉은 흉수조합이며, 화재(火災), 호색(好色), 성병(性病), 주색(酒色), 여재(女災), 부부반목(夫婦反目)을 조심해야 된다.


## 10) 8운 辰坐戌向

| 巽 | 巳 | 丙 午 丁 | 未 | 坤 |
|---|---|---|---|---|
| 辰 | 6  8<br>七 | 2  4<br>三 | 4  6<br>五 | 申 |
| 乙<br>卯<br>甲 | 5  7<br>六 | +7  +9<br>八 | 9  2<br>一 | 庚<br>酉<br>辛 |
| 寅 | 1  3<br>二 | 3  5<br>四 | 8  1<br>九 | 戌 |
| 艮 | 丑 | 癸 子 壬 | 亥 | 乾 |

(해석)

8운에 辰坐戌向은 上山下水局다.

- 地運은 8운에 시작하여 바로 다음運 9운에 入囚되니 최대 20년 밖에 안 되는 단명 좌향이다.

- 배산임수 지형에 건옥조장(建屋造葬)하면 인패재패(人敗財敗)하는 흉한 좌향이다.

- 이좌향의 애성반은 〈1, 2, 3〉, 〈2, 3, 4〉, 〈3, 4, 5〉, 〈4, 5, 6〉, 〈7, 8, 9〉, 〈8, 9, 1〉 등 연주삼반괘(連珠三般卦)이다. 그러나 연주삼반괘라도 불합국일 때는 아무소용이 없다.

- 上山下水라도 合局이면 발복을 받을 수 있다. 역배산임수국(逆背山臨水局)이 되면 왕산왕향(旺山旺向)과 거의 같은 발복을 받을 수 있다. 상산하수국(上山下水局)에 산도 없고 물도 없는 평지는 흉하지 않다. 上山下水라도 흉방 위에 山水가 없다면 흉하지 않다.

- 中宮〈7, 9〉는 화재나 유혈(流血)사고 발생 우려가 크다.

- 坤宮〈4, 6〉은 4는 살기(殺氣)이고 6은 衰氣이다. 불합국일 때 4(巽木) 아내가 6(乾宮)의 남편에게 극을 당하니, 곤궁에 물이 있으면, 처가 심하게 아프거나 사망할 수도 있다. 비보로는 상록수를 심어서 물이 보이지 않게 차폐시키면 좋다.

* 참고로 같은 金木조합이라도 〈3, 7〉은 다르다. 7은 陰金, 3은 陽木으로 일방적으로 당하지 않고 끝없이 부부싸움하며 이혼도 가능하다. 경우에 따라서는 3碧木 큰 나무가 작은 칼을 업신여겨서 부인이 남편을 무시할 수도 있다.

또한 곤방에 단두사(斷頭砂)가 있거나 올가미 같은 물길이나 도로가 보이면 목메어 자살할 위험이 크다.

* 단두사(斷頭砂) : 산 위쪽에 머리태 모양의 산길이나 도로가 보이는 산

- 離宮〈2, 4〉는 흉수조합이다. 4는 큰딸이나 큰며느리고, 2는 모친이나 시어머니이다. 큰딸과 모친 또는 큰며느리와 시어머니가 불화한다. 주로 딸이나 며느리가 노모(老母)를 극한다. 해당 궁의 형기(形氣)가 나쁠 때는 화(禍)가 더욱 크게 작용한다. 〈2, 4〉조합은 투우살(鬪牛殺)이라고도 한다. 2坤은 동물로 소(牛)가되니 투우살(鬪牛殺)이라는 이름이 붙여졌다.

- 巽宮〈6, 8〉은 좌궁에 水이 있고 향궁인 건방에 山이 있어야 합국이다.

- 震宮〈5, 7〉은 실운(失運)했으니 산도 물도 없어야 흉함이 없다.

- 兌宮〈9, 2〉조합은 8운에는 산성방향에 山이 있고 향궁에는 물이 없어야 흉함이 없다.

- 艮宮〈1, 3〉은 좋은 숫자조합이다. 득운 시에는 개업, 진화, 성장, 시험합격, 출산 등 좋은 일이 발생한다.

- 坎宮〈3, 5〉조합은 득운 시(得運時)에는 속발부귀(速發富貴)하고, 실운 시(失運時)에는 자동차사고, 도박, 사기, 질병으로는 담결석 등으로 흉함이 올 수 있다.

* 공부방에 좋은 방위 6개 : 〈1, 3〉,〈1, 4〉,〈1, 6〉,〈1, 7〉,〈9, 3〉,〈9, 4〉

* 안방에 좋은 방위 4개 : 산성에 8, 9, 1, 6 들어오는 방위

* 현관문에 좋은 방위 4개 : 향성에 8, 9, 1, 6 들어오는 방위

## 11) 8운 巽坐乾向

| 巽 | 巳 | 丙　午　丁 | 未 | 坤 |
|---|---|---|---|---|
| 辰 | 8　1<br>七 | 3　5<br>三 | 1　3<br>五 | 申 |
| 乙<br>卯<br>甲 | 9　2<br>六 | -7　-9<br>八 | 5　7<br>一 | 庚<br>酉<br>辛 |
| 寅 | 4　6<br>二 | 2　4<br>四 | 6　8<br>九 | 戌 |
| 艮 | 丑 | 癸　子　壬 | 亥 | 乾 |

(해석)

8운의 巽坐乾向은 巳坐亥向과 함께 旺山旺向으로 吉한 局이다.

또한 반대편의 乾坐巽向과 亥坐巳向도 같이 旺山旺向이며 애성반 숫자도 같다. 그러나 같은 왕산왕향이더라도 향궁과 좌궁의 성요(星曜)와 山水에 따라서 吉한 정도가 다르다.

- 地運은 8운에 시작하여 9운에 입수되니 최대 20년뿐이다.

- 中宮〈7, 9〉는 화재수(火災數)이다. 주변에 火를 상징하는 뾰족한 모양의 물체나 건물, 또는 붉은색 계통의 건물이 보이면 형기적(形氣的)으로 화기가 증가되므로 화재 발생 확률이 높아진다. 단독주택이나 아파트의 경우 집 중앙에 주방이나 난로가 있으면 더욱 위험하다.

- 中宮〈7, 9〉는 득운일 때는 발명, 개혁, 진보, 결혼 등 길한 작용이 일어나고, 실운일 때는 화재, 호색, 성병 등의 흉한 작용이 발생한다.

- 巽宮〈8, 1〉은 8운에 山星數8은 旺氣星이고, 向星數 1은 次生氣(進氣)이고, 8土가 7을 土生金하며, 7金이 1을 金生水하니 같은 旺山旺向이라도 아주 특별히 吉한 局이 된다. 9운에 입수되지만 향궁인 건궁 앞에 물이 있으면 9운에 向宮 운반수(運搬數) 9가 있으니 입수되지 않는다.

- 乾宮〈6, 8〉은 三吉數이고, 운반수 9는 다가오는 9운에 왕기성이 되므로 더욱 좋아져서 입수되지 않는다.

- 현공풍수는 원운(元運)의 변화를 중시한다. 8운은 9운이 오면 退氣가 된다. 그러나 8은 삼길수 중 하나이니 9운이 되어도 속패하지는 않는다.

- 乾宮〈6, 8〉은 양수만의 조합이므로 음수와 배합되면 좋은데, 운반수 九가 와서 같은 궁에 陰陽이 고루 들어가면 더욱 좋다. 8운에 巽坐, 巳坐, 乾坐, 亥坐의 〈6, 8〉이나 〈8, 6〉조합은 모두 운반 九陰數가 同宮에 있으니 吉하다. 다만 乾宮의 산성 6은 단궁복음(單宮伏吟)이 되므로 건궁 쪽에 안산이 너무 높으면 흉하다.

- 乾宮에 물이 있어 합국이 되면, 9운이 되어도 입수(入囚)하지 않고 운이 지속된다.

- 巽宮〈8, 1〉조합은 부엌을 설치하면 좋다. 火生土, 水剋火로 화재를 제압하는 효과를 발휘한다. 향성 1은 8운에서 차생기이므로 집 뒤에 물이 있으면 1운까지 간다. 혈의 앞뒤에 水이 있어서 태화국(泰和局)이 된다. 즉, 태평해진다는 뜻이다.

- 위 좌향에서 산이 있어서 좋은 곳은 巽宮8(왕기방), 震宮9(생기방), 坤宮1(차생기방)이다. 만약 향쪽에 案山이 있을 경우는 좌쪽의 산보다 작고 조금 멀리 있으면 흉하지 않다. 즉, 山水가 있어야 할 곳에 있느냐 없느냐, 가깝게 있느냐, 멀리 있느냐 등에 따라서 길흉화복의 유무와 내용, 그리고 영향의 지속기간이 달라진다. 그러므로 形氣와 理氣를 종합해서 판단하여야 정확한 감평을 할 수 있다.

- 坤宮〈1, 3〉은 길수조합이다. 득운일 때는 개업, 진화, 성장, 시험합격, 출산 등 길함이 나타나고, 실운일 때는 곤란한 일, 어린아이 죽음, 전사, 사고 등의 흉함이 나타난다.

* 공부방에 좋은 방위 6개 : 〈1, 3〉, 〈1, 4〉, 〈1, 6〉, 〈1, 7〉, 〈9, 3〉, 〈9, 4〉

* 안방에 좋은 방위 4개 : 산성에 8, 9, 1, 6 들어오는 방위

* 현관문에 좋은 방위 4개 : 향성에 8, 9, 1, 6 들어오는 방위

## 12) 8운 巳坐亥向

| 巽 | 巳 | 丙 午 丁 | 未 | 坤 |
|---|---|---|---|---|
| 辰 | 8 1<br>七 | 3 5<br>三 | 1 3<br>五 | 申 |
| 乙<br>卯<br>甲 | 9 2<br>六 | -7 -9<br>八 | 5 7<br>一 | 庚<br>酉<br>辛 |
| 寅 | 4 6<br>二 | 2 4<br>四 | 6 8<br>九 | 戌 |
| 艮 | 丑 | 癸 子 壬 | 亥 | 乾 |

(해석)

8운의 巳坐亥向은 巽坐乾向과 함께 旺山旺向으로 吉한 局이다.

또한 반대편의 亥坐巳向, 乾坐巽向도 같이 旺山旺向이며 숫자도 같다. 그러나 같은 왕산왕향이더라도 향궁과 좌궁의 성요(星曜)와 山水에 따라서 吉한 정도가 다르다.

- 地運은 8운에 시작하여 9운에 입수되니 최대 20년뿐이다.

- 巽宮〈8, 1〉은 8왕기성을 얻어서 좌쪽인 巽宮에 山이 있으면 좋고, 向쪽 亥方인 乾宮에 水이 있으면 합국이다.

- 向쪽 乾宮에 문을 내면 旺氣인 向星을 動하니 매우 좋다. 8운 중에서도 2010년과 2019년에는 연자백 8이 入中하여 건궁에 9紫火星이 온다. 그러면 향궁에는 향성 8, 운반九火에 연자백 9火가 더해져서 火土相生格이 되면서 이 두해에는 승진도 하고 재물도 크게 늘어난다. 향궁〈8, 9〉는 왕기와 생기이며 火生土로 상생하므로〈8, 9〉또는〈9, 8〉은 최고의 길한 조합숫자다. 지위가 높아지고, 결혼, 출산, 출세, 장수하는 경사(慶事)가 있다.

- 현공풍수는 원운(元運)의 변화를 중시한다. 8운은 9운이 오면 退氣가 된다. 그러나 8은 삼길수 중 하나이니 9운이 되어도 속패하지는 않는다.

- 乾宮〈6, 8〉은 양수만의 조합이므로 음수와 배합되면 좋은데, 운반수 九가 와서 같은 궁에 陰陽이 고루 들어가면 더욱 좋다. 8운에 손좌, 사좌, 건좌, 해좌의〈6, 8〉이

나 〈8, 6〉조합은 모두 운반 九陰數가 同宮에 있으니 吉하다. 다만 乾宮의 산성 6은 단궁복음(單宮伏吟)이 되므로 건궁 쪽에 안산이 너무 높으면 흉하다.

　- 건궁에 물이 있어 합국이 되면, 9운이 되어도 입수(入囚)하지 않고 운이 지속된다.

　- 中宮〈7, 9〉는 득운일 때는 발명, 개혁, 진보, 결혼 등 길한 작용이 일어나고, 실운일 때는 화재, 호색, 성병 등의 흉한 작용이 발생한다.

　- 巽宮〈8, 1〉조합은 부엌을 설치하면 좋다. 火生土, 水剋火로 화재를 제압하는 효과를 발휘한다. 향성 1은 8운에서 차생기이므로 집 뒤에 물이 있으면 1운까지 간다. 혈의 앞뒤에 水이 있어서 태화국(泰和局)이 된다. 즉 태평해진다는 뜻이다.

　- 中宮〈7, 9〉는 화재 위험을 암시하는 숫자조합이다. 주변에 火를 상징하는 뾰족한 모양이나 붉은색 계통의 건물이 보이면 形氣로 火氣가 가미되므로 화재발생 확률이 높아진다. 주택의 경우 집 중앙에 난로가 있으면 위험하다.

　- 위 좌향에서 산이 있어서 좋은 곳은 巽宮8(왕기방), 震宮9(생기방), 坤宮1(차생기방)이다. 만약 향쪽에 案山이 있을 경우는 좌쪽의 산보다 작고 조금 멀리 있으면 흉하지 않다. 즉, 山水가 있어야 할 곳에 있느냐 없느냐, 가깝게 있느냐, 멀리 있느냐 등에 따라서 길흉화복의 유무와 내용, 그리고 영향의 지속기간이 달라진다. 그러므로 形氣와 理氣를 종합해서 판단하여야 정확한 감평을 할 수 있다.

　- 坤宮〈1, 3〉은 길수조합이다. 득운일 때는 개업, 진화, 성장, 시험합격, 출산 등 길함이 나타나고, 실운일 때는 곤란한 일, 어린아이 죽음, 전사, 사고 등의 흉함이 나타난다.

　* 공부방에 좋은 방위 6개 : 〈1, 3〉, 〈1, 4〉, 〈1, 6〉, 〈1, 7〉, 〈9, 3〉, 〈9, 4〉

　* 안방에 좋은 방위 4개 : 산성에 8, 9, 1, 6 들어오는 방위

　* 현관문에 좋은 방위 4개 : 향성에 8, 9, 1, 6 들어오는 방위

## 13) 8운 丙坐壬向

| 巽 | 巳 | 丙　午　丁 | 未 | 坤 |
|---|---|---|---|---|
| 辰 | 2　5<br>七 | 7　9<br>三 | 9　7<br>五 | 申 |
| 乙<br>卯<br>甲 | 1　6<br>六 | +3　-4<br>八 | 5　2<br>一 | 庚<br>酉<br>辛 |
| 寅 | 6　1<br>二 | 8　8<br>四 | 4　3<br>九 | 戌 |
| 艮 | 丑 | 癸　子　壬 | 亥 | 乾 |

### (해석)

8운에 丙坐壬向은 쌍성회향국(雙星回向局)이다. 향쪽에 물이 있고 물 다음에 산이 있으면 합국이다. 향성 8에 물이 있으면 재물운(財物運)이 大吉하다.

또한 산성 8쪽에 산이 있으면 자손이 번창하고 산이 아름다우면 인물도 많다.

- 쌍성회향국(雙星回向局)은 재물운은 매우 좋고, 인정도 보통정도로 좋다. 만약 앞쪽에 바로 산이 있고 뒤에 물이 있다면 인정은 좋고 재물은 좀 부족하다. 배산임수형국에서 상쌍회향은 기본적으로 재물운이 좋다.

- 地運은 향궁의 향성 8에서 시작하여 좌궁의 향성 9에서 입수되니 최대 20년으로 매우 짧다. 속발속패지(速發速敗地)다.

- 쌍성회향국(雙星回向局)은 영업하는 상가에서는 丙, 午, 丁坐(북향건물)에 건물 앞뒤로 물이 있으면 재물운이 최고로 좋다. 이러한 이치로 집 앞에 도로가 있고 뒤에 강이 있는 북향집도 재물운이 좋다.

- 坤宮⟨9, 7⟩, 離宮⟨7, 9⟩는 화재 위험을 암시하는 숫자조합이다. 주변에 火를 상징하는 뾰족한 모양이나 붉은색 계통의 건물이 보이면 形氣로 火氣가 증가되므로 화재 발생 확률이 높아진다. 주택의 경우 坤宮이나, 離宮에 난로나 부엌이 있으면 위험하다. 그러나 坤宮⟨9, 7⟩은 8운에서 生氣數라서 인정이 좋다. 9는 출산의 뜻이므로 신

혼부부 방으로 아주 좋다. 향성 7은 8운에 퇴기이므로 9火가 7金을 극하므로 이 방의 재물운은 별로이다. 임신과 출산에 관한 숫자는 산성 1과 산성 9이다. 곤궁에 좋은 산이 있으면 五黃은 무시해도 괜찮다.

- 巽宮⟨2, 5⟩, 兌宮⟨5, 2⟩는 흉수조합이다. 질병(疾病), 홀아비, 과부(寡婦), 암(癌) 발생, 도처장애(到處障碍) 등 흉한 기운을 불러오는 숫자조합이다. 이 방위에는 산이나 물이 없어야 흉함이 없다. 五黃은 강하니 剋하지 말고 금속제품, 괘종시계, 백색종이 도배 등으로 설기(洩氣)해야 좋다.

- 震宮⟨1, 6⟩, 艮宮⟨6, 1⟩은 길한 숫자조합이다. 三吉數 중 2자가 들어있다. 震宮 ⟨1, 6⟩은 과거급제, 양명사해, 철학, 사상의 吉한 의미이며, 艮宮⟨6, 1⟩은 과거급제, 법관, 고문 등의 吉한 의미를 내포하고 있다.

- 中宮⟨3, 4⟩, 乾宮⟨4, 3⟩은 8운에는 흉수조합으로 사리분별을 잘못하며, 주색에 빠지고, 도적이나 거지가 나오는 장소이다. 그러나 유흥업소로 활용하면 잘 될 수도 있다. 3震은 소리(우뢰소리)를 뜻하고 4巽은 바람기(色)를 뜻한다. 따라서 ⟨3, 4⟩있는 방위에 노래와 여자가 있는 유흥업소나 노래방을 운영하면 성공할 수 있다. 흉수조합이라도 적합한 용도로 사용하면 전화위복이 될 수 있다.

- 향궁인 坎宮의 ⟨8, 8⟩은 8운에서 8이 왕기성이므로 재물이 왕성해진다. 참고로 8운에서 ⟨8, 3⟩과 ⟨8, 4⟩는 어린이가 다칠 수 있는 조합이다. 8土가 왕기성으로 강해져서 오히려 3木과 4木을 상하게 한다. 양택에서는 坎宮을 어린이 방으로 사용하지 않는 것이 좋다. 어린이가 우울해진다.

### (1) 수험생 방으로 좋은 조합

① ⟨1, 3⟩, ⟨1, 4⟩, ⟨1, 6⟩, ⟨1, 7⟩, ⟨3, 9⟩, ⟨4, 9⟩ 6개 조합이다.

② 이중에 ⟨1, 3⟩과 ⟨1, 4⟩는 水生木조합이고, ⟨3, 9⟩, ⟨4, 9⟩는 木火通明으로 좋다.

③ ⟨1, 3⟩보다는, ⟨1, 4⟩조합이 陰陽調合이 잘되니 더 좋다.

④ ⟨3, 9⟩ 陰陽調合이 ⟨4, 9⟩ 陰陰調合보다 더 좋다.

⑤ ⟨4, 9⟩ 陰陰調合이니 부드럽고 총명한 사람이 나오고, ⟨3, 9⟩ 陰陽調合이니 총명하고 강직한 인물이 배출된다.

⑥ ⟨3, 9⟩는 인문, 사회계열이고, ⟨4, 9⟩는 수학이나 연구직에 적합한 인물이 배출된다.

⑦ 〈1, 6〉, 〈2, 7〉, 〈3, 8〉, 〈4, 9〉도 시작과 결실을 맺는 하도의 生數와 成數이기 때문에 공부방으로 적합하다.

⑧ 〈9, 2〉, 〈9, 5〉, 〈9, 8〉, 〈5, 9〉는 불이 꺼지고 우둔한 사람을 의미하므로 공부방으로 사용하지 말아야 한다.


## 14) 8운 午坐子向

| 巽 | 巳 | 丙　午　丁 | 未 | 坤 |
|---|---|---|---|---|
| 辰 | 4　3<br>七 | 8　8<br>三 | 6　1<br>五 | 申 |
| 乙<br>卯<br>甲 | 5　2<br>六 | -3　+4<br>八 | 1　6<br>一 | 庚<br>酉<br>辛 |
| 寅 | 9　7<br>二 | 7　9<br>四 | 2　5<br>九 | 戌 |
| 艮 | 丑 | 癸　子　壬 | 亥 | 乾 |

(해석)

8운에 午坐子向과 丁坐癸向은 雙星會坐局이다. 일반적으로 雙星會坐局은 인물은 좋지만 재물은 매우 나쁘다. 그러나 특별히 三吉數가 있으면 인정에 더하여 재물운까지도 기대할 수 있다. 예를 들면, 8운에 子坐午向이 午向쪽에 〈6, 8〉 三吉數〈1, 6, 8〉 중 2개(6, 8)가 있어서 人丁은 물론 財物도 발복을 기대할 수 있다.

- 地運은 8운에 발복하여 4운에 入囚함으로 최대 100년간 유지된다.

- 집이나 묘의 뒤에 물이 있고 물 뒤에 산이 있으면 合局이다. 즉 좌공조만(坐空朝滿)의 지세(地勢)가 되어야 합국이다.

- 坤宮〈6, 1〉과 兌宮〈1, 6〉은 길수조합이다. 三吉數〈1, 6, 8〉 중 2자가 들어있다. 과거 급제, 양명사해, 철학, 사상, 법관, 고문 등의 吉한 의미를 내포하고 있다.

- 乾宮〈2, 5〉, 震宮〈5, 2〉는 흉수의 조합이다. 실운(失運)에서는 질병, 홀애비, 과부, 암(癌), 도처장애(到處障碍)등 흉수조합이다. 그러나 득운하고 향쪽에 물이 있고,

물 뒤에 산이 있는 雙星回向 合局에서는 인정도 왕(旺)하여 법관, 무관 등 인물도 나올 수 있다.

 - 坎宮⟨7, 9⟩와 艮宮⟨9, 7⟩은 화재 위험을 암시하는 숫자조합이다. 주변에 火를 상징하는 뾰족한 모양이나 붉은색 계통의 건물이 보이면 形氣로 火氣가 증가되므로 화재 발생 확률이 높아진다. 그러나 8운에서 간궁 9산 쪽에 산이 있고, 감궁 9향쪽에 물이 있으면 생기를 얻어서 무난하다.

 - 巽宮⟨4, 3⟩과 中宮⟨3, 4⟩는 흉수조합이며, 8운에서는 殺氣이므로 열심히 일해도 결과가 없이 헛수고만하는 매사무상(每事無常)한 조합이다.


### 15) 8운 丁坐癸向

| 巽 | 巳 | 丙 午 丁 | 未 | 坤 |
|---|---|---|---|---|
| 辰 | 4  3<br>七 | 8  8<br>三 | 6  1<br>五 | 申 |
| 乙<br>卯<br>甲 | 5  2<br>六 | -3  +4<br>八 | 1  6<br>一 | 庚<br>酉<br>辛 |
| 寅 | 9  7<br>二 | 7  9<br>四 | 2  5<br>九 | 戌 |
| 艮 | 丑 | 癸 子 壬 | 亥 | 乾 |

(해석)

8운에 丁坐癸向은 午坐子向과 같은 雙星會坐局이다.

- 地運은 8운에 발복하여 4운에 入囚함으로 최대 100년간 유지된다.

- 모든 숫자조합은 午坐子向과 같으며 감평 또한 같다.

일반적으로 雙星會坐局은 인물은 좋지만 재물은 매우 나쁘다. 그러나 특별히 三吉數가 있으면 인정에 더하여 재물운까지도 기대할 수 있다. 예를들면, 8운에 子坐午向이 午向쪽에 ⟨6, 8⟩, 三吉數⟨1, 6, 8⟩ 중 2개⟨6, 8⟩가 있어서 人丁은 물론 재물(財物)도 발복을 기대할 수 있다.

- 집이나 묘의 뒤에 물이 있고 물 뒤에 산이 있으면 合局이다. 즉 좌공조만(坐空朝滿)의 지세(地勢)가 되어야 합국이다.

- 坤宮〈6, 1〉과 兌宮〈1, 6〉은 길수조합이다. 三吉數〈1, 6, 8〉 중 2자가 들어있다. 과거 급제, 양명사해, 철학, 사상, 법관, 고문 등의 吉한 의미를 내포하고 있다.

* 공부방에 좋은 방위 6개 : 〈1, 3〉, 〈1, 4〉, 〈1, 6〉, 〈1, 7〉, 〈9, 3〉, 〈9, 4〉

* 안방에 좋은 방위 4개 : 산성에 8, 9, 1, 6 들어오는 방위

* 현관문에 좋은 방위 4개 : 향성에 8, 9, 1, 6 들어오는 방위


- 乾宮〈2, 5〉, 震宮〈5, 2〉는 흉수의 조합이다. 실운(失運)에서는 질병, 홀아비, 과부, 암(癌), 도처장애(到處障碍) 등 흉수조합이다. 그러나 향쪽에 물이 있고, 물 뒤에 산이 있는 雙星回向 合局에서는 인정도 왕(旺)하여 법관, 무관 등 인물도 나올 수 있다.

- 坎宮〈7, 9〉와 艮宮〈9, 7〉은 화재 위험을 암시하는 숫자조합이다. 주변에 火를 상징하는 뾰족한 모양이나 붉은색 계통의 건물이 보이면 形氣로 火氣가 증가되므로 화재 발생 확률이 높아진다. 그러나 8운에서 간궁 9산 쪽에 산이 있고, 감궁 9향쪽에 물이 있으면 생기를 얻어서 무난하다.

- 巽宮〈4, 3〉과 中宮〈3, 4〉는 흉수조합이며, 8운에서는 殺氣이므로 열심히 일해도 결과가 없이 헛수고만 하는 매사무상(每事無常)한 조합이다.


## 16) 8운 未坐丑向

| 巽 | 巳 | 丙　午　丁 | 未 | 坤 |
|---|---|---|---|---|
| 辰 | 6　3<br>七 | 1　7<br>三 | 8　5<br>五 | 申 |
| 乙<br>卯<br>甲 | 7　4<br>六 | -5　-2<br>八 | 3　9<br>一 | 庚<br>酉<br>辛 |
| 寅 | 2　8<br>二 | 9　6<br>四 | 4　1<br>九 | 戌 |
| 艮 | 丑 | 癸　子　壬 | 亥 | 乾 |

## (해석)

8운의 未坐丑向은 왕산왕향(旺山旺向)에 모든 궁이 향성합십(向星合十)이 되는 매우 특별한 기국(奇局)이다. 중궁에 집이나 묘가 있을 때 뒤쪽 未坐에 산이 있고 앞쪽 丑向에 물이 있으면 旺山旺向 합국으로 정재양왕(丁財兩旺)하여 人物과 財物이 모두 좋다.

- 地運은 8운에 발복하여 2운에 入囚하므로 최대 60년간 지속된다.

- 8운 未坐丑向은 향성 전체가 운반수와 합십이 된다. 합십이 되면 "貴人이 도와 준다"는 기국(奇局)이다.

- 좌궁 坤方의 향성 5는 8운에서 곤궁 운반수 5와 합십이 된다. 귀인의 도움을 받는 합십국이다.

- 향성 艮宮〈2, 8〉은 운반수 2와 향성 8이 합국이 되어 귀인이 도와주어 뜻하지 않는 좋은 일이 생긴다. 인정뿐만 아니라 재물도 좋아지는 정재양왕(丁財兩旺)이 된다.

- 坎宮〈9, 6〉은 장수하고 회춘하는 최고의 조합이므로 고령자는 감궁의 방을 사용하면 좋다. 산성 9가 생기성이므로 산이 감궁의 9산성에 가깝게 있으면 인물이 나온다. 〈9, 6〉은 火克金이므로 약간의 흉작용이 있는데 산이 있다면 흉함이 없어진다. 다만 9는 中女이고 6金은 아버지이므로 자녀방으로 쓰면 자식들이 부모에 대드는 形象이라서 적합치 않다.

- 中宮의 〈5, 2〉조합은 악질적이고 고질적인 질병을 의미하니, 불치병이나 암이다. 그러나 왕산왕향 합국이면, 향궁과 좌궁의 왕기(8)가 중궁까지 영향을 끼치므로 흉함은 없다고 본다.

- 離宮〈1, 7〉은 산성에 1은 8운에서 차생기이므로 좋다. 〈1, 7, 3〉으로 金生水 → 水生木하니 공부방으로 좋으나 남성의 경우는 7(소녀)를 멀리해야 공부가 잘된다.

- 兌宮〈3, 9〉 향성 9와 운반수 1이 합십국이 된다. 8운에 재운이 좋고 9운이 오면 9가 왕기성이 되니 더욱더 좋아진다. 〈3, 9〉는 목화통명(木火通明)으로 공부방으로 활용하면 총명한 인물이 나온다.

- 震宮〈7, 4〉 진궁의 산성수는 7인데, 7은 8운에서 퇴기이므로 이 방향에는 산이 없어야 좋다. 있어도 멀리 있으면 영향력이 적은 것으로 본다.

- 乾宮〈4, 1〉에서 건궁에 향성 1은 차생기(次生氣)이며, 보좌기(補佐氣)이다. 물이 있으면 좋지만 1운에는 재물이 더 왕성해진다. 그러나 8운에 丑向인 간궁의 물보다는 반드시 적어야 8운에도 발복한다. 만약 8운에 향궁인 丑向보다 많으면 오히려 흉함으로

작용한다. 8운에 未坐丑向의 재물의 왕기는 8이 있는 丑向이기 때문이다.

　　만약 물이 많으면 상록수를 심어서 차폐시킨다. 〈4, 1〉은 길할 때는 과거급제, 승진이다. 수험생에게 최고의 길한 숫자조합이다. 양택이면 공부방으로 좋다. 그러나 흉할 때는 1은 음란, 4는 방탕으로 음란하고 방탕해진다. 좋고 나쁘게 통변하는 요령은 간단하다. 합국이면 좋게 감평하고, 불합국이면 흉하게 감평한다.


## 17) 8운 坤坐艮向

| 巽 | 巳 | 丙　午　丁 | 未 | 坤 |
|---|---|---|---|---|
| 辰 | 4　1<br>七 | 9　6<br>三 | 2　8<br>五 | 申 |
| 乙<br>卯<br>甲 | 3　9<br>六 | +5　+2<br>八 | 7　4<br>一 | 庚<br>酉<br>辛 |
| 寅 | 8　5<br>二 | 1　7<br>四 | 6　3<br>九 | 戌 |
| 艮 | 丑 | 癸　子　壬 | 亥 | 乾 |


(해석)

- 8운에 坤坐艮向은 申坐寅向과 애성반 숫자까지 같다.

- 8운에서 5가 중궁에 들 때는 8로 보니, 8은 짝수다. 고로 중궁에 5는 +이다.

- 상산하수(上山下水)에 복음(伏吟)까지 겹쳐서 아주 흉한 坐向이다.

- 地運은 8운에 시작하여 2운에 入囚되니 최대 60년이다.

- 8운에 상산하수(上山下水)에 복음(伏吟)은 艮坐, 寅坐, 坤坐, 申坐이다. 부모삼반괘의 영향으로 처음은 무난할 수 있지만, 결국은 가파인망(家破人亡) 하므로 특별히 음택에서는 피해야 하는 좌향이다. 다만 양택에 한하여 주변 지형이 평지이거나 전고후저(前高後低)라면, 합국에 부모삼반괘가 되어 吉象이 되니 무난하다. 산이 없는 평양지의 상산하수(上山下水)는 음택이 가능하다.

- 中宮〈5, 2〉는 흉수조합이다. 8운에 坤坐艮向과 申坐寅向은 중궁이 〈5, 2〉이다.

나쁠 때는 병부(病符)로 인해 질병이 생기며 심할 때는 사망한다. 귀신은 밝은 곳을 싫어한다. 만일 합국이 아닐 때는 집이 어둡고 음습하다면 귀신이 출현할 수도 있다. 만약 〈5, 2〉가 중궁이 아니고 다른 방위에 있다면 해당 장소에 나타난다. 따라서 8운에 坤坐나 申坐 합국인 집을 지을 때는 지하실을 만들지 말고 집안에 햇볕이 충분히 들 수 있도록 창문을 크게 해주는 것이 좋다.

- 현공에서 2, 4, 7, 9가 여러 개 모이는 곳은 陰氣가 강하다. 陰氣가 강하면 여자들이 득세하고 딸을 출산할 확률이 많다. 해당 방위를 항상 밝게 조명하고 통풍을 잘 시키며 습기를 제거하고 청결하게 해주어서 형기(形氣)로 이기(理氣)의 음기(陰氣)를 보완해 주어야 좋다.

- 坤宮〈2, 8〉은 좌궁인 곤좌에 물이 있다면 합십이니 좋다. 운반수 5土, 산성수 2土, 향성수 8土 모두 土星이다. 사업방면에서는 부동산(不動産)이나 건축사업(建築事業)에 종사하거나 이런 계통의 직업을 가지면 재운이 더욱 좋다. 이런 집은 8운 내내 재물운이 좋다.

참고로 2坤土는 평지니 구릉지대 땅이고, 8艮土는 높은 山으로 해석한다.

- 艮宮, 中宮, 艮宮의 2, 5, 8은 흉수조합(凶數調合)이지만 8운에서는 문제되지 않는다. 그러나 8운이 지나면 흉이 나타난다.

- 離宮〈9, 6〉은 9火가 6金을 火克金하는 구조다. 즉 중녀가 아버지를 극하니, 딸이 아버지에게 반항하고 나아가 자녀가 부모에게 불효하는 숫자조합이다. 9가 있는 이 궁에 물결치는 水形山이 있다면 조금 약하지만, 火形山이 있다면 나쁜 영향은 더욱 커진다. 火克金을 더 강하게 하기 때문이다. 합국이고 이궁에 산이 있으면 부귀장수(富貴長壽)한다. 6金은 정력(精力), 9火는 꽃이기 때문에 회춘(回春)한다. 재산이 불같이 일어나가도 한다.

- 巽宮〈4, 1〉은 합국일 때 물이 있으면, 창업하여 집안이 일어나고 명성을 날린다. 또한 〈4, 1〉은 文昌이니 공부를 잘하고 시험에 합격하거나 승진하는 사람이 나온다. 더군다나 4가 원래의 낙서수 자리인 巽宮에 있으니 더욱더 文昌의 氣運이 강해진다.

- 坎宮, 巽宮, 兌宮은 〈1, 4〉가 동궁(同宮)에 있다. 이들 宮에 책상을 놓으면 좋다. 일을 하든 공부를 하든 모두 두뇌가 명석해지고 사고가 민첩해지고, 판단이 현명해지며, 판단력이 좋아지고 명예가 크게 높아진다. 그 중에 巽宮이 가장 좋다. 왜냐하면 8운에 1은 차생기이며 보좌기이다. 1은 인물은 주관하는 山星을 水生木으로 生해 주니

더욱 人丁이 좋아진다.

- 震宮〈3, 9〉는 흉수조합이다. 합국일 때는 총명한 사람이 나오고, 불합국일 때는 관송시비(官訟是非), 남도여창(男盜女娼), 각박포악(刻薄暴惡)한 사람이 생겨난다.

- 乾宮〈6, 3〉은 흉수조합이다. 金剋木이다. 두통, 뇌진탕, 고독, 악부역자(惡父逆子), 간담병, 손발손상, 감전, 칼에 의한 손상, 도난 등 발생하며, 다만 합국일 때는 관사(官司), 즉 벼슬자리를 얻는다.


## 18) 8운 申坐寅向

| 巽 | 巳 | 丙　午　丁 | 未 | 坤 |
|---|---|---|---|---|
| 辰 | 4　1<br>七 | 9　6<br>三 | 2　8<br>五 | **申** |
| 乙<br>卯<br>甲 | 3　9<br>六 | +5　+2<br>八 | 7　4<br>一 | 庚<br>酉<br>辛 |
| **寅** | 8　5<br>二 | 1　7<br>四 | 6　3<br>九 | 戌 |
| 艮 | 丑 | 癸　子　壬 | 亥 | 乾 |

### (해석)

申坐寅向은 8운에서 坤坐艮向과 같은 상산하수(上山下水)에 복음(伏吟)까지 겹치는 흉한 좌향이다.

- 地運은 8운에 시작하여 2운에 入囚되니 최대 60년이다.

- 8운에 상산하수(上山下水)에 복음(伏吟)은 艮坐, 寅坐, 坤坐, 申坐이다. 부모삼반괘의 영향으로 처음은 무난할 수 있지만, 결국은 가파인망(家破人亡)하므로 특별히 음택에서는 피해야 하는 좌향이다. 다만 양택에 한하여 주변 지형이 평지이거나 전고후저(前高後低)라면, 합국에 부모삼반괘가 되어 吉象이 되니 무난하다. 산이 없는 평양지의 상산하수(上山下水)는 음택이 가능하다.

- 坤坐〈2, 8〉은 좌궁인 곤좌에 물이 있다면 합십이니 좋다. 운반수 5土, 산성수 2

土, 향성수 8土 모두 土星이다. 사업방면에서는 부동산(不動産)이나 건축사업(建築事業)에 종사하거나 이런 계통의 직업을 가지면 재운이 더욱 좋다. 이런 집은 8운 내내 재물운이 좋다.

참고로 2坤土는 평지니 구릉지대 땅이고, 8艮土는 높은 山으로 해석한다.

- 坤艮宮, 中宮, 艮宮의 2, 5, 8은 凶數調合이지만 8운에서는 문제 되지 않는다. 그러나 8운이 지나면 흉이 나타난다.

- 8운에 坤坐와 申坐는 중궁이 〈5, 2〉이다. 나쁠 때는 병부(病符)로 인해 질병이 생기며 심할 때는 사망한다. 귀신은 밝은 곳을 싫어한다. 만일 합국이 아닐 때는 집이 어둡고 음습하다면 귀신이 출현할 수도 있다. 만약 〈5, 2〉가 중궁이 아니고 다른 방위에 있다면 해당 장소에 나타난다. 따라서 8운에 坤坐나 申坐 합국인 집을 지을 때는 지하실을 만들지 말고 집안에 햇볕이 충분히 들 수 있도록 창문을 크게 해주는 것이 좋다.

- 현공에서 2, 4, 7, 9가 여러 개 모이는 곳은 陰氣가 강하다. 陰氣가 강하면 여자들이 득세하고 딸을 출산할 확률이 많다. 해당 방위를 항상 밝게 조명하고 통풍을 잘 시키며 습기를 제거하고 청결하게 해주어서 형기(形氣)로 이기(理氣)의 음기(陰氣)를 보완해 주어야 좋다.

- 이궁〈9, 6〉은 9火가 6金을 火克金하는 구조다. 즉 중녀가 아버지를 극하니, 딸이 아버지에게 반항하고 나아가 자녀가 부모에게 불효하는 숫자조합이다. 9가 있는 이궁에 물결치는 水形山이 있다면 조금 약하지만, 火形山이 있다면 나쁜 영향은 더욱 커진다. 火克金을 더 강하게 하기 때문이다. 합국이고 이궁에 산이 있으면 부귀장수(富貴長壽)한다. 6金은 정력(精力), 9火는 꽃이기 때문에 회춘(回春)한다. 재산이 불같이 일어나기도 한다.

- 異宮〈4, 1〉은 합국일 때 물이 있으면, 창업하여 집안이 일어나고 명성을 날린다. 또한 〈4, 1〉은 文昌이니 공부를 잘하고 시험에 합격하거나 승진하는 사람이 나온다. 더군다나 4가 원래의 낙서수(洛書數) 자리인 異宮에 있으니 더욱더 文昌의 氣運이 강해진다.

- 坎宮, 異宮, 兌宮은 〈1, 4〉가 동궁(同宮)에 있다. 이들 宮에 책상을 놓으면 좋다. 일을 하든 공부를 하든 모두 두뇌가 명석해지고 사고가 민첩해지고, 판단이 현명해지며, 판단력이 좋아지고 명예가 크게 높아진다. 그 중에 異宮이 가장 좋다. 왜냐하면 8

운에 1은 차생기이며 보좌기이다. 1인 인물은 주관하는 山星을 水生木으로 生해 주니 더욱 人丁이 좋아진다.

- 震宮〈3, 9〉는 흉수조합이다. 합국일 때는 총명한 사람이 나오고, 불합국일 때는 관송시비(官訟是非), 남도여창(男盜女娼), 각박포악(刻薄暴惡)한 사람이 생겨난다.

- 乾宮〈6, 3〉은 흉수조합이다. 金剋木이다. 두통, 뇌진탕, 고독, 악부역자(惡父逆子), 간담병, 손발손상, 전기감전, 칼에 의한 손상, 도난 등 발생하며, 다만 합국일 때는 관사(官司) 즉, 벼슬자리를 얻는다.

## 19) 8운 庚坐甲向

| 巽 | 巳 | 丙　午　丁 | 未 | 坤 |
|---|---|---|---|---|
| 辰 | 9　7<br>七 | 5　2<br>三 | 7　9<br>五 | 申 |
| 乙<br>卯<br>甲 | 8　8<br>六 | +1　-6<br>八 | 3　4<br>一 | **庚**<br>酉<br>辛 |
| 寅 | 4　3<br>二 | 6　1<br>四 | 2　5<br>九 | 戌 |
| 艮 | 丑 | 癸　子　壬 | 亥 | 乾 |

**(해석)**

8운에 庚坐甲向은 쌍성회향국(雙星回向局)으로 向쪽에 산과 물이 있으면 합국이다.

- 地運은 向宮의 向星數인 8운에 發福하여 坐宮의 向星數인 4운에 입수되니 최대 100년간 지속된다.

庚坐甲向의 반대의 좌향인 甲坐庚向은 雙星會坐局으로 궁의 성요(星曜)숫자는 같은데 궁(宮) 안에서 산성과 향성의 위치가 서로 반대로 되어 있고, 향궁과 좌궁이 서로 반대로 되어 있다. 이는 중궁의 숫자가 위치와 음양이 서로 다르기 때문이다.

- 산은 물 너머에 있기 때문에 왕산의 영향력을 절반 정도로 감평한다. 그러나 물은 향쪽인 자기방위에 있으니 왕향으로 감평한다. 즉, 인정은 절반정도 이나, 재물은

최고로 좋은 것으로 본다. 앞에 물이 있고 물 너머에 안산이 수려하게 서 있으면 왕산왕향에 버금가거나 때로는 왕산왕향보다 좋을 수도 있다.

- 中宮〈1, 6, 8〉은 三吉數이므로 길하다. 득운 시에 주택의 경우 이곳에 응접실을 만들면 온가족이 화합하고 크게 길하고, 고관대작, 대학자, 고시합격, 시험합격, 출세, 선거당선, 승진운에 길하다.

- 震宮〈8, 8, 6〉은 〈6, 8〉조합이니 가장 좋은 조합 중 하나이다. 부자, 대부호가 되는 조합이다. 경제적으로 庚坐甲向은 매우 유리하다. 굳이 왕상왕향만 고집하지 말고, 재물로 흥하고 싶으면 8운에서는 庚坐甲向도 고려해 봄직하다.

참고로 모든 쌍성회향국(雙星回向局)에서는 해당 宮의 숫자가 2개이므로 낙서수 포함해서 해석한다는 것을 잊지 말아야 한다. 그러므로 8운에서 庚坐甲向의 震宮을 해석 시 震宮의 낙서수 3을 포함하여, 3, 6, 8 삼길수로 해석하면 된다.

- 또한 8운에 庚坐甲向집에는 震宮에 앞 발코니가 있으면 향성기운을 강화시키니 더 좋아진다. 또한 坎宮쪽에 현관문을 내면 1이 次生氣이니 좋고 옆에 숫자가 6이니 金生水로 상생시켜주면 더욱 좋아진다.

- 坤宮〈7, 9〉, 巽宮〈9, 7〉은 흉수조합이다. 화재를 조심하라.

- 兌宮〈3, 4〉, 艮宮〈4, 3〉은 흉수조합으로 매사무망(每事無亡)이다. 8운에는 흉수조합으로 사리분별을 잘못하며, 주색에 빠지고, 도적이나 거지가 나오는 장소이다. 그러나 유흥업소로 활용하면 잘될 수도 있다. 3震은 소리(우뢰소리)을 뜻하고 4巽은 바람기(色)를 뜻한다. 따라서 〈3, 4〉있는 방위에 노래와 여자가 있는 유흥업소나 노래방을 운영하면 성공할 수 있다. 흉수조합이라도 적합한 용도로 사용하면 전화위복(轉禍爲福)이 될 수 있다.

- 중궁〈1, 6〉, 감궁〈6, 1〉은 길수의 조합이다. 현명하고 뛰어난 사람이 나오고, 장원급제에 합격하고, 관직에 이름을 올리며, 이름을 날리는 사람이 나온다. 그러나 불합국일 때는 백수건달(白手乾達)이나 백정(白丁)이 나온다.

 * 공부방에 좋은 방위 6개 : 〈1, 3〉, 〈1, 4〉, 〈1, 6〉, 〈1, 7〉, 〈9, 3〉, 〈9, 4〉
 * 안방에 좋은 방위 4개 : 산성에 8, 9, 1, 6 들어오는 방위
 * 현관문에 좋은 방위 4개 : 향성에 8, 9, 1, 6 들어오는 방위

## 20) 8운 酉坐卯向

| 巽 | 巳 | 丙 午 丁 | 未 | 坤 |
|---|---|---|---|---|
| 辰 | 2 5<br>七 | 6 1<br>三 | 4 3<br>五 | 申 |
| 乙<br>**卯**<br>甲 | 3 4<br>六 | -1 +6<br>八 | 8 8<br>一 | 庚<br>**酉**<br>辛 |
| 寅 | 7 9<br>二 | 5 2<br>四 | 9 7<br>九 | 戌 |
| 艮 | 丑 | 癸 子 壬 | 亥 | 乾 |

(해석)

8운에서 酉坐卯向은 辛坐乙向과 함께 쌍성회좌국(雙星會坐局)이며, 궁의 숫자까지도 같다. 또한 8운에 卯坐酉向은 乙坐辛向과 같이 쌍성회향국(雙星回向局)이며, 궁의 숫자까지도 같다.

- 地運은 8운에 發福하여 6운에 入囚되니 최대140년간 유지(持續)된다.

- 배산임수 지형에서는 정재양패(丁財兩敗)되는 상산하수와 같으므로 사용하지 않는 것이 좋다. 만약 좌궁에 물이 있고 물 뒤에 산이 있으면 합국이 된다. 또한 향쪽인 진궁에 산이나 물이 있으면 흉하다.

- 대체로 天元龍인 酉坐는 大吉地가 많고, 人元龍인 辛坐는 福이 오래간다.

- 中宮〈1, 6, 8〉은 三吉數이므로 매우 길한 숫자조합이다. 득운하고 합국 시에는 고관대작, 대학자, 고시합격, 시험합격, 선거당선, 출세, 승진운 등에 길한 조합의 숫자이다.

- 震宮〈3, 4〉은 실령이므로 산이나 물이 있으면 흉하다. 산이나 물 어느 것도 없어야 흉함이 없다.

- 離宮〈6, 1〉은 차생기인 향성 1 방위에 깨끗한 호수가 있으면 과거급제, 귀인출생 등 훌륭한 사람이 나오는데, 그 시기는 寅, 午, 戌, 子年이다. 이는 寅午戌은 〈1, 6〉있는 午방의 三合年이다. 子년은 午방의 반대편 坎宮에 있으므로 午方을 도충(到沖)하여

허자(虛字)인 午字를 불러들여 발복(發福)한다.

- 巽宮⟨2, 5⟩, 坎宮⟨5, 2⟩는 흉수조합이며, 질병, 사망, 과부, 홀아비, 절손, 위장병, 황종 등 흉한 조합이다.

- 坤宮⟨4, 3⟩은 실령이므로 산이나 물이 있으면 흉하다. 산이나 물 어느 것도 없어야 흉함이 없다.

- 艮宮⟨7, 9⟩, 乾宮⟨9, 7⟩조합이다. 艮宮⟨7, 9⟩에서 7은 퇴기(退氣)라 흉하니 물이나 산이 아무것도 없는 것이 좋고, 9는 생기이므로 9인 향궁에 暗供水(보이지 않는 물)이 있으면 9운에 발복하고 부를 쌓을 수 있다.

- 乾宮⟨9, 7⟩은 9산성은 생기(生氣)이므로 산성 쪽에 수려한 山이 있으면 귀한 인물과 미녀가 나온다.


### 21) 8운 辛坐乙向

| 巽 | 巳 | 丙　午　丁 | 未 | 坤 |
|---|---|---|---|---|
| 辰 | 2　5<br>七 | 6　1<br>三 | 4　3<br>五 | 申 |
| 乙<br>卯<br>甲 | 3　4<br>六 | -1　+6<br>八 | 8　8<br>一 | 庚<br>酉<br>辛 |
| 寅 | 7　9<br>二 | 5　2<br>四 | 9　7<br>九 | 戌 |
| 艮 | 丑 | 癸　子　壬 | 亥 | 乾 |

(해석)

8운에서 辛坐乙向은 酉坐卯向과 함께 쌍성회좌(雙星會坐局)이며, 궁의 숫자까지도 같다.

- 地運은 8운에 發福하여 6운에 入囚되니 최대 140년간 持續된다.

- 배산임수 지형에서는 정재양패(丁財兩敗)되는 상산하수와 같으므로 사용하지 않는 것이 좋다. 만약 좌궁에 물이 있고 물 뒤에 산이 있으면 합국이 된다. 또한 향쪽인

震宮에 산이나 물이 있으면 흉하다.

- 대체로 天元龍인 酉坐는 大吉地가 많고, 人元龍인 辛坐는 福이 오래간다.

- 中宮⟨1, 6, 8⟩은 三吉數이므로 매우 길한 숫자조합이다. 득운하고 합국 시에는 고관대작, 대학자, 고시합격, 시험합격, 선거당선, 출세 승진운 등에 길한 조합의 숫자이다.

- 震宮⟨3, 4⟩은 실령이므로 산이나 물이 있으면 흉하다. 산이나 물 어느 것도 없어야 흉함이 없다.

- 離宮⟨6, 1⟩은 차생기인 향성 1 방위에 깨끗한 호수가 있으면 과거급제, 귀인출생 등 훌륭한 사람이 나오는데, 그 시기는 寅, 午, 戌, 子年이다. 이는 寅午戌년은 ⟨1, 6⟩ 있는 午방의 三合年이다. 子년은 午방의 반대편 坎宮에 있는 방위이므로 子午冲으로 도충(到冲)하여 허자(虛字)인 午子를 불러들여 발복(發福)을 한다.

- 巽宮⟨2, 5⟩, 坎宮⟨5, 2⟩는 흉수조합이며, 질병, 사망, 과부, 홀아비, 절손, 위장병, 황종 등 흉한 조합이다.

- 坤宮⟨4, 3⟩, 震宮⟨3, 4⟩은 실령이므로 산이나 물이 있으면 흉하다. 산이나 물 어느 것도 없어야 흉함이 없다.

- 艮宮⟨7, 9⟩, 乾宮⟨9, 7⟩조합이다. 艮宮⟨7, 9⟩에서 7은 퇴기라 흉하니 물이나 산 아무것도 없는 것이 좋고, 9는 생기이므로 9인 향궁에 암공수(暗供水 = 보이지 않는 물)가 있으면 9운에 발복하고 부를 쌓을 수 있다.

- 乾宮⟨9, 7⟩은 9산성이 생기이므로 산성 쪽에 수려한 山이 있으면 귀한 인물과 미녀가 나온다.

* 참고로 연성(連星)인 ⟨1, 6⟩, ⟨2, 7⟩, ⟨3, 8⟩, ⟨4, 9⟩로 산성과 향성이 되고 득운일 경우에는 의외의 좋은 인연이 생기고, 실운일 경우는 의외의 걱정거리가 생긴다.

## 22) 8운 戌坐辰向

| 巽 | 巳 | 丙　午　丁 | 未 | 坤 |
|---|---|---|---|---|
| 辰 | 8　6<br>七 | 4　2<br>三 | 6　4<br>五 | 申 |
| 乙<br>卯<br>甲 | 7　5<br>六 | +9　+7<br>八 | 2　9<br>一 | 庚<br>酉<br>辛 |
| 寅 | 3　1<br>二 | 5　3<br>四 | 1　8<br>九 | 戌 |
| 艮 | 丑 | 癸　子　壬 | 亥 | 乾 |

(해석)

8운에 戌坐辰向은 상산하수국(上山下水局)에 연주삼반괘(連珠三般卦)이다. 8운에 辰坐戌向도 상산하수국이나 궁의 애성반의 산성수와 향성수는 서로 바뀌어서 배치되어 있다.

- 地運은 8운에 시작하여 7운에 入囚하므로 최대 160년간 유지된다.

- 상산하수는 배산임수 지형에서는 불합국이 되며, 반대로 뒤에 물이 있고 앞에 산이 있는 역배산임수(逆背山臨水局)가 되어야 합국이 된다. 따라서 8운에서 상산하수국(上山下水局)인 戌坐辰向局은 정재양패(丁財兩敗)하는 凶局이므로 음, 양택을 막론하고 用事하지 않는 것이 좋다.

- 8운의 戌坐辰向은 각국의 숫자가 〈1, 2, 3〉, 〈2, 3, 4〉, 〈3, 4, 5〉, 〈4, 5, 6〉 등으로 연주삼반괘(連珠三般卦)로 기국(奇局)의 조합이다. 그러나 불합국이면 아무 소용이 없다. 만약 집 뒤에 물이 있고 집 앞에 산이나 큰 건물이 있으면 합국이 된다. 이런 집은 합국이 되니 재물에서 유리하다.

- 또한 배산임수 지형에서 7운의 戌坐辰向은 왕산왕향(旺山旺向)으로 정재양왕(丁財兩旺)하여 길한 국이다. 그러나 8운에 戌坐辰向은 상산하수가 되어 흉하니, 7운에 戌坐辰向으로 용사한 음택은 8운에 다른 분을 추가로 합장하면 흉해진다. 봉문을 열면 환천심(換天心)이 되어 8운에 用事한 것으로 애성반(埃星盤)이 바뀌게 되어 흉함이

나타난다.

- 坤宮〈6, 4〉는 흉수조합이다. 두통, 폐기종, 간경화, 자해, 간담 관련 질병, 주색파재, 폐병 등으로 흉하다.

- 離宮〈4, 2〉는 흉수조합이다. 불합국일 때는 특히 흉함이 크다. 간담병, 위장병, 가업능력쇠퇴, 홀아비, 고부갈등, 극모(剋母) 등의 흉이 나타난다. 4木은 장녀, 2土는 老母다. 木剋土하니, 딸이 어머니에게, 며느리가 시어머니를 우습게 보는 상수조합이다.

- 巽宮〈8, 6〉은 기본적으로 8운에서 좋은 조합이다. 그러나 배산임수국(背山臨水局)에서 불합국이 되므로 남자형제 간 불화가 발생한다. 8과 6은 둘 다 陽數로 陰陽의 調和가 안되기 때문이다.

- 震宮〈7, 5〉 또한 흉수조합이다. 인구가 줄고, 도적이 나타나고, 잔병치레 및 창녀나 기생이 나오고, 간질병, 매독 등의 질병과 큰 죄를 짓고 사형당할 수 있는 흉한 조합이다.

- 中宮〈9, 7〉은 화재조심으로 집 중앙에 난로나 주방을 설치하면 매우 흉하다.

- 兌宮〈2, 9〉는 향성에 9가 생기이므로 향궁인 9쪽에 물이 있으면 합국되어 왕정(旺丁), 현인, 명화가가 나오고, 만약 9방 위에 산이 있거나 2좌궁에 물이 있으면 흉하여 맹인, 나태, 미신숭상, 사리불명 등 흉함이 나타난다. 이는 9火(눈)에 2土(흙)이 들어가는 이치가 되기 때문이다.

- 艮宮〈3, 1〉은 흉수조합이다. 출도적(出盜賊), 장자유랑(長子流浪), 익수(溺水 : 물에 빠짐) 등의 흉함이 나타나며, 합국일 때는 근검창업(勤儉創業)의 길함이 나타난다.

- 坎宮〈5, 3〉은 8운에서 흉수조합으로 간담병, 잔병치레, 인물손상, 지체잔패(肢體殘敗=손발이 불편), 가파인망(家破人亡) 등 흉하다.

- 乾宮〈1, 8〉은 8운에서 상산하수이므로 좌궁인 건궁에 물이 있고 향궁인 손궁에 산이 있으면 합국이지만 배산임수국(背山臨水局)이면 대흉으로 형제불화, 익사, 요통, 비염, 감옥 등의 흉함이 발생한다.

## 23) 8운 乾坐巽向

| 巽 | 巳 | 丙 午 丁 | 未 | 坤 |
|---|---|---|---|---|
| 辰 | 1　8<br>七 | 5　3<br>三 | 3　1<br>五 | 申 |
| 乙<br>卯<br>甲 | 2　9<br>六 | -9　-7<br>八 | 7　5<br>一 | 庚<br>酉<br>辛 |
| 寅 | 6　4<br>二 | 4　2<br>四 | 8　6<br>九 | 戌 |
| 艮 | 丑 | 癸　子　壬 | 亥 | 乾 |

(해석)

8운에서 乾坐巽向은 亥坐巳向과 애성반이 같으며 旺山旺向局이다.

- 地運은 8운에 발복(發福)하여 7운에 立囚되니 최대 160년이다.

- 旺山旺向은 집이나 묘 뒤에 山이 있고 앞에 물이 있으면 합국으로 정재양왕(丁財兩旺)이다.

- 같은 왕산왕향이라도 8운에서 巽坐, 巳坐, 乾坐, 亥坐의 왕산왕향은 음, 양택 모두 좋다. 그 이유는 향궁과 좌궁의 향성이 1, 6, 8 三吉數로 되었기 때문이다. 또한 乾坐, 亥坐는 8운에 왕산왕향이지만, 7운에는 상산하수이었으므로 7운이나 그전에 用事한 음, 양택은 8운에 환천심(換天心) 해주면 흉함이 길로 바뀐다.

- 中宮〈9, 7〉은 합국이 되면 문제없지만, 불합국일 때는 흉한 작용을 나타낸다. 특히 합국일지라도 화재는 조심해야 한다. 내룡(來龍)의 산세는 坎宮의 산세가 4이고 兌宮의 산세가 7이니 횡룡(橫龍)은 좋지 않으며 乾宮에서 내려오는 직룡(直龍)이 좋다.

- 乾宮〈8, 6〉은 좌궁이다. 만일 좌궁 8이 있는 곳에 물이 있다면 노인은 고독하게 되고 무식하며, 대접 못 받고 치매에 걸릴 확률이 높다. 8은 旺氣이므로 이곳에 山이 있으면, 충신(忠臣)과 효자(孝子), 무관(武官)이 나고 貴하게 된다.

- 離宮〈5, 3〉은 5는 산성이고 흉수이다. 그러나 이 방위에 산이 없으면 흉함이 없다. 만약에 山이 흉하게 있으면 출산이 어렵고 후손이 부족하고, 팔다리가 기형이나

폭도가 나온다. 3震木은 인체에서 발을 의미하고 또 깡패나 폭도를 의미하기 때문이다. 離宮〈5, 3〉은 8운에서 흉수조합으로 간담병, 잔병치레, 인물손상, 지체잔패(肢體殘敗=손발이 불편), 가파인망(家破人亡) 등 흉하다. 그러나 합국일 때는 좋게 해석한다.

- 巽宮〈1, 8〉은 8운에서 차생기인 1인 산성 쪽에 있으니 山이 있으면 좋다. 단, 손궁의 山은 坐宮의 山보다는 작아야 한다. 1운에 8운보다 출산이 더 많아진다. 손궁은 文을 뜻하고 운반수(運搬數)인 칠(七)은 武를 뜻하기 때문에 문무를 겸비한 인물이 난다. 손궁은 원래 현모양처, 현인, 학자 등이 오는 宮이다. 또한 巽宮 8向쪽에 물까지 있으면 정재양왕(丁財兩旺)한다.

- 8운에 乾坐巽向, 亥坐巳向은 巽宮, 즉 向쪽에 물이 크고 많을수록 財物에 좋다. 그러나 巽宮에 물이 작고 離宮에 물이 많으면 흉하게 감평한다. 그러나 손궁과 이궁에 모두 물이 있을 때는 離宮의 물이 巽宮의 절반 이하면 길하게 감평(監評)한다.

- 坤宮〈3, 1〉은 3은 깡패, 몽둥이를 든 도둑이다. 산이 가까이 있으면 후손 중에 이런 사람이나 간담에 질병이 올 수 있다. 향성 1은 차생기이므로 8운에 향성 8에 물이 있고, 곤궁에도 향성의 물보다 절반 이하의 작은 물이 조금 떨어져 있으면, 향성 8에만 물이 있을 때보다 財物 運이 훨씬 더 좋다고 감평한다.

- 艮宮〈6, 4〉는 실령일 때는 극처(剋妻), 상처(喪妻), 상부(喪夫)하는 조합이다. 6金은 老父이고, 4木은 長女이자 키가 작은 나무다. 또한 洛書에서 6과 4는 서로 마주보는 부부관계다. 참고로 원단반(元旦盤)에서 〈4, 6〉, 〈1, 9〉, 〈2, 8〉, 〈3, 7〉은 서로 마주보는 陰陽의 正配인 부부이다. 따라서 간궁에 험한 산이 있다면 〈6, 4〉는 도끼로 나무를 쳐서 妻가 죽는다는 뜻이므로 상처(喪妻)하거나 관제구설, 감옥에 가거나 폐질환이 걸릴 수도 있다.

- 坎宮〈4, 2〉는 흉수조합이다. 木剋土로 五行相으로도 나쁘다. 8운에서 〈4, 2〉는 모두 失運이며, 4는 큰딸 또는 큰며느리이고, 2는 모친 또는 시어머니이다. 그러니 큰딸과 어머니가 불화하거나, 큰며느리와 시어머니가 불화한다. 즉, 딸이나 며느리가 老母를 극하는 形象으로 흉하게 본다.

- 震宮〈2, 9〉의 산성 2는 질병을 의미하며, 산이 너무 가깝고 높으면 주로 질병에 걸린다. 그러나 8운에 2는 합십이 되니 무조건 나쁘게 보는 것보다는 2쪽에 산이 너무 가까우면 흉하게 보고 멀리 있고 작은 산은 오히려 좋게 해석해도 된다.

- 兌宮〈7, 5〉는 향성이 5이다. 5는 불치병, 불구자, 암을 뜻한다. 본래 중궁에 5자

는 비출(飛出)하면 9火의 성질로 변한다. 5가 中宮에 있을 때는 體와 用이 모두 土이지만 비출(飛出)되면 體는 5土, 用은 9火의 성질(性質)을 갖는다.

산성은 7이다. 7은 입술에서 폐까지다. 8운에 7퇴기가 5를 만나니 더 흉해졌다. 이 방위에 산이 있으면 독을 먹거나 성병에 걸릴 수 있다. 성병은 5자와 관련이 깊다.

〈7, 5〉조합은 액체의 독이 입을 통해 위장까지 들어간다는 뜻이다. 만일 물이 가깝고 산이 험한 것이 있다면, 독을 마시고 자살하는 흉수의 조합이다. 그러나 形氣的으로 山도 없고 물도 없으면 凶함이 없다고 본다.

## 24) 8운 亥坐巳向

| 巽 | 巳 | 丙 午 丁 | 未 | 坤 |
|---|---|---|---|---|
| 辰 | 1　8<br>七 | 5　3<br>三 | 3　1<br>五 | 申 |
| 乙<br>卯<br>甲 | 2　9<br>六 | -9　-7<br>八 | 7　5<br>一 | 庚<br>酉<br>辛 |
| 寅 | 6　4<br>二 | 4　2<br>四 | 8　6<br>九 | 戌 |
| 艮 | 丑 | 癸 子 壬 | 亥 | 乾 |

### (해석)

8운에서 亥坐巳向은 乾坐巽向과 애성반이 같으며 旺山旺向局이다.

- 地運은 8운에 發福하여 7운에 立囚되니 최대 160년이다.

- 旺山旺向은 집이나 묘 뒤에 山이 있고, 앞에 물이 있으면 합국으로 정재양왕(丁財兩旺)이다.

- 같은 왕산왕향이라도 8운에서 巽坐, 巳坐, 乾坐, 亥坐의 왕산왕향은 음, 양택 모두 좋다. 그 이유는 향궁과 좌궁의 향성이 1, 6, 8 三吉數로 되었기 때문이다. 또한 乾坐, 亥坐는 8운에 왕산왕향이지만, 7운에는 상산하수이었으므로 7運이나 그전에 用事한 음, 양택은 8運에 환천심(換天心) 해주면 흉함이 길로 바뀐다.

- 中宮〈9, 7〉은 합국이 되면 문제없지만, 불합국일 때는 흉한 작용을 나타낸다. 특히 합국일지라도 화재는 조심해야 한다. 내룡(來龍)의 산세는 坎宮의 산세가 4이고 兌宮의 산세가 7이니 횡룡(橫龍)은 좋지 않으며 乾宮에서 내려오는 직룡(直龍)이 좋다.

- 乾宮〈8, 6〉은 좌궁이다. 만일 좌궁 8이 있는 곳에 물이 있다면 노인은 고독하게 되고 무식하며, 대접 못 받고 치매에 걸릴 확률이 높다. 8은 旺氣이므로 이곳에 山이 있으면, 충신(忠臣), 효자(孝子), 무관(武官)이 나고 貴하게 된다.

- 離宮〈5, 3〉은 5는 산성이고 흉수이다. 그러나 이 방위에 산이 없으면 흉함이 없다. 만약에 山이 흉하게 있으면 출산이 어렵고 후손이 부족하고, 팔다리가 기형이나 폭도가 나온다. 3震木은 인체에서 발을 의미하고 또 깡패나 폭도를 의미하기 때문이다. 또한 離宮〈5, 3〉은 8운에서 흉수조합으로 간담병, 잔병치레, 인물손상, 지체잔패 (肢體殘敗:손발이 불편), 가파인망(家破人亡) 등 흉하다. 그러나 합국일 때는 좋게 해석한다.

- 巽宮〈1, 8〉은 8운에서 차생기인 1인 산성 쪽에 있으니 山이 있으면 좋다. 단, 손궁의 山은 坐宮의 山보다는 작아야 한다. 1운에 8운보다 출산이 더 많아진다. 손궁은 文을 뜻하고 운반수(運搬數)인 칠(七)은 무(武)를 뜻하기 때문에 문무를 겸비한 인물이 난다. 손궁은 원래 현모양처, 현인, 학자 등이 오는 宮이다. 또한 巽宮 8向쪽에 물까지 있으면 정재양왕(丁財兩旺)한다.

- 8운에 乾坐, 亥坐는 巽向쪽에 물이 크고 많을수록 財物에 좋다. 그러나 巽宮에 물이 작고 離宮에 물이 많으면 흉하게 감평한다. 그러나 손궁과 이궁에 모두 물이 있을 때는 離宮의 물이 巽宮의 절반 이하면 길하게 감평(監評)한다.

- 坤宮〈3, 1〉은 3은 깡패, 몽둥이를 든 도둑이다. 산이 가까이 있으면 후손 중에 이런 사람이나 간담에 질병이 올 수 있다. 향성 1은 차생기이므로 8운에 향성 8에 물이 있고, 곤궁에도 향성의 물보다 절반 이하의 작은 물이 조금 떨어져 있으면, 향성 8에만 물이 있을 때보다 財物 運이 훨씬 더 좋다고 감평한다.

- 艮宮〈6, 4〉는 실령일 때는 극처(剋妻), 상처(喪妻), 상부(喪夫)하는 조합이다. 6金은 老父이고, 4木은 長女이자 키가 작은 나무다. 또한 洛書에서 6과 4는 서로 마주보는 부부관계다. 참고로 원단반(元旦盤)에서 〈4, 6〉, 〈1, 9〉, 〈2, 8〉, 〈3, 7〉은 서로 마주보는 陰陽의 正配인 부부이다. 따라서 간궁에 험한 산이 있다면 〈6, 4〉는 도끼로 나무를 쳐서 妻가 죽는다는 뜻이므로 상처(喪妻)하거나 관제구설, 감옥가거나 폐질환이

걸릴 수도 있다.

- 坎宮〈4, 2〉는 흉수조합이다. 木剋土로 오행상으로도 나쁘다. 8운에서 〈4, 2〉는 모두 失運이며, 4는 큰딸 또는 큰며느리이고, 2는 모친 또는 시어머니이다. 그러니 큰 딸과 어머니가 불화하거나, 큰며느리와 시어머니가 불화한다. 즉, 딸이나 며느리가 老母를 극하는 形象으로 흉하게 본다.

- 震宮〈2, 9〉의 산성 2는 질병을 의미하며, 산이 너무 가깝고 높으면 주로 질병에 걸린다. 그러나 8운에 2는 합십이 되니 무조건 나쁘게 보는 것보다는 2쪽에 산이 너 무 가까우면 흉하게 보고 멀리 있고, 작은 산은 오히려 좋게 해석해도 된다.

- 兌宮〈7, 5〉는 향성이 5이다. 5는 불치병, 불구자, 암(癌)을 뜻한다. 본래 중궁에 5 자는 비출(飛出)하면 9火의 성질로 변한다. 5가 中宮에 있을 때는 體와 用이 모두 土이 지만 비출(飛出)되면 體는 5土, 用은 9火의 성질(性質)을 갖는다.

산성은 7이다. 7은 입술에서 폐까지다. 8운에 7퇴기(退氣)가 5를 만나니 더 흉해졌 다. 이 방위에 산이 있으면 독을 먹거나 성병에 걸릴 수 있다. 성병은 5자와 관련이 깊다.

〈7, 5〉조합은 액체의 독이 입을 통해 위장까지 들어간다는 뜻이다. 만일 물이 가깝고 산이 험한 것이 있다면, 독(毒)을 마시고 자살(自殺)하는 흉수의 조합이다. 그러나 형기 적(形氣的)으로 山도 없고 물도 없으면 흉(凶)함이 없다고 본다.

# 참고문헌

『인자수지(人子首智)』 김동규 역, 명문당, 1992.

『지리나경투해(地理羅經透解)』 김동규 역, 명문당, 1994.

『청오경, 금낭경』 최창조 역, 민음사, 1993.

『한국의 자생풍수1, 2』 최창조, 민음사, 1997.

『한국의 전통지리사상』 한국문화역사지리학회, 민음사, 1994.

『우리 땅 우리풍수』 김두규, 동학사, 1999.

『호순신의 지리신법』 김두규 역편, 장락, 2001.

『명당보감』 백운기 역, 대지문화사, 1983.

『고전풍수지리학 설심부』 신평 역주, 관음출판사, 1997.

『지리오결』 신평 역주, 동학사, 1994.

『정통풍수의 이론과 방법』 이세복 · 이우영 공저, 동학사, 1997.

『도선국사 풍수문답』 정관도 해설, 지선당, 1994.

『한국풍수의 원리1, 2』 유종근 · 최영주 공저, 동학사, 1997.

『정통풍수지리』 정경연, 평단문화사, 2012.

『현공성상지리학』 종의명, 무릉출판유한공사, 1992.

『현공현대주택학』 종의명, 무릉출판유한공사, 1993.

『현공지리고험주해』 종의명, 무릉출판유한공사, 1994.

『현공지리 총담』 종의명, 무릉출판유한공사, 1998.

『현공지리일편신해』 종의명, 무릉출판유한공사, 2010.

『시간과공간의철학 현공풍수』최명우, 답계, 2005.

『실용풍수인테리어』최전권, 좋은 글, 2005.

『실용현공풍수』릴리언투지음, 이민열 옮김, 상원문화사, 2013.

『현공풍수의 이론과 실제』최명우, 상원문화사, 2010.

『현공풍수 고수비결』최명우 · 김양선 공저, 상원문화사, 2014.

『8운 현공풍수해설집』류호기 · 김영용 편역, 상원문화사, 2016.

『신풍수지리학 이론 I, II』채영석, 한국자연풍수지리연구소, 2012.

『복을 부르는 양택풍수』채영석, 한국자연풍수지리연구소, 2014.

『풍수지리학입문1 』대한민국풍수지리연합회, 대왕사, 2017.

## 저자 약력

**해 천 유 도 상 교수**

전문분야 : 명리학, 성명학, 구성학, 풍수지리학
이메일 : younghon333@hanmail.net
연락처 : 010－6731－4207

### [경력]

현) 경기대학교 평생교육원 명리학, 풍수지리학교수
현) 오행스쿨 전임교수(명리학, 구성학, 풍수지리학)
현) 사)한국작명가협회 상임이사
현) 과학명리학회 운영위원
현) 동양문화교육협회(O, C, E, A)자문위원
현) 한국자연풍수지리연구회 운영위원
현) 야초풍수지리학회 자문위원
현) 해천역학(작명)연구원 원장
전) 국제뇌교육대학원대학교 동양철학 최고위과정 교수
전) MTN－TV "생방송황금자리" 풍수상담사 역임

### [저 서]

『현대실용풍수』『이름과 성공』『구성학 이론』
『구성학 실전』『현공풍수 이론 및 감평』『구성학 기초에서 통변까지』

### [논 문]

보육교사의 자격증활용 및 직무만족도와 사주십성의 관계

## 저자 약력

**중산 양 성 모 교수**

전문분야 : 명리학, 수상학, 관상학, 성명학, 매화역수, 육효학
이메일 : joongsan510@hanmail.net
연락처 : 010 – 3162 – 5018

## 〔학위 및 경력〕

동양최초 대한민국 1호 수상학 박사
국제뇌교육종합대학원대학교 동양학과 박사 졸업
현)서경대학교 경영문화대학원 동양학과 외래교수
현)글로벌사이버대학교 동양학과 초빙교수
현)가천대학교 글로벌미래교육원 사주명리학 교수
현)경기대학교 사회교육원 수상학 관상학 타로와점술문화 교수
현)동양문화교육협회(O.C.E.A) 회장
현)중산 동양학 연구소 소장
전)경기대학교 행정사회복지대학원 동양문화학과 외래교수
전)국제뇌교육대학원 동양학과 동양철학최고위과정 지도교수

## 〔저 서〕

『손금과 적성』『셀프관상미용관리법』『현대명리학강론』
『격국용신완전정복』『단기완성타로카드』『명리상담통변론』
『실용종합풍수지리』『정석명리학개론』『이름과 성공』
『관상미용학개론』

## 〔논 문〕

박사학위논문 "수상학 이론고찰과 활용방안에 대한 연구"
석사학위논문 "사주의 오행특성과 골질환의 관계분석"

## 실용종합풍수지리

| | |
|---|---|
| 초판발행 | 2019년 7월 10일 |
| 지은이 | 유도상·양성모 |
| 펴낸이 | 안종만·안상준 |
| 편  집 | 조보나 |
| 기획/마케팅 | 송병민 |
| 표지디자인 | BEN STORY |
| 제  작 | 우인도·고철민 |
| 펴낸곳 | (주) **박영사** |
| | 서울특별시 종로구 새문안로 3길 36, 1601 |
| | 등록 1959.3.11. 제300-1959-1호(倫) |
| 전  화 | 02)733-6771 |
| f a x | 02)736-4818 |
| e-mail | pys@pybook.co.kr |
| homepage | www.pybook.co.kr |
| ISBN | 979-11-303-0732-9  93180 |

copyright©유도상·양성모, 2019, Printed in Korea

정 가  22,000원